U0937081

JOURNAL
OF GRECO-ROMAN
PHILOSOPHY

努斯：希腊罗马哲学研究

主编：崔延强　梁中和

第5辑

知觉与知识

希腊罗马哲学中的知识论问题

上海人民出版社

学术顾问委员会

（按照姓氏拼音和字母排序）

主编 | **崔延强** | 西南大学
| **梁中和** | 四川大学
策划 | **西南大学希腊研究中心、四川大学西方古典哲学研究所**
出版 | **上海人民出版社**

专辑预告

第 1 辑 | **爱智与教育**
古代柏拉图主义的思想实践

第 2 辑 | **情感与怀疑**
古代哲学中对理性的反思

第 3 辑 | **欲望与快乐**
希腊哲人论情感与好生活

第 4 辑 | **理性与概念**
古希腊的认知理论

第 5 辑 | **知觉与知识**
希腊罗马哲学中的知识论问题

第 6 辑 | **逻辑与辩证法**
古代哲学中的理性主义

总　序

自陈康先生那代人算起，希腊罗马哲学研究在中国已近百年，五代有余。百年间，学人们守望着这个古老而幽深的本原，孜孜矻矻，弦歌不辍，尽管在特殊的岁月，辨识“是其所是”（to ti en einai）几近于一场艰难的日出。21世纪以来，我们欣喜地看到，一些年轻学者极为热诚地投身于这项事业，使原本属于“冷门绝学”的园地陡增前所未有的热度。较之以往，一代新人有着良好的语言基础和哲学素养，能熟练运用古典语言研读古典文本。基于希腊和拉丁文本的希腊罗马哲学研究渐成学界共识和学术规训。

但毋庸置疑，希腊罗马哲学研究发展到今天，相对于外国哲学的其他领域，还是略显单薄和孤寂。主要因为古典哲学文献的发现、辑录、考释和翻译是一件异常艰苦、令人望而却步的事，绝难适应现今短平快的评价体系，故愿为者寡。另外，用得放心、经得起检验、文字清通可读的研究性译本不易遇见，现代西语转译的文本顺手拈来，倒也方便。比如，今天伊壁鸠鲁的欲望治疗似乎成为热门话题，但通常接触到的伊壁鸠鲁“原文”多半转自二手英译本，加上汉译者也许从未研读过希腊文本，要害处准确与否就只能猜测了。因此，有关伊壁鸠鲁唯一流传下来的三封书信和《主要原理》(*Kuriai doxai*）40条，古代学者辑录的《梵蒂冈伊壁鸠鲁语录》(*Gnomologium Vantican Epicureum*）81条，罗马诗人卢克莱修的《物性论》，西塞罗、塞克斯都·恩披里柯、普鲁塔克、爱修斯等记载的伊壁鸠鲁文献，公元前1世纪伊壁鸠鲁主义者菲罗德穆的纸草残篇，公元2世纪奥伊诺安达（Oinoanda）的伊壁鸠鲁主义者第欧根尼的铭文等等的系统辑录和译注，对于伊壁鸠鲁哲学的研究无疑构成前提条件。离开这些古典文献的放心译本，我们何谈伊壁鸠鲁治疗术？所以，致力于一手文献本身的研究和翻译，为读者提供准确可靠、流畅通达的译本，不至于如读“火星文字”而让人望文兴叹，就显得格外迫切了。再者，希腊罗马哲学的研究领域也有失均衡：希腊有余，罗马不足；古典时期名哲多，晚期希腊流派少；灵魂治疗、城邦正义过热，自然元素、理性真理过冷。一些重要领域，如希腊罗马的宇宙论、物理学、逻辑学、语言哲学、知识论等似乎少有问津，犬儒派、伊壁鸠鲁派、斯多亚派、怀疑派、漫步学派、新柏拉图主义等晚期希腊的主要哲学流派门可罗雀，甚至有的话题尚未进入视野。同时我们看到，对1980年代以来国外同行最新研究成果的系统介绍也相对滞后。“跟着说”的时钟似乎总是徘徊于19与20世纪之交，尽管那个时代有着说不尽的值得关注的一代学人。

为此，我们热切期待希腊罗马哲学研究能有一个专门学术园地，集同行之智，博众家之长，首发经典文本译注、新近成果译介和原创性论文。我们深知，要暂时放下是不是C刊之虑，算不算成果之忧，实现“首发”这一目标，其困难非常之大，还要靠同行们齐心协力、共筑家园。尽管我们无法预知这个辑刊的“诗和远方”，但我们相信只要持之以恒地走下去，一期一主题，每期有新意，前景是不会暗淡的。我们愿意用心烛照这个依稀可辨的思想场域！

编者　崔延强　梁中和

2020 年中秋于巴山蜀水

目 录

总　序 _i

原典译注

驳记号学说　塞克斯都·恩披里柯 _003

论感觉（1—24 段）泰奥弗拉斯托斯 _053

专题　知觉的认识论意义

柏拉图论可感世界的不完善　Alexander Nehamas _089

“两个世界”：柏拉图的认识论　Jessica Moss _120

斯多亚主义认识论　R. J. Hankinson _189

青年学者论坛

触摸星辰：布鲁诺的宇宙隐喻与爱之戏剧　郝琛宠 _233

古今之间的细节：《理想国》开篇再考察　裴浩然 _249

学派与学术传统

什么是柏拉图主义？　Lloyd P. Gerson　_271

近十年（2005—2015）新柏拉图主义研究综论　Peter Adamson　_314

特别专栏纪念

作为自我具体形式的神　苗力田　_339

书目与文献

汉语古希腊罗马哲学年度著译及重要论文目录（壬寅年，2022）

　梁中和　裴浩然　编　_357

编辑手记　_391

征稿启事　_392

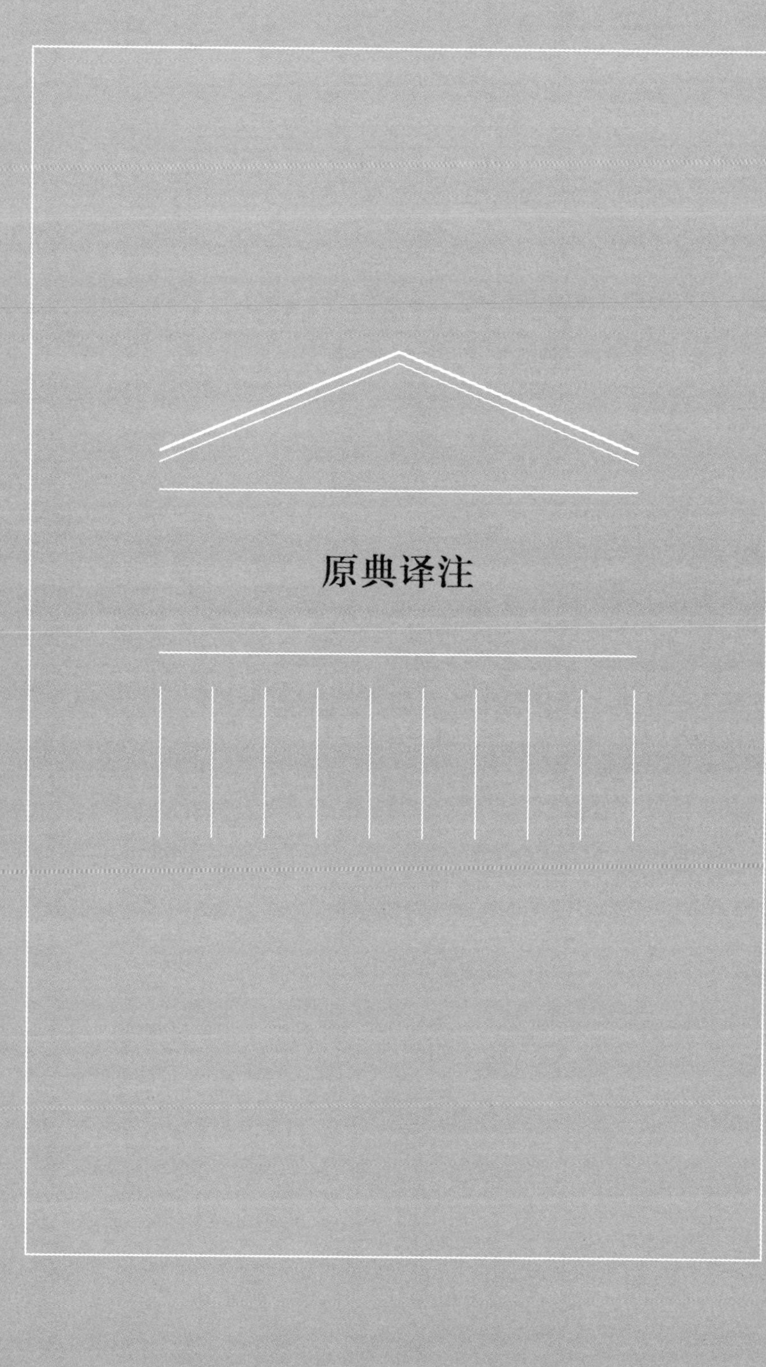

原典译注

驳记号学说

塞克斯都·恩披里柯　崔延强[1]　编译

【编译者按】

塞克斯都·恩披里柯是皮浪怀疑论的集大成者。他在批判种种独断论命题的同时引述了大量史料，成为我们今天研究希腊哲学绕不过去的一手文献，记号学说就是其中之一。该学说基本来自斯多亚派，构成其逻辑证明理论的一部分。这些段落是今天我们可以看到的有关该学说仅有的比较完整的文献。同时这些文字也表明了怀疑派所捍卫的日常经验立场。这里我们从《皮浪学说概要》第二卷和《反逻辑学家》第二卷选译了涉及记号学说的部分。[2]本文使用的

〔1〕崔延强，西南大学哲学系教授。长期致力于希腊哲学，尤其希腊化哲学研究。翻译出版《亚里士多德全集》第五卷（中国人民大学出版社，1997年版）和第九卷的《论诗》《亚历山大修辞术》《家政学》（中国人民大学出版社，1994年版），以及塞克斯都·恩披里柯《皮浪学说概要》（商务印书馆，2019年版）、《反逻辑学家》（商务印书馆，即出）和西塞罗《论学园派》（中国人民大学出版社，2022年版），承担国家社科基金重点项目"希腊化哲学研究及经典编译"。

〔2〕据H. Mutschmann and J. Mau，*Sexti Empirici Opera*，vol.1：*Pyrroncion hypotyposeon*/vol.2：*Adversus Dogmaticos*（Teubner，Leipzig，1958/1914），从希腊文译出；另参照R. G. Bury，*Sextus Empiricus*，vol.1：*Outlines of Pyrrhonism*/vol.2：*Against The Logicians* Loeb Classical Library（Harvard university Press/London，Heinemann，1933/1935）希腊文本校阅；译注参考了几种英译本：R. Bett，*Sextus Empiricus*：*Against The Logicians*（cambridge university（转下页）

主要文献通用缩写如下：

M=Sextus Epiricus，*Adversus Mathematicos*

PH= Sextus Epiricus，*Pyrroneioi Hypotiposeis*

DL=Diogenes Laertius

SVF=*Stoicorum Veterum Fragmenta*，ed. H. von Arnim

DK= *die Fragmente der Vorsokratiker*，ed. H. Diels/W. Kranz

一、《皮浪学说概要》有关记号学说的批判

［97］根据独断论者的观点，事物中有些是自明的（prodēla），有些是非显明的（adēla）。非显明的东西中有些是永远或绝对（kathapax）非显明的，有些是在一段时间内（pros kairon）非显明的，有些是本性上（phusei）非显明的。他们声称，自明的是那些由自身直接为我们所认识的东西，例如这是白天；永远非显明的是那些本性上无法为我们所理解的东西，就像“星星的数目为偶”；［98］一段时间内非显明的是那些尽管具有清楚的本性，但出于某种外部环境的原因，某一时间内对我来说是非显明的东西，就像当下雅典城之于我那样；[1]本性上非显明的是那些并不具备清楚地作用于我们的本性的东西，如“能被思想的毛孔”（oi noētoi

（接上页）Press，2005）；C. B. Inwood and L.Gerson，*Hellenistic Philosophy：Introductory Readings*（Hackett，1997）；P. P. Hallie（ed.），and S. G. Etheridge（trans.），*Sextus Empiricus：Selections from the Major Writings on Scepticism，Man，and God*（Hackett，1985）。

〔1〕有学者推测塞克斯都写作《概要》时可能不住在雅典。

poroi）[1]，因为这些东西无论如何不会自身显现出来，如有可能，它们被认为是通过其他东西，如通过出汗及类似的东西来理解的。［99］他们声称，自明的东西不需要记号，因为它们是通过自身被理解的。永远非显明的东西也不需要记号，因为它们根本是不可理解的。一段时间内非显明的东西和本性上非显明的东西需要通过记号来理解，但并非通过相同的记号，对于一段时间内非显明的东西通过记忆性或联想性记号，对于本性上非显明的东西则通过指示性记号。

［100］按他们的观点，记号当中有些是记忆性的（hupomnēstika），有些是指示性的（endeiktika）。他们把这样的记号称为记忆性的：这种记号曾与它所表示的东西（sēmeiōton）一起被清楚地观察到，因此当它作用于我们时，尽管它所表示的东西仍处于非显明状态，但它可以引导我们回忆起曾与它一起被观察到的、当下并未清楚地作用于我们的东西，就像烟与火的事例。［101］如他们所说，指示性的记号乃是这样的东西：并非与它所表示的东西一起被清楚地观察到，而是通过其特殊的本性和结构来表示（semainei）以之为记号的东西，[2]就像肉体的运动是灵魂的记号。[3]因此，他们以下述方式界定这种记号："指示性记号是有效条件句中能够揭示后件的，作为真前件的一个命题。"[4]［102］如

---

〔1〕即不可感知，但可通过记号或证明揭示的毛孔。参见 *PH* 2. 140，142；*M* 8. 306；DL 9. 89。

〔2〕"以之为记号的东西"（to hou esti sēmeion），即"记号所表示的东西"（sēmeiōton）的另一种表达形式。这一短语同样为第欧根尼使用，参见 DL 9. 97。

〔3〕参见 *PH* 1. 85。

〔4〕参见 *PH* 2. 104；*M* 8. 245。这个定义表明，指示性记号首先是一个有效三段论的命题（axiōma），而且它作为真前件（prokathēgomenon），能有效推出后件（lēgontos）。

我们所说，存在着两种不同的记号，我们并非反驳所有的记号，而仅仅反驳指示性记号，这种被认为是由独断论者编造出来的东西。因为记忆性记号为生活所信赖，一旦有人看到烟就会推测出火，看到疤痕就会说曾经有过创伤。因此，我们不仅不与生活对抗，相反，我们与生活为伍（sunagōnizometha），在不持有任何信念的意义上（adoxastōs）赞同为生活所信赖的东西，反对为独断论者所杜撰的东西。[1]

[103] 为了澄清研究对象，事先谈谈这些东西或许是恰当的。接下来让我们着手反驳，但我们并非竭力地指出所有指示性记号完全是非真实的，而是提醒我们自己，所提出来的有关真实性和非真实性的论证存在着明显的等效性。

[104] 记号，就独断论者所谈论的这些东西而言，是不可想象的。斯多亚派，那些似乎精确地给予解释并试图确立其概念的人，声称记号是有效条件句中能够揭示后件的、作为真前件的一个命题。他们说，“命题”（axiōma）是一个就其自身而言能够直陈的、完全的“意谓”（lekton）。[2]“有效条件句”（hugies sunēmmenon）是一个并非始于真而终于假的句子。[105] 条件句或者始于真而终于真，例如“如果这是白天，则光明存在”；或者始于假而终于

---

〔1〕 这里塞克斯都再次强调怀疑论并非与生活对立，而是站在生活一边，参见 *PH* 1. 23。

〔2〕 这是斯多亚派关于命题（axiōma）的经典定义。首先，命题是一个意谓（lekton）。而意谓分为“完全的”（autoteles）和“不完全的”（allipes）。“不完全的”，即表达式是未完成的，例如“写”。“完全的”，即表达式是完成的，例如“苏格拉底写”。显然，命题属于“完全的”意谓。其次，“完全的”意谓有很多表达形式，如“反问”“命令”“假设”“祈祷”“宣誓”等，而命题则属于“直陈”形式（apophanton）的意谓（参见 DL 7. 66；*M* 8. 71-74）。

假，例如“如果地球会飞，则地球是有翅膀的”；或者始于真而终于假，例如“如果地球存在，则地球会飞”；或者始于假而终于真，例如“如果地球会飞，则地球存在”。他们声称，只有始于真而终于假的条件句是错误的，其他都是有效的。[106] 他们说“真前件”(prokathēgoumenon) 是一个有效条件句中始于真而终于真的前件 (hēgoumenon)，“是能够揭示后件的”(ekkaluptikon)，因为在条件句“如果这个女人有奶，则她已怀孕”中，前件“如果这个女人有奶”似乎是对后件“她已怀孕”的阐明。[1]

[107] 这就是他们所谈的内容。我们首先要说，“意谓”是否存在是非显明的。因为在独断论者当中，伊壁鸠鲁派声称“意谓”是不存在的，[2] 而斯多亚派声称“意谓”是存在的。当斯多亚派说“意谓”存在时，或只是谈论一下，或使用证明。如果只是谈论，伊壁鸠鲁派就会把自己的说法，即声称“记号不存在”与之对立起来；如果使用证明，而证明是由命题，即作为一种“意谓”的命题组成的，那么既然它由“意谓”组成，就不能被拿来确立“意谓”存在的可信性，因为一个没有承认“意谓”存在的人，怎么会承认“意谓”的组合形式存在呢？[108] 因此，凡打算通过“意谓”的组合形式的存在来建立“意谓”存在的人，则是试图以正在研究的东西来确信正在研究的东西。如果既不能通过简单的谈论，也不可能通过证明来确立“意谓”存在，那么“意谓”存在则是非显明的。

有关命题是否存在的问题同样如此，因为命题是一种“意谓”。

〔1〕 斯多亚派的这个例子见 Aristotle，*prior Analytics* 70a13-16。

〔2〕 伊壁鸠鲁反对“意谓”的存在，参见 *M* 8. 13，258；Plutarch，*adv col* 111 9F。

[109] 即使出于假设承认“意谓”是存在的，也会发现命题是不存在的，因为命题是由相互间并无共存性的（me sunuparchontōn）“意谓”构成的。例如，“如果这是白天，则光明存在”这一句子，当我说“这是白天”时，“光明存在”这个句子尚未存在（oudepō esti）；当我说“光明存在”时，“这是白天”这个句子已不复存在（ouketi esti）。由某些部分组成的东西，如果其组成部分之间没有共存性，则是不可能存在的。因此，如果组成命题的部分之间并无共存性，那么命题就不会存在。

[110] 即使把这一问题暂放一边，我们也会发现有效条件句是不可理解的。因为菲洛声称，有效条件句是那些并非始于真而终于假的句子。比如，当事实上这是白天并且我在谈话时，条件句“如果这是白天，则我在谈话”就是有效的。但第奥多罗把有效条件句界定为既非过去可能又非现在可能始于真而终于假的句子。因此按照他的观点，刚才提到的条件句似乎为假，因为当事实上这是白天而我依然沉默不语时，这个句子将始于真而终于假。[111] 但另一个条件句“如果事物不可分割的元素不存在，那么事物不可分割的元素存在”则为真。因为根据他的说法，前件“如果事物不可分割的元素不存在”始于假，而后件“事物不可分割的元素存在”终于真。再者，那些引进“连结项”（sunartēsia）的人[1]则声称，条件句是有效的，仅当后件的矛盾命题（antikeimenon）与前件不相容（machētai）。因此按照他们的说法，前面提到的条件句是无效的，而条件句“如果这是白天，则这是白天”是真的；[112] 那些通过

[1] “连结项”或许是科律西波引进的，参见 DL 7.73；Cicero，*Fat* 6. 12。

“蕴含”（emphasis）来判断的人声称，条件句是真的，仅当后件潜在地包含于前件之中。根据他们的观点，“如果这是白天，则这是白天”以及所有重言式（diaphoroumenon）条件句[1]或许为假，因为任何东西自己被自己包含是不可能的。

［113］或许上述这些分歧要得到判定似乎是不可能的。因为无论我们有无证明，对上述任何观点做出倾向性的选择都是不可信的。既然证明被认为是有效的，仅当其结论由其前提的组合形式推出，如同后件由前件推出，例如，“如果这是白天，则光明存在；这是白天；所以光明存在。”［“如果这是白天则光明存在；这是白天且光明存在。”］[2]［114］而我们正在研究如何判断后件由前件推出，因此必然遇到循环论式。为了有关条件句的判断得到证明，如前所说，证明的结论必须由前提推出；反过来，为了确保这是可信的，条件句及其推导关系（akolouthia）必须已经得以判定，但这是荒谬的。［115］因此，有效条件句是不可理解的。

再者，“真前件”[3]也是令人疑惑的。如他们所说，“真前件”是条件句中始于真而终于真的前件。［116］如果记号是能有效揭示后件的，那么后件或是自明的，或是非显明的。如果后件是自明的，它就不需要揭示自己的前件，而是与前件一起被理解，就不会是被前件所表示的东西（sēmeiōton），因此前件也就不是后件的记号；如果后件是非显明的，而有关非显明之物何者为真，何者为

〔1〕有关重言式条件句，参见 *M* 8. 108-110；DL 7. 68。

〔2〕此处古代校本做出的补缀意思并不清晰。结合下面 *PH* 2. 137 或可理解为“这是白天并且如果这是白天则光明存在，所以光明存在”。

〔3〕参见 *M* 8. 266-268。

假，或者在一般意义上是否有物为真，存在着无法判定的分歧，那么条件句是否归结于真则是非显明的。同时这点还意味着，条件句中的前件是否作为“真前件”也是非显明的。[117] 即使把上述反驳暂放一边，如果记号所表示的东西（sēmeiōton）是相对于记号（sēmeion）而存在的，并且因此是与记号一起被理解的，那么记号也就不可能揭示后件，因为相对的东西总是被一起理解的（sugkatalambanetai）。[1] 比如作为“左”的“右”，在“左”被理解之前“右”是不可能被理解的，反之亦然；其他相对之物同样如此。因此记号，作为它所表示的东西的记号，先于它所表示的东西是不可能被理解的。[118] 如果记号不可能先于它所表示的东西而被理解，那么它就不能揭示那些与之同时而非在其之后被理解的东西。

就其他一些学派所谈论的一般性观点而言，记号也是不可思想的。因为他们说记号既是相对的，又能够揭示它所表示的、被说成是相对于它的东西。[119] 如果记号是相对的，且相对于它所表示的东西，那它当然应当与它所表示的东西一起被理解，正像“左”之于“右”、“上”之于“下”，以及其他相对的东西；但是如果记号能够揭示它所表示的东西，那它当然应当在此之前已被理解，以便通过前期认识（proepignōsthen）引导我们达致由它所认识的对象的概念（ennoian）。[120] 然而，这个对象是不可思想的，因为它不可能在那个必须首先被理解的东西之前就被认识。[2] 因此，思

---

〔1〕参见 *PH* 2. 125，169，179；3. 7；*M* 8. 165，174-175。塞克斯都在本书中提出“相对之物”是相互共存的（参见 *PH* 2. 126）、被一起理解的（见本节）、被一起思想的（参见 *PH* 3. 27）三条原则。

〔2〕原话使用两个后置定语从句，直译不符合汉语表达习惯，这里采用意译。

想一个既是相对存在的东西，同时又能揭示与这个被思想的东西相对存在的东西是不可能的。而他们声称记号既是相对的，又能揭示被记号表示的东西，所以记号是不可思想的。

[121] 此外还要谈谈以下问题。有关指示性记号的问题在我们的前人当中存在着种种分歧，有的说它是存在的，有的说它是不存在的。凡声称指示性记号存在的人，或纯粹地说说，简单而无任何证明地表达，或通过证明表达。如果只是纯粹地说说，他是不可信的；如果他想给出证明，就会把有待研究的问题确立为当然的前提。[122] 既然证明被说成是一种记号，而记号存在与否是有争议的，因此证明存在与否也是有争议的，正像假设我们正在研究动物是否存在，而人是否存在当然属于被研究的东西，因为人是动物的一种。然而试图通过同样是有待研究的问题证明有待研究的问题，或通过有待研究的问题自身证明自身乃是荒谬的。因此，无人能够通过证明确切地肯定记号是存在的。[123] 如果对于记号既不可能简单地说说，也不可能通过证明确切地表明，那么对它做出可理解的肯定性陈述（apophasia）[1] 则是不可能的；如果记号无法被准确地理解，它就不能被说成是可以表示什么的（sēmantikon），因为有关记号本身的意见是不一致的。因此根据这一推论，记号是非真实的和不可思想的。

[124] 再者，还有下列问题应当讨论。[2] 记号或者只是显明的，或者只是非显明的，或者一部分是显明的，一部分是非显明的。这些情况没有一种是有效的，所以记号是不存在的。所有记号

〔1〕 这里 apophasia 不是指一般的表述，而是指肯定的直陈句，即肯定判断。

〔2〕 有关这一论证形式，参见 *PH* 2. 88-94。

不是非显明的，可由以下论证表明。如独断论者所说，非显明的东西不会自己显现出来，而是通过他物发生作用（hupopiptei）。记号，如果是非显明的，就需要另一个非显明的记号（因为按照目前假设，没有记号是显明的），那么这个非显明的记号又会需要另一个非显明的记号，直至无穷。把握无限的记号是不可能的。所以，如果记号是非显明的，它是不可能被理解的。出于这个原因，记号是非真实存在的。因为既然它是不可理解的，它就不可能表示任何东西，也就不可能是记号。

［125］如果所有记号都是显明的，既然记号是相对的，相对于它所表示的东西，而相对的东西总是被相互一起理解的，那么所谓被它表示的东西，因为与显明的东西一起被理解，所以也是显明的。正如当"右"与"左"一起作用于我们产生印象时，不能说"右"比"左"或"左"比"右"更加显明，因此当记号与它所表示的东西被一起理解时，不应当说记号比它所表示的东西更加显明。［126］如果记号所表示的东西是显明的，它就不会是被记号表示的东西，因为它不需要任何东西来表达和揭示。就像当"右"消除就不会有"左"，当记号所表示的东西一旦消除，记号也就不可能存在，因此如果有人声称记号只是显明的，就会发现它是非真实存在的。

［127］剩下来要说，一部分记号是显明的，一部分是非显明的，但这个方面的疑惑照样存在。如前所述，所谓被显明的记号所表示的东西将是显明的，因为不需要任何东西来表示它们，也就根本不是被记号所表示的东西；那么记号也就不是记号，因为它们不表示任何东西。［128］非显明的记号则需要其他东西来揭示。如

果声称它们被非显明之物所表示，则论证陷入无穷后退，正如前面所说，会发现它们是不可理解的，因此也是非真实存在的。如果声称它们被显明之物所表示，因为它们与显明的记号一起被理解，那它们就是显明的，因此也是非真实存在的。因为不可能存在任何一个东西，在本性上既是非显明的又是显明的。就我们所论述的记号而言，只要假设它们是非显明的，根据自我指涉论证（kata tēn peritropēn tou logou）[1]，也会发现它们是显明的。

［129］如果记号既非全部是显明的或全部是非显明的，又非部分是显明的部分是非显明的，此外，如他们所言，不存在任何其他可能，那么所谓的记号就是非真实存在的。

［130］目前来讲，诸多论证中的少量几个就足以表明指示性记号是不存在的。接下来，为了建立与之相对立的论证的等效性，我们将提出记号是存在的这一假设。[2]

用来反驳记号存在的那些语句（phōnai）或表示什么，或不表示任何东西。如果它们不表示任何东西，那何以动摇（kineseian）记号的存在呢？如果它们表示什么，则记号存在。[3]［131］再者，那些反驳记号的论证或是可证明的，或是不可证明的。但如果是不可证明的，则它们无法证明“记号是不存在的”；如果是可证明的，而证明是用来揭示结论的，属于记号的一种，因此记号存在。这一论证可以归结为：如果记号存在，则记号存在；如果记号不存

---

〔1〕参见 *PH* 1. 122。又见下面 *PH* 2. 133。

〔2〕这里再次表明怀疑论者的目的在于建立对立论证的等效性（isostheneia）。参见 *PH* 2. 103。

〔3〕参见 *M* 8. 279。这一反驳利用“表示”（sēmainei）与“记号”（sēmeion）这对同根词，承认语词表示东西就意味着承认记号的存在。

在，则记号存在（因为“记号不存在”是通过作为一种记号的证明来揭示的）；记号或者存在或者不存在；所以记号存在。[132] 这一论证可以与下面的论证相提并论（parakeitai）：如果任何记号不存在，则记号不存在；如果记号，即独断论者声称记号存在的那种记号存在，则记号不存在（因为当下所论证的记号，按其概念，就其被说成是相对的和能够揭示它所表示的东西而言，如前所述，被发现是非真实存在的）；[133] 记号或者存在或者不存在；所以记号不存在。

就那些有关记号的语句，让独断论者自己回答：它们究竟表示什么，还是不表示任何东西？如果它们不表示任何东西，则记号的存在就是不可信的；如果它们表示什么，被表示的东西就会由之推出，也就是说“记号是存在的”。而由这个前提，如我们前面提到的，根据自我指涉论证，也会推出“记号是不存在的”。

就所给出的这些有关记号存在和不存在的貌似可信的论证，我们必须说，记号存在并非甚于不存在（ou mallon）。

二、《反逻辑学家》关于记号学说的批判

[141] 既然事物在最高层次上有两种区分，据此一些是显明的，一些是非显明的，显明的是那些由自身直接呈现给感官和心智的东西，非显明的则是那些并非由自身能被理解的东西，那么为了针对显明之物进行诘难，我们比较系统地（methodikōteron）给出了有关标准的讨论。[142] 因为一旦标准被证明是不可靠的，则确切地断定显明之物本性上正像它们所显现的那样是不可能的。目

前还剩下有关非显明之物的区分，而为了否定这种东西，我们认为最好使用一种简明扼要的方法来消除记号和证明，当这些东西被消除，由之所获得的有关“真”的理解也就成为不可靠的了。或许在讨论这些特殊东西之前，简短考察一下有关记号的本性是恰当的。

［143］“记号”（to sēmeion）是在两种意义上被称谓的，一般的和特殊的。一般的是那种似乎能呈现（dēloun）某物的东西，根据这种意义，我们习惯上把用来唤起（ananeōsin）和它一起被观察到的那个对象的东西称为记号。特殊的是那种能指示（endeiktikon）非显明之物的东西，关于这种记号的问题正是我们当下所要研究的。［144］但如果有人想要清楚地理解它的本性，正如前面我们所说，就必须反过来首先明白显明之物是那些能通过自身被我们认识的东西，比如当下“这是白天”“我正在会话”，而非显明之物是那些并非具有这种特征的东西。

［145］非显明的东西当中，有些是绝对或完全（kathapax）非显明的，有些是本性上（phusei）非显明的，有些是暂时（pros kairon）非显明的。其中，那些尽管本性上是显明的，但出于某种外部环境的原因有时对我们是非显明的东西被称为“暂时”非显明的，比如当下雅典城之于我们。〔1〕因为它本性上是清楚而自明的，但由于中间的距离对我们是非显明的。［146］“本性上”非显明的，是那些总是被遮蔽起来的（apokekrummena），无法落入我们的清楚经验范围内的东西，诸如“能被思想的毛孔”〔2〕以及

---

〔1〕 这一事例又见 *PH* 2. 98。由此推测塞克斯都在写作本书时并不在雅典。

〔2〕 即只能由心智推证而不能被直接感知的毛孔。例如，通过汗液渗出，可推知毛孔存在（见 *PH* 2. 98，140）。

某些物理学家所宣称的宇宙之外的“无限的虚空”。[147] 那些本性上永远不会被人类理解的东西被说成是“绝对”非显明的，比如星星的数目为偶或为奇，在利比亚沙子的数量有多少。[148] 既然有四种不同的事物，一是清楚明白的，二是绝对非显明的，三是本性上非显明的，四是暂时非显明的，那么我们说，并非所有这些东西都需要记号，只是某些需要。[149] 显然，绝对非显明的和清楚明白的东西无需记号。因为清楚明白的东西由自身作用于感官，不需要其他东西来显示（pros mēnusin），而绝对非显明的东西普遍超出一切理解，因此无法通过记号来把握。[150] 但本性上非显明的和暂时非显明的东西需要通过某种记号来观察：暂时非显明的东西，是因为它们在某种环境下会离开我们的清楚经验之域；本性上非显明的东西，则是由于它们永远是非显明的。[151] 既然有两种需要记号的不同事物，则记号也表现为两种。一种是“记忆性的”（hupomnēstikon），似乎主要用于暂时非显明的东西；一种是“指示性的”（endeiktikon），被宣称适应于本性上非显明的东西。[152] 因此记忆性记号，如果它曾与所表示的对象（tōi sēmeiōtōi）一起通过清楚的经验被观察到，那么一旦作用于我们，而此时所表示的对象是非显明的，就会引导我们回忆起那个曾与之一起被观察到的，但当下并未清楚地作用于我们的对象，就像在烟与火那里所看到的那样。因为我们经常观察到它们互为关联，一看到其中的一个，也即烟，就会唤醒另外一个，也即没有看到的火。[153] 就创伤发生之后的疤痕和死亡来临之前的心脏的刺伤，则适应于同样的解释。因为当我们看到疤痕就会唤起曾经发生的创伤，当目睹心脏的刺伤就会预知死亡将至。这就是记忆性记号所具有的特性，［154］而指示性记号与之有别。因为它不可能与所表示的对象一起被观察到（因为本性上非显明的东西始终是不可感知的，因此也就无法与任何显明之物一起被观察到），而是被说成完全由自身的本性和结构表示（sēmainein）它所指示的对象，几近于发出声音。〔1〕［155］例如，灵魂本性上是非显明的东西，因为它本性上永远不会落入我们的清楚经验之域。作为这样一种东西，它通过肉体的运动，以指示的方式（endeiktikōs）得以显示。因为我们推知，正是裹在肉体中的（endedukuia tōi sōmati）某种力量赋予它这种运动。

［156］既然存在着两种记号："记忆性的"（被认为主要用于暂时非显明的东西）和"指示性的"（用于本性上非显明的东西），那么有关记忆性记号我们并不打算统统进行追问和诘难，因为这种东西在生活中被所有人普遍相信是有用的，我们针对的是指示性记号，因为它是由独断哲学家和理性派医生〔2〕所杜撰出来的，能给他们提供最为必需的帮助。［157］因此，我们并不像某些人所污蔑我们的那样，声称记号不存在，从而抗拒人类的一般常识（prolēpsis）〔3〕、把生活搅乱。因为如果我们否弃一切记号，或许会与生活和所有人为敌。实际上，我们自己是这样来认知的：由烟推知火，由伤疤推知曾经发生的创痛，由心脏的刺伤推知死亡，由以

〔1〕本句比喻"指示性记号"自身具有某种揭示对象的内在力量，几近于发音或说话。某种意义上，指示性记号是一种揭示非显明之物的"语言"。

〔2〕理性派或逻辑派是希腊化时代三大医学流派之一。其他两个流派是方法派和经验派。参见 *PH* 1. 236。

〔3〕prolēpsis 一词，指未经理性审视批判的日常观念，相当于英文的 preconception。根据语境可译为"常识""前理解""前概念""前见""预想"等。

前的头带推知油膏。[1][158]那么，既然我们肯定生活所使用的记忆性记号，否弃独断论者所虚构的记号，我们便不仅不与生活为敌，而且还为之代言（sunagoreuomen）[2]，因为我们驳斥的是那些抗拒一般常识、声称可以通过自然研究，以记号的方式认识本性上非显明之物的独断论者。

[159]就发生在研究领域中的记号，我们提纲挈领地做出这些解释。目前我们需要牢记的是怀疑派的习惯做法（ethos）。[3]也即，我们并非以相信和赞同的态度提出反驳记号存在的论证（因为这样做就等于像独断论者那样宣称记号是存在的），而是把研究带入"等效状态"（isoistheneia），[4]指出记号不存在与记号存在是同样可信的，或反过来说，记号存在与记号不存在也是同样不可信的。因为这样就会在心智中生成"无倾向性"（arrepsia）和"存疑"（epochē）。[5][160]那么由于这个原因，当我们说指示性记号不存在时，那个似乎反对我们的人也会助我们一臂之力，他自己先于我们（prolabōn）建立了应当由怀疑派所建立的那部分论证。[6]因为如果由辩难派（aporētikoi）[7]所

---

〔1〕头带和油膏指运动员的装饰，作为获胜的象征。

〔2〕这里使用 sunagoreuomen 一词，指"为某人说话""代言""支持""声援"。在《皮浪学说概要》中，则使用 sunagōnizometha，指"与某人共同战斗"或"与之为伍"，意思相近。参见 *PH* 1. 23；2. 102。

〔3〕参见 *PH* 2. 29，103。

〔4〕参见 *PH* 2. 130。

〔5〕类似的表述参见 *PH* 1. 190。

〔6〕即独断论替怀疑论建立反题，表明怀疑论不是为了确立自己的观点，而是为了建立反对命题，以达致正反命题之间的"等效性"。

〔7〕即怀疑派（skeptikoi）。在本卷中塞克斯都多次以该名称称谓自己的学派，参见 *M* 8.76，78，86，99，278。

提供的反对记号的论证是强有力的，几乎是无法反驳的，而由独断论者所建立的记号存在的论证也并不弱于这些论证，那么我们必须立刻对其存在保持存疑，不可有失公允地（adikōs）诉诸任何一方。

［161］怀疑派的习惯做法既已表明，接下来让我们讨论眼下的话题。怀疑派说，存在物当中一些是基于差异的东西（kata diaphoran），一些是相对于某物的东西（pros ti pōs）。基于差异的，是那些根据自己的实在性（kat' idian hupostasin），在绝对意义上被思想的东西，[1] 例如“白”“黑”“甜”“苦”以及所有类似之物。因为我们纯粹而独立地理解这些东西，没有同时思考他物。［162］相对的，则是那些根据与他者相对的某种状态而被思想的，并非在绝对意义上，也即不是基于自身被理解的东西，例如“较白”“较黑”“较甜”“较苦”以及所有相同形式的东西。因为“较白”和“较黑”不像“白”和“黑”那样是基于自身被独立思想的，而是我们为了思想这种东西，必须与之同时关注那个比它更白的或更黑的东西。对于“较甜”和“较苦”适用于同样的解释。［163］既然有两种不同的事物，一是基于差异的，二是相对于某物的，因此指示性记号必然或是基于差异的东西，或是相对的东西，因为两者之间不存在第三种东西。但它不是基于差异的东西，这点甚至也被那些持不同观点的人所直接承认，因此它将是相对的东西。［164］正像被表示者（to sēmeiēton），由于它是根据某种与记号相对（pros to sēmeion）的状态而被思想的，

〔1〕 参见 *PH* 1. 135，137。

因此是相对的东西,〈记号同样也是相对的东西,〉[1]因为它是某物的记号,即被表示者的记号。无论如何,如果我们假设其中的一个被消除,剩下的另一个将同时被消除,类似的情况也明显发生在“右”和“左”的事例中。没有“右”就不会有“左”,因为它们每一个都是相对的,没有“左”则“右”的概念也将被一起消除。[165]再者,相对的东西是相互一起被认识的。因为如我所说,要认识某种“较白”的东西,如果没有一种比它更白的东西和它一起作用于我们则是不可能的;对于“较黑”的东西的认识,〈如果没有一种比它更黑的东西和它一起被思想〉[2]也是不可能的。因此,如前所述,既然记号是相对之物,那么以之为记号的东西将会与记号一起被理解。但与某物一起被理解的东西就不会是它的记号。因为设想与某物一起被理解的东西能成为那个事物的记号是完全靠不住的(aperrōgos)。因为如果两者在同一时刻被理解,则这个不能揭示那个,那个也不能展示这个,它们每个缺乏这样一种能力,既然它们是由自身作用于我们的。[166]再者,人们还可以建立这种论证:如果记号是可理解的,则它或在被表示者之前被理解,或与之一起被理解,或在其之后被理解;但正如我们将建立的那样,它既非在其之前,也非与之一起,也非在其之后被理解;所以记号是不可理解的。[167]声称记号在被表示者之后被理解显然直接是荒谬的,因为当记号所揭示的对象,即被表示者先于记号被理解,那记号如何还能揭示?此外,如果独断论者声称这点,他们将接受某种与其通常所持有的原理

[1][2] 原文似乎缺失,根据 Loeb 本所补。

（dogmatizomenōi）相冲突的东西。因为他们声称被表示者是非显明的，不是由自身能被理解的，但如果记号在对这个东西的理解之后得以理解，那么这个在其揭示者出现之前既已显示的东西将不会是非显明的。所以记号并非在被表示者之后被理解。[168] 出于上面刚刚提到的原因，它也并非与之一起被理解，因为一起被理解的东西不需要相互显示，而是由它们自身同时作用于我们，因此记号将不会被说成是记号，被表示者也不会被说成是被表示者。[169] 那么剩下的是记号先于被表示者得以理解，但这会再次遭到同样的反驳。因为独断论者应当首先表明记号不是相对之物，或表明相对之物不是共同一起被理解的，然后使我们接受记号能够在被表示者之前得以理解。[170] 但既然问题的出发点没有改变，要确证记号理解的在先性（prokatalēpsia）则是不可能的，因为记号属于某种相对之物，必须同以之为记号的东西一起被理解。那么，如果为了记号被理解，它必须或先于被表示物，或与之一起，或在其之后被理解，而既已表明这些情况无一可能，因此不得不说记号是不可理解的。

[171] 有些人还通过另外一种具有同等效力的论证形式对独断论者进行诘难（sunerōtōsi），它是这样的：如果存在某种指示性记号，它或是显明者的显明的记号，或是非显明者的非显明的记号，或是非显明者的显明的记号，或是显明者的非显明的记号；但它既不是显明者的显明的记号，也不是非显明者的非显明的记号，也不是非显明者的显明的记号，或者相反；所以记号这种东西不存在。[172] 以上就是这一论证，其构成情况（kataskeuē）是显而易见的。当我们给出独断论者就这一论证所提出的反对意见，这点会更

加明显。因为他们声称只承认两种组合方式，至于其他两种则不同意我们的观点。[173] 他们说，显明者是显明者的记号和显明者是非显明者的记号两者为真，非显明者能显示显明者或非显明者能显示非显明者则为假。例如，显明者是显明者的记号，正像影子是肉体的记号，因为它本身作为记号是显明的，而肉体作为被表示者也是清楚可见的。显明者能显示非显明者，正如脸红能显示羞耻，因为前者是清楚可见的和能自我发觉的（autophōraton），而羞耻则是看不到的。[174] 然而说这些话的人是愚蠢之极的。因为如果人们同意记号是相对之物，而相对之物必然是一起被理解的，那么对于同样一起作用于我们的东西，不可能一个是记号，一个是被表示者，而是无论如何，由于两者清楚明白的共同作用，其中任何一个不会或是记号或是被表示者，因为一个没有要揭示的东西，另一个也不需要任何东西来揭示。[175] 就剩下的那种他们据之宣称显明者是非显者的记号的组合形式，我们的说法与上述相同。因为如果这样，记号就应当先于被表示者得以理解，被表示者则应当在记号之后得以理解。但这是不可能的，因为它们属于某种相对之物，应当一起被理解。

[176] 在人们所理解的事物当中，一些似乎是由感觉理解的，一些似乎是由心智理解的。由感觉理解的，如白、黑、甜、苦；由心智理解的，如美好、耻辱、合法、非法、虔敬、不敬。记号也是如此，如果是可理解的，则它或是可感之物或是可思之物，如果不属于其中任何一种，则它根本不是真实存在的。[177] 当然，这里有直接证据表明记号是不可理解的，我的意思是说，直到目前为止其本性被一分为二，一些人设定它是可感的，一些人认为它是可

思的。伊壁鸠鲁及其学派的领袖们声称记号是可感的，斯多亚派则声称它是可思的。这种纷争几乎是永远无法判定的，既然一直是无法判定的，那么对记号保持存疑（en epochēi）则是完全必需的，因为它一定或是可感的或是可思的。[178] 最奇怪的是它的承诺（huposchesis）没有兑现，因为它承诺能够揭示其他某个东西，但情况相反，目前发现它本身需要其他东西来揭示。因为如果一切有分歧的东西是非显明的，而非显明的东西是通过记号来把握的，那么毫无疑问，记号作为有分歧的东西也需要某种记号来呈现，既然它是非显明的。[179] 但他们不能说通过证明确立有分歧的东西本身，并使之获得可信性是可能的。因为首先，当证明它时，那就让他们将之作为可信的接受好了，但只要对他们来说这只是纯粹的承诺而不是证明，存疑这一结论就会建立。[180] 再者，证明是有争议的东西，既然存在着分歧，它本身需要某种东西确立其可信性。但试图通过“有待研究的东西”（to zētoumenon）表明“有待研究的东西”是极其荒谬的。此外，一般说来证明是一种记号，因为它能揭示结论。[181] 那么为了记号得以确证，证明必须是可信的；而为了证明成为可信的，记号必须首先被确证。既然它们每个有待于另一个的可信性，因此同另一个一样是不可信的。[182] 此外，那些被用来建立记号的确凿性的证明，或是可感的或是可思的。如果是可感的，就会再次回到开始的问题，因为可感之物普遍存在着分歧；如果是可思的，那它同样是不可信的，因为离开可感之物它是不可能被理解的。

[183] 出于论证的补充，让我们一致承认记号或是可感的或是可思的，但即便如此，其实在性（hupostasis）也是不可信的。我

们必须依次讨论每种情况，先就它是可感的直接说起。而为了接受这点，所有物理学家就必须首先同意和接受可感之物的真实性，以便有关记号的研究可由这个所接受的观点出发。[184] 但对于这点人们的意见并非一致，即便关于

河水长流、万木长荣[1]

这句话，物理学家们也永远不会停止相互争论。因为德谟克里特说，没有任何可感之物是真实存在的，我们对它们的理解是感官的某种虚幻感受（kenopatheias），外部事物中不存在任何甜的或苦的，热的或冷的，白的或黑的，或其他那些向所有人显现的东西，因为这些不过是对我们自己的感受的称呼。[185] 但伊壁鸠鲁说，所有这些可感之物就像它们所显现的那样和在感觉中所打动我们的那样真实存在，因为感觉永远不会说谎，尽管我们认为（dokountōn）它会说谎。斯多亚派和漫步派则采取中间路线，他们说有些可感之物作为真的东西存在，有些则并非真实存在，因为在这些东西上感觉说了谎话。[186] 那么，主要观点总结如下：如果我们想要记号是可感的，则必须首先同意和牢固建立可感之物的实在性，以便承认记号是能被确切理解的。否则，如果结果显示这是一件每每有争议的事，我们将不得不承认记号也存在同样的分歧。[187] 正像如果可感之物的实在性无法得到一致同意，则“白色”

[1] 该句出自论弥达斯（Midas）的无名格言。弥达斯是希腊神话传说中佛律葵亚人（Phrygians）的国王。柏拉图曾援引该句（见 Plato，*Phaedrus* 264 C-D），此句还出现在 *M* 1. 28；*PH* 2. 37。

是不能被确切理解的，因为它本身是一种可感之物，因此记号，如果属于可感之物，它就不能被说成是可靠的，只要有关可感之物的纷争依然存在。那就让我们假设可感之物是人们所一致同意的，有关它们完全不存在分歧。但我要问，持相反观点者如何能向我们表明记号本质上（tōi onti）是可感的？因为所有可感之物本性上对所有处于同一状态的人发生作用，被一样地理解。比如"白色"，并非希腊人这样理解，蛮族人那样理解，或有技艺者和平常人以不同方式理解，而是所有无感官缺陷（aparapodistous）的人以同一种方式理解。[188] 再如"苦"或"甜"，不会这个人尝起来这样，那个人尝起来那样，而是每个处于同样状态的人尝起来一样。但记号之为记号，本性上似乎并非以同样方式作用于所有处于同样状态的人，而是对某些人完全不是记号，尽管它清楚地打动他们；对某些人则是记号，但不是同一对象的记号，而是不同对象的。如在医学上，同一现象对这个人，如厄拉希斯特拉忒斯是一种病情的记号，对那个人，如希罗菲洛斯是另一种病情的记号，对第三个人，如阿斯科勒皮亚德斯则又是一种病情的记号。[1] 因此不应当说记号是可感的。因为如果可感之物以同样方式作用于所有人，而记号并非以同样方式作用于所有人，那么记号将不是可感的。[189] 再者，如果记号是可感的，它会像可感的火那样使所有能燃烧的东西燃烧，会像可感的雪那样使所有能变冷的东西变冷，因此如果记号属于可感的东西，它就应当把所有人引向同一个被表示者，但它并

[1] 这三位是独断派或理性派医学的代表。厄拉希斯特拉忒斯（Erasistratus，约公元前315—前240年），建立普遍的生理学解释范式，著有《论呼吸》（*pneuma*）。希罗菲洛斯（Herophilus，约公元前330—前260年），以诸多解剖发现闻名。

非引向同一个被表示者，所以它不是可感的。[190] 此外，如果记号是可感的，则非显明之物或能被我们理解，或不能被我们理解。如果不能被我们理解，则记号就会消亡。既然有两类事物，一是清楚明白的，一是非显明的，因此如果清楚明白之物因为是自明的而没有记号，非显明之物因为是不可理解的也没有记号，则记号是不存在的。[191] 但如果非显明之物是可理解的，则又会出现：既然记号是可感的，而可感之物同样作用于所有人，因此非显明之物应当为所有人理解。但某些人，如经验派医生（apo tēs empeirias iatroi）[1] 和怀疑派哲学家说非显明之物是不可理解的，某些人说它是可理解的，但并非以相同的方式。所以记号不是可感的。

[192]“是啊，”他们会说，“但正像火，作为可感之物，能基于潜在的质料的差异展现不同的能力，遇蜡则化之、遇土则焙之、遇木则燃之；同样，作为可感的记号，能基于理解者的差异显示不同的对象，这也是有可能的。[193] 这点并不奇怪，我们在记忆性记号那里可以看到此类情况的发生。高举火把对某些人表示敌人的逼近，对某些人则表明朋友的到来。铃声对某些人是卖熟肉的记号，对某些人是需要给马路洒水的记号。所以，指示性记号因具有可感的本性也将能显示这种或那种不同事物。”[194] 但这里，人们会要求那些由火来推论的人表明，发生在火那里的事情也发生在记号那里。因为火具有上面提到的那些能力，这是人们所一致同意的，没任何人会对蜡被融化、土被烘焙、木被燃烧存在异议。[195] 但如果我们同意类似的情况也可以在指示性记号那里发生，

〔1〕 这里注意，塞克斯都把怀疑派和经验派医生归为同一阵营，认为都是反独断哲学的，与 *PH* 1. 236-241 中提到怀疑派与方法派（methodos）“更接近”这个说法不一致。

就会把自己置于极其悖谬的境地，声称所有被它指示的对象都是真实存在的，以至比如说，过量的和刺激性的液汁以及肉体的构成都是致病的原因，[196]但这是荒谬的，因为如此冲突和彼此瓦解的原因是不可能共存的（sunuparchein）。那就让独断派哲学家们或同意这点，尽管是不可能的，或同意作为可感的记号就其自身而言是不能指示任何对象的，[197]而处于不同状态下的我们也不会以同样方式受其作用。但他们是不会容忍同意这点的，此外，有关火的这些能力也不是毫无异议的，而是受质疑的东西。[198]因为如果火具有这种燃烧的本性，它就应当燃烧一切，并非燃烧某些东西而不燃烧某些东西。如果火具有融化能力，它就应当化解一切，并非化解某些东西而不化解某些东西。[199]实际上，火似乎并非基于自己的本性而是基于靠近它的存在物的质料发生这些活动的。比如，火燃烧木料，不是因为它本身是能燃烧的，而是因为木料在得到其助力（sunergou）时处于一种适合燃烧的状态；火融化蜡，不是因为它具有融化的能力，而是因为蜡在得到其助力时具有一种被融化的适宜性（epitēdeiotēta）。关于这些东西我们在研究其实在性时将更加清楚地予以解释。[1][200]当下为了针对那些由记忆性记号进行推论，拿火炬和铃声说事的人，我们要说，如果这种记号能表明多个对象是不足为奇的。因为如其所言，它们是由立法者确立的，在于我们自己，无论我们想让它们传达一件事，还是希望它们表明多件事。[201]但指示性记号被认为在本性上是能指定（hupagoreutikon）[2]被表示者的，因此它必然能指示（endeiktikon）

〔1〕见 *M* 9. 237 以下。

〔2〕该词同下面“能指示的”（endeiktikon）基本属于同义词。

一个对象，完全是单一的东西。因为如果它同属多个对象，就不是记号。因为一个东西，当存在多个为其所显示的对象时，它就不可能通过任何一个被确切地理解。例如由富变穷是挥霍无度、遭遇海难和捐赠朋友的共同表征，它属于多个对象，因此不再能专门揭示其中任何一个。因为如果是这个，则何以是这个而不是那个？如果是那个，则何以是那个而不是这个？［202］它也不能揭示所有对象，因为它们是不可共存的。因此指示性记号有别于记忆性记号，我们不能由后者推证前者，仅当前者只能揭示一个对象，后者则能表明多个对象并能按我们的指令进行表示。

［203］一切可感之物，作为可感的，是不可传授的。因为一个人不是被教会看见白色的，也不是学会尝到甜、感到热或其他类似的东西的，有关所有这些东西的认识乃是出于本性，并非经过传授呈现给我们的。但记号，作为记号，是可传授的，正如他们所说，要付出诸多艰苦努力，如航海中那种表明风雨晴晦的征兆。［204］同样，致力于天体研究的人所使用的记号也是如此，如阿拉图斯[1]和爱托利亚人亚历山大[2]。与之相似，经验派的医生所使用的那些记号，如面色潮红、血管膨胀和口干舌燥以及其他症候，未受教育者是不会将之理解为记号的。［205］所以，记号不是可感的。因为如果可感之物是不可传授的，而记号作为记号是可传授的，那么记号将不是可感的。

---

〔1〕阿拉图斯（Aratus，约公元前315—前240年），息提昂姆（Citium）的芝诺的学生，有斯多亚派背景的诗人，著有关于天象学和天文学的诗《论现象》(*Phainomena*)，该诗由西塞罗翻译成拉丁文（参见 *Acad* 2. 66）。

〔2〕爱托利亚人亚历山大（Aetolian Alexander，约公元前315年—？年），诗人。著有《论现象》，以悲剧作品闻名。

［206］可感之物，作为可感的，是基于差异（kata diaphoran）被思想的，[1] 比如白、黑 、甜 、苦以及所有类似的东西。而记号作为记号是相对的东西，因为它被视为一种相对于被表示者的状态。[2] 所以记号不属于可感之物。

［207］再者，所有可感之物，正像其名称（klēsis）所表明的那样，是由感官来把握的。但记号作为记号不是由感官而是由心智来理解的。因此我们说记号为真或为假，而真和假不是可感的。因为它们每个都是命题，命题不属于可感之物而属于可思之物。所以，我们不得不说记号不属于可感之物。

［208］我们还可以使用这样的论证。如果指示性记号是可感的，则可感之物，作为在先的条件，就应当能指示某种东西，但情况并非如此。因为如果可感之物指示某种东西，则或者同种的（to homogenes）将指示同种的，或者异类的（to anomogenes）将指示异类的；但同种的不指示同种的，异类的也不指示异类的；所以，可感之物不指示任何东西。［209］比如，让我们假设从来没有碰见过白色，也没有碰见过黑色，并第一次看到白色，那么通过对白色的理解我们是不可能理解黑色的。［210］尽管获得“黑是另外一种颜色”，“与白色是不一样的”这种概念或许是可能的，但通过白色的呈现形成对黑色的理解是不可能的。同样的道理也适用于声音以及常见的其他可感之物。因此，同种的可感之物不能指示同种的可感之物，即可视的不能指示可视的，可听的不能指示可听的，可尝的不能指示可尝的。［211］异类的可感之物也不能指示异类的可感

〔1〕 即绝对的、具有独立性的东西，参见 *M* 8. 161-162。

〔2〕 原文为 kata tēn hōs pros to sēmeiōton schesin。

之物，比如，可视的不能指示可听的，可听的不能指示可尝的或可嗅的。即使有人嗅到香味也不会达致对白色的理解，也不会通过声音的感知尝到甜味。

［212］然而，一旦任何有心灵的人对近在眼前的东西感到失望，我是说，可感之物甚至不能指示自身，那么研究是否同种的是同种的记号、异类的是异类的记号即多余。［213］因为正像我们常常表明的那样，在研究可感之物的人当中，有的声称它并非如其本性所“是”的那样被感官把握，因为它既不是白的和黑的、热的和冷的、甜的和苦的，也不具有其他类似的性质，而是“似乎”如此，因为我们的感官获得空洞的感受（kenopathousēs）、做出虚假的报道（pseudomenēs）。但有的认为某些可感之物是真实存在的，某些则根本不是。另一些人则证实所有可感之物具有同等的真实性。[1]［214］既然有关可感之物的实在性存在这么多无法决断的分歧，在尚不知道这些如此分歧的观点哪个为真的情况下，怎么可能声称可感之物是能自我呈现的？无论如何，至少这个论证应当是强有力的（kratein）：如果同种的可感之物不能指示同种的可感之物，异类的也不能揭示异类的，并且可感之物自身也不能揭示自身，所以声称记号是可感的是不可能的。

［215］艾乃西德穆在其《皮浪派的论证》第四卷提出这样一个针对同一主题（hupothesin）、效力（dunameōs）几乎相同的论证：如果显现之物对所有处于同样状态的人显得一样并且记号是显现之物，则记号对所有处于同样状态的人显得一样；但记号并非对

---

〔1〕 以上三种观点依次指德谟克里特、亚里士多德与斯多亚派、伊壁鸠鲁。有关记述参见 *M* 8. 9-10，184-185。

所有处于同样状态的人显得一样。而显现之物对所有处于同样状态的人的确显得一样；所以，记号不是显现之物。［216］这里，艾乃西德穆似乎把可感之物称作“显现之物”（phainomena），提出了一个论证，据之第二不证自明式与第三不证自明式叠加，其图式（to schēma）如下：“如果第一和第二，那么第三；并非第三，但第一；所以并非第二。”〔1〕［217］稍后一点我们将指出该证明图式的确如此。〔2〕当下我们将较为简单地证明，其前提是有效的并且结论可由之推出。那么，首先条件句为真，因为其后件（to legon）可由前件的联结（sumplegmenōi）推出，即由“显现之物对所有处于同样状态的人显得一样并且记号是显现之物”可推出“记号对所有处于同样状态的人显得一样”。［218］因为，如果所有无视觉缺陷的人以相同的方式理解白色，无任何差异，如果所有本性上具有味觉的人把甜的东西理解为甜的，那么所有处于相同状态的人也必然应当以相同方式理解记号，只要它属于像白的或黑的这样的可感之物。［219］因此条件句是有效的。第二个前提，即“记号并非对所有处于同样状态的人显得一样”也是真的。无论如何，就发烧者而言，脸色发红、血管凸显、皮肤潮湿、体温升高、心动过速以及所有其他体征，并非作为同一事件的记号打动那些在感官及其他构成上处于相同状态的人，不会对所有人显得一样，［220］而是，比方说，对希罗菲洛斯似乎直接是好的血液的记号，对厄拉希斯特拉忒斯似乎是血液从静脉向动脉流动的记号，对阿斯科勒皮亚德斯似乎是不

〔1〕有关证明形式的分类，参见 *M* 8. 223-227。

〔2〕见 *M* 8. 234 及以下。

可见的（noētōn）[1] 微粒在不可见的孔道中发生阻塞的记号。因此第二个前提是有效的。[221] 而第三个前提，即“显现之物对所有处于同样状态的人显得一样”也是有效的。白色，比如说，并非以相同的方式打动那些黄疸病人、眼睛充血病人[2] 和处于自然状态下的人（他们所处的状态有别，由于这个原因它对一些人显现为黄的，对一些人显现为红的，对一些人显现为白的），但对处于同一状态的人，即健康者却仅仅显现为白的。[222] 因此由这些为真的前提，将推出结论“记号不是可感之物”。

通过我们的考察，这个论证被直接表明为真；[223] 它是不证自明的（anapodeiktos）和可推理的（sullogistikos），一旦我们对它做出分析，这点将是显而易见的。那么，让我们稍做回顾，anapodeiktoi 一词是在两种意义上被称谓的，它既指不可证明的证明，也指不需要证明的证明，因为就其自身而言，推出结论（sunagousin）是直接清楚明白的。我们多次指出，[3] 科律西波在《推理引论》第一卷开端所列证明正是在第二种意义上被命名的。[224] 既然同意这点，那么人们必须认识到，第一不证自明式是由条件句及其前件构成的，并以这个条件句的后件为结论。[4] 也即当一个论证具有两个前提，其中一个是条件句，另一个是这个条件句的前件，并以同一条件句的后件为结论，那么这样一个论证被称为第一不证自明式。例如这种形式：“如果这是白天，那么这是亮的；

[1] 原意是“可思的”，参见 *PH* 3. 32。

[2] 同一事例参见 *PH* 1.44。

[3] 参见 *PH* 2. 156。

[4] 本卷第 224—226 段有关第一、第二、第三不证自明式的分析可对照 *PH* 2. 157-158。

这是白天；所以这是亮的。”因为，这个论证以条件句“如果这是白天，那么这是亮的”作为一个前提；以条件句的前件“这是白天”作为另一个前提；第三，以条件句的后件“所以这是亮的”作为结论。

［225］第二不证自明式是由条件句和这个条件句的后件的矛盾式构成的，并以前件的矛盾式（to antikeimenon）为结论。也即当一个论证再次由两个前提组成，其中一个是条件句，另一个是条件句的后件的矛盾式，并以前件的矛盾式为结论，那么这种论证即为第二不证自明式，例如，“如果这是白天，那么这是亮的；这不是亮的；所以这不是白天。”因为，“如果这是白天，那么这是亮的”（即论证的一个前提）是条件句，“这不是亮的”（即论证的另一个前提）是条件句中后件的矛盾式，结论“所以这不是白天”则是前件的矛盾式。

［226］第三不证自明式是由合取句的否定式和这个合取句的一个肢命题构成的，并以这个合取句的另一个肢命题的否定式为结论，例如，“并非这既是白天又是夜晚；这是白天；所以这不是夜晚。”因为“并非这既是白天又是夜晚”是合取句“这既是白天又是夜晚”的否定式，“这是白天”是合取句的一个肢命题，“所以这不是夜晚”则是这个合取句的另一个肢命题的否定式。

［227］那么论证就是这些。而其中它们得以表达的形式（troipoi），也可以说图式（schēmata）是这样的，第一不证自明式：“如果第一，那么第二；第一；所以第二。”第二不证自明式：“如果第一，那么第二；并非第二；所以并非第一。”第三不证自明式：“并非第一和第二；第一；所以并非第二。”

[228] 再者，人们必须认识到不证自明式当中一些是简单的，一些是非简单的。简单的是那些其结论的推出（sunagousin）直接是清楚明白的，也即结论由其前提有效推出（suneisagetai）。[1] 前面提出的就是这种情况，因为就第一不证自明式而言，如果我们承认“如果这是白天，则这是亮的”为真，我是说，“这是亮的”由“这是白天”推出，而同时我们假设第一个句子“这是白天”也即作为条件句的前件为真，那么将必然推出“这是亮的”这一论证的结论。[229] 非简单的则由简单的不证自明式构成，并需要被分解成简单的，以便我们认识到它们也可推出结论（sunagousin）。非简单的当中，一些由同类的部分构成，一些由非同类的部分构成。由同类的部分构成的，如由两个第一不证自明式或由两个第二不证自明式构成的论证，[230] 由非同类的部分构成的，如由第一〈和第三〉[2] 不证自明式，或由第二和第三不证自明式构成的论证，以及通常与之相似的论证。如下论证是由同类不证自明式构成的：“〈如果这是白天，那么〉如果这是白天，这是亮的；这是白天；所以这是亮的。”因为这是由两个第一不证自明式构成的，当我们分析之后将会明白这点。[231] 我们知道，对于推理分析，有这样一个传承下来的辩证法原理（theōrēma dialektikon）：“一旦我们拥有一个能有效推出（sunaktika）某个结论的前提，实际上（dunamei）我们就拥有这个蕴含其中的结论，尽管它没有被明白地说出。”[232] 既然如此，我们就有两个前提：一是条件句“〈如果这是白天，那么〉如果这是白天，这是亮的”，它始于简单命题“这是白

[1] 这里两个动词 sunagousin 和 suneisagetai 几乎是同义词，都是有效推出结论的意思。

[2] 此处原文疑似缺失，根据 Kochalsky 补缀。

天”，终于非简单条件句“如果这是白天，这是亮的”。二是这个条件句的前件“这是白天”，由之我们将通过第一不证自明式推出这个条件句的后件“所以如果这是白天，这是亮的”。[233]因此在这个论证中实际上我们拥有推理的有效性（sunagomenon），尽管省略了清晰的表述。但当我们把它与所给出的论证的小前提“这是白天”一起并列时，我们将得到由第一不证自明式推出的“这是亮的”，即所给出的论证的结论。因此，第一不证自明式有两种构成形式。一种是这样的：“〈如果这是白天，那么〉如果这是白天，这是亮的；〈这是白天；所以如果这是白天，这是亮的〉。”另一种则是“如果这是白天，那么这是亮的；这是白天；所以这是亮的。”〔1〕

[234]这就是由同类的部分所联结的论证的特征。接下来是由非同类的部分联结的论证，就像艾乃西德穆提出的有关记号的论证，它是这样的：“如果显现之物〔2〕对所有处于同样状态的人显得一样并且记号是显现之物，那么记号对所有处于同样状态的人显得一样；但记号并非对所有处于同样状态的人显得一样；而显现之物的确对所有处于同样状态的人显得一样；所以记号不是显现之物。”[235]通过分析我们可以知道，这样一个论证是由第二和第三不证自明式构成的，当我们给出它的形式（tropos）之后，这点将更加清楚。它是这样的：“如果第一和第二，那么第三；并非第三，

〔1〕本卷第230—233段文本存在许多模糊性，可参考R. Bett，*Sextus Empiricus*：*Against The Logicians*，Cambridge University Press，2005，pp.133-134；B. Mates，*Stoic Logic*，University of California Press，1953，pp.102-103。

〔2〕这里以及以下几段，塞克斯都使用的是ta phainomana一词，该词与ta dēla基本是同义词，均可译为“显明之物”“显现之物”，前者根据语境有时译为“现象”。

但第一；所以并非第二。”[236] 因为，既然我们拥有一个条件句，其中以“第一和第二”构成的联结句（sumpeplegmenon）为前件（hēgeitai），以“第三”为后件（lēgei），同时我们还拥有一个后件的矛盾式：“并非第三”，那么我们将通过第二不证自明式推出前件的矛盾式，即“并非第一和第二”。但这个结论本身实际上（kata tēn dunamin）蕴含于论证之中，因为我们有一个能有效推出（sunektika）它的前提，尽管省去了明晰的表述。但当我们把它同余下的前提“第一”并列起来，我们将通过第三不证自明式推出结论“所以并非第二”。因此有两种不证自明式。一种是这样的：“如果第一和第二，那么第三；但并非第三；所以并非第一和第二。”这是第二不证自明式。另外一种，也即第三不证自明式是这样的：“并非第一和第二；但第一；所以并非第二。”

[237] 这是有关“形式”（tou tropou）方面的分析，对论证本身的分析同理。因为第三个前提，也即“并非显现之物对所有处于同样状态的人显得一样并且记号是显现之物”[1] 被省略掉了，它与“显现之物的确对所有处于同样状态的人显得一样”这个前提一起，通过第三不证自明式推出所给出的〈论证的结论〉。[2] 因此，我们有了这样一种第二不证自明式：“如果显现之物对所有处于同样状态的人显得一样并且记号是显现之物，那么记号对所有处于同样状态的人显得一样；但记号并非对所有处于同样状态的人显得一样；所以并

[1] 本句及其以下相同语句是合取句的否定式，以“并非”否定整个语句，即否定“并且”前后两个句子。

[2] 根据 Kochalsky 补缀。

非〈显现之物对所有处于同样状态的人显得一样并且〉[1]记号是显现之物。”[238]也就有了这种第三不证自明式：“并非显现之物对所有处于同样状态的人显得一样并且记号是显现之物；但显现之物的确对所有处于同样状态的人显得一样；所以记号不是显现之物。”

[239]下面这种论证能以同等的推理效力建立：“如果显现之物对所有人显得一样并且显现之物是非显明之物（tōn adelōn）的记号，那么非显明之物对所有人显得一样；但非显明之物并非对所有人显得一样，而显现之物对所有人显得一样；所以显现之物不是非显明之物的记号。”[240]有关这个论证的分析是类似的，其中第二不证自明式叠加于第三不证自明式之上，其前提的说服力（paramuthia）是显而易见的。因为显然，显现之物对所有无感官缺陷者显得一样。“白”不会对不同的人显得不同，“黑”也不会对不同的人显得不同，“甜”也不会显得因人而异，它们以同样的方式作用于所有人。[241]因此，如果这些东西对所有人显得一样，且具有指示非显明之物的能力，那么非显明之物必然以同样的方式打动所有人，其原因是相同的，潜存的（hupokeimenēs）质料是一样的。但这点并非如此。因为所有人不会以同样的方式认识非显明之物，尽管他们会遇到同样的可感之物；有些人甚至无法获得它们的概念，有些人即使获得，也会陷入种种纷繁复杂、相互冲突的说法。因此得出结论：为了避免这种荒谬结果，我们应当说记号不是可感的。

[242]通过简要概括上述内容，提出下面这种证明形式也是可

〔1〕 根据 Kochalsky 补缀。

能的："如果显现之物对所有人显现，而记号并非对所有人显现，那么记号不是显现之物；第一；所以第二。"[243] 再者，"如果显现之物，就它们是显现的而言，不需要传授，而记号，就它们是记号而言，需要传授，那么记号不是显现之物；第一；所以第二。"

对那些主张记号是可感的人，我们就提出这些诘难（hēporēsthō）。[244] 接下来让我们考察一下与之相反的观点，我指的是那些把记号设定为可思的人的观点。或许我们首先需要简短地探讨一下他们所为之踌躇满志的东西[1]，据之他们把记号视为一种命题（axiōma），因此也就是可思的。[245] 他们在描述它时说："记号是一种在有效条件句中作为真前件（kathēgoumenon）[2]的命题，它能揭示后件。"[3] 他们称，存在着多种判断有效条件句的标准（kriseis），其中一种超过所有其他标准，尽管对之意见不一，这种就是下面将要描述的。所有条件句或始于真而终于真，或始于假而终于假，或始于真而终于假，或始于假而终于真。[246]"如果神存在，那么宇宙为神的预见[4]所支配"始于真而终于真；"如果地球飞，那么地球有翅膀"始于假而终于假；"如果地球飞，那么地球存在"始于假而终于真；"如果此人运动，那么此人走路"，仅当他没有走路但在运动的时候始于真而终于假。[247] 既

〔1〕 peri tou areskontos autois，本意即"对之满意的东西"。

〔2〕"真前件"，即前件为真是记号的一个必要条件。这里"真前件"塞克斯都用的是 kathēgoumenon，以别于一般意义的前件 hēgoumenon。有关记号的必要条件的分析，参见威廉·涅尔、玛莎·涅尔：《逻辑学的发展》，商务印书馆 1985 年版，第 182—183 页。

〔3〕本卷第 245—253 段的主要内容可与 *PH* 2. 104-106 对照。

〔4〕 pronoia，英译 providence，指"预见""神意""天意"等意。

然存在着四种条件句的组合形式——或始于真而终于真，或始于假而终于假，或始于假而终于真，或相反始于真而终于假——那么他们称，在前三种形式下条件句为真（因为如果始干真而终于真，则它为真；如果始于假而终于假，它也为真；如果始于假而终于真，则它同样为真），只有在一种形式下条件句为假，即仅当它始于真而终于假。[248] 既然如此，他们说，人们就不应当在无效条件句中寻找记号，而应当在有效条件句中寻找，因为它被称为一种在有效条件句中作为真前件（kathēgoumenon）的命题。但既然并非存在一个有效条件句，而是三个，即始于真而终于真、始于假而终于假、始于假而终于真，那么人们就不得不问，记号应当在一切有效条件句中寻找，还是应当在一些或一个有效条件句中寻找。[249] 那么，如果记号必须为真并能表明为真之物，它就不会存在于始于假而终于假的有效条件句，也不会存在于始于假而终于真的有效条件句。对记号来说只能存在于始于真而终于真的有效条件句，因为它本身是真实的，被它表示的东西也应当是与之共存的（sunhuparchein）。[250] 因此当记号被说成一种在有效条件句中作为真前件的命题时，我们需要明白，它仅仅是在始于真而终于真的条件句中作为真前件。然而，并非任何一个在始于真而终于真的有效条件句中作为前件的命题都是记号。[251] 比如，这样一个条件句："如果这是白天，那么这是亮的"，它始于真命题"这是白天"而终于真命题"这是亮的"，但它自身中没有某个构成后件的记号的前件性命题。因为"这是白天"不能揭示"这是亮的"，而是正像前者是由自身打动我们的，因此"这是亮的"也是由自己的显明特征为我们所把握的。[252] 所以，记号一定不仅仅是有效条件句的前件，也即始于真而终于真的条件句的前件，它还有一种能揭示后件的本性，正如这些条件句中的前件，“如果这个女人乳房里有奶，那么她已怀孕”和“如果此人气管有炎症，那么他肺部有伤”。[253] 因为这是一个有效条件句，始于真命题“此人气管有炎症”而终于真命题“他肺部有伤”，且第一能够揭示第二，因为通过关注前者我们就能理解后者。

[254] 再者，他们说记号必须是当下事件的当下记号。因为某些人错误地主张当下事件可以是过去事件的记号，像这个事例：“如果此人有伤疤，那么他曾经受伤。”因为如果他有伤疤这是当下的事，因为它显现出来，而曾经受伤是过去的事，因为再没有受伤。他们还主张当下事件也可以是未来事件的记号，正像包含在下述条件句中的事例那样：“如果此人心脏受伤，那么他将死亡。”因为他们说，心脏的创伤既已存在，而死亡将要发生。[255] 然而，说这些话的人没有认识到，尽管过去事件和未来事件有别，但记号与所表示的对象是相对于当下事件的当下事件。在第一个事例中，“如果此人有伤疤，那么他曾经受伤”，创伤既已存在，是过去的事情，但“他曾经受伤”作为一个命题本身是当下的，尽管它述说已发生的事情。在“如果此人心脏受伤，那么他将死亡”这个事例中，死亡是未来发生的，而“他将死亡”这个命题是当下的，即便它述说未来发生的事情，但就当下而言它是真的。[256] 因此，记号是一个命题，在一个始于真而终于真的有效条件句中充当真前件（kathēgeitai），且能揭示后件，永远是当下事件的当下记号。

[257] 以上所述是根据他们自己的逻辑技艺给出的，那么首先针对这些东西予以回应是恰当的。如果按某些人的说法记号是可感

的，按另一些人记号是可思的，而有关这种东西的分歧直到目前仍无法决断，那么我们必须说，此时记号仍然是非显明的。既然是非显明的，它就需要某种东西来揭示，而它本身必定不能揭示其他东西。[258] 再者，如果按他们的说法，记号属于“意谓”(ta lekta)，具有实在性，而“意谓”究竟是否存在是有待于研究的问题，那么在就“属”或普遍性(to genos)达成一致意见之前就把“种”或特殊性(to eidos)当成确切可靠的东西则是荒谬的。我们看到，某些人否弃了“意谓”的真实性，不仅其他学派的人，如伊壁鸠鲁，而且斯多亚派的人，像巴西雷德斯(Basileides)[1]，他们也认为没有无形的东西。因此，对于记号我们必须保持存疑(en epochēi)。[259] 然而他们称，当我们首先证明“意谓”的真实性时，我们也将获得记号本性的可靠性。但有人会回敬：当你们证明“意谓”时，也就设定[2]记号的真实性是可信的；只要你们依然停留在纯粹的承诺上，我们保持存疑也是必然的。[260] 再者，证明“意谓”的真实性如何可能？因为人们将不得不或通过记号或通过证明为之。但通过记号或证明为之是不可能的。因为它们本身就是“意谓”，同其他“意谓”一样是有待研究的问题，[261] 它们远不能确切地建立任何东西，相反它们自己需要某种东西来建立。斯多亚派他们自己一不留意(lelēthasi)便陷入循环论式。为了使“意谓”达成一致意见，证明和记号必须存在；为了证明和记号首先存

[1] 这里或许指罗马皇帝马克·奥勒留(Marcus Aurelius)的老师。

[2] 这里使用的 lambanō 一词，相当于英文的 assume，suppose 等意，指把有待研究的问题设定或假设为当然的前提，因此是不可信的。这也是怀疑派对独断论诘难的五大论式之一，即“假设”论式。参见 *M* 8. 364 及其注释。

在，“意谓”的本性就必然在之前得到确信（propepistōsthai）。既然它们相互依赖（sunneuonta），一方有待于另一方的可信性，那么它们是同样不可信的。

[262] 但为了推进我们的研究，出于论证的补充，让我们假设并承认“意谓”具有真实性，尽管有关它们的纷争没有终结。如果它们存在，他们会说它们或是有形的或是无形的。但他们不会说它们是有形的。如果它们是无形的，那么按其说法，它们或作用于什么或什么也不作用。但他们不会宣称它们作用于什么；[263] 因为按其说法，无形的东西本性上既不作用于什么，也不受什么作用。既然它们不作用于任何东西，它们将不会指示（endeixetai）和表明（dēlōsei）那些以之为记号的东西，因为指示和表明什么就是作用于什么。[264] 但记号既不指示什么，也不表明什么是荒谬的。所以记号不是可思的，也不是一种命题。此外，就像我们在许多地方经常指出的那样，[1] 有些东西表示（sēmainei），有些东西被表示（sēmainetai）。语词表示，而“意谓”，其中包含命题，则被表示。如果所有命题被表示而不表示，则记号将不是一种命题。[265] 再者，那就让我们承认“意谓”具有无形的本性。但既然他们声称记号在有效条件句中充当真前件，那么有效条件句就需要首先得到判定和验证，看看其有效性究竟是根据菲洛的标准还是根据狄奥多罗的标准，[2] 是通过联结项[3] 还是通过其他什么方式来判断的。既然

[1] 参见 *M* 8. 12。

[2] 两者关于有效条件句的分歧，参见 *M* 8. 113-117 和 *PH* 2. 110。

[3] “联结项”（sunartēsia）或许是斯多亚派的科律西波引进的，参见 *PH* 2. 111；DL 7. 73；*Fat* 6. 12。

有关这点存在着许多纷争，因此确切地把握记号是不可能的，只要分歧仍未决断。

［266］除以上所述，即使我们承认有效的标准是人人同意的，正是那种他们想要的，没有任何争议，但无论如何他们必然会承认，凡包含记号的东西（to periektikon tou sēmeiou）是不可判定的。因为他们宣称，为记号所表示的东西（to sēmeiōton）或是显明的或是非显明的。［267］如果是显明的，它就不是被表示的东西，将不会为任何东西所表示，而是通过自己作用于我们；如果是非显明的，那它究竟为真还是为假则一定是不可认识的，因为一旦知道它是当中的哪种，它就成为显明的了。［268］凡包含记号和为记号所表示的东西的条件句，既然终于非显明之物，则必然是不可判定的。因为它始于真是可知的，但却终于某种不可知的东西。然而为了对它进行判断，我们必须首先知道它终于什么，以便如果它终于真，我们则视之为真，因为它始于真而终于真；如果它终于假，则相反，我们将称之为假，因为它始于真而终于假。因此记号不应被说成是一种命题，或是一种有效条件句中的真前件。

［269］对此还应当加上，凡拥护这种观点的人与显明事实相悖。因为如果记号是一种命题，并在有效条件句中充当真前件，则那些根本没有任何命题的概念、未曾涉足辩证法技艺的人就应当完全不能理解记号。［270］但事实并非如此。因为通常那些目不识丁的水手和对辩证法的原理毫无经验的农夫也会娴熟地使用记号，前者在海上可以预见惊涛巨澜和风平浪静，暴风骤雨和风和日丽，后者在耕作中可以预见丰收与歉收，干旱与洪涝。实际，当他们中的

某些人[1]甚至把记号的概念赋予非理性的动物时，我们为何还要谈论人？[271]因为当一条狗循着野兽的足迹对之进行追踪时，它的确在使用记号，但它并非因此而抽象出一个命题的表象："如果这是足迹，则野兽就在这里。"一匹马，在马刺的刺激下和皮鞭的抽打下跃然上路，但它并非对这样一种条件句做出辩证法意义上的判断："如果皮鞭抽打，那么我必须奔跑。"因此，记号不是一种在有效条件句中作为真前件的命题。

[272]对宣称记号是可思的那些人做出的特殊反驳就说这么多。而对之做出一般反驳也将是可能的，这些反驳是我们对声称记号是可感的那些人做出的。[2]因为，如果记号是一种在有效条件句中作为真前件的命题，并且在所有条件句中后件由前件推出（akolouthei），而"推理"（akolouthiai）是一种当下事件，那么记号和被表示者将必然会因同时存在而相互共存（sunuparxei allēlois），两者中的任何一个都不会展现（mēnutikon）另外一个，它们是通过自身被认识的。

[273]另外，记号能揭示被表示者，被表示者则为记号所揭示。这些不是绝对的而是相对的东西。因为被揭示者是相对于揭示者来思想的，而揭示者是相对于被揭示者来思想的。但如果两者作为相对之物同时存在，则两者是相互共存的。如果它们是共存的，则它们每个是通过自身被理解的，而不是通过另一个被理解的。[3]

[1] 指斯多亚派，尤其指科律西波。参见 *PH* 1. 69-71。

[2] 参见 *M* 8. 174。

[3] 本段提出"相对之物"的论述，可比较 *PH* 2. 120，125，169，179；3.7 以及 *M* 8. 165，174-175。

[274] 下面这个论证也应当说一下，即无论记号是怎样的，或者它自身具有某种本性，以致能指示和展现非显明之物，或者我们能够记住那些通常与之一起展露的东西[1]。但它并不具备一种能指示非显明之物的本性，因为如果那样，它就应当对所有人以同样方式（ep' isēs）指示非显明之物。所以我们具有怎样的记忆方式，对事物的实在性就持有怎样的态度。

[275] 如果记号既不是可感的，如我们所表明的，也不是可思的，如我们所确立的，此外无第三种可能，那么我们不得不说没有记号这种东西。面对上述所有驳斥，独断论者是无言以对的（pephimōntai）。但为了建立反对观点，他们声称人与非理性动物并非在“表达理性”上（tōi prophorikōi logōi）有别（因为乌鸦、鹦鹉和松鸦也会发出音节），而是在“内在理性”上（tōi endiathetoi logōi）有别；[2][276] 不仅仅是在简单表象上（因为这些动物也能获得表象）不同，而是在表象的转换（metabatikēi）和组合（sunthetikēi）上不同。因此，既然人有推理的概念，他就会通过这种推理关系（dia tēn akolouthian）直接把握记号的观念。因为记号本身是这样的：“如果这个，那么这个。”所以，由人的本性和构造可推出记号是真实的。[277] 再者，人们普遍同意证明属于一种记号。因为它能呈现结论，并且其前提的结合将是结论之所以“是”（tou huparchein）其结论的记号。比如这个证明：“如果运

[1] 原文 tōn sunanagumnōthentōn autōi，主干动词 gumnazō，原指运动员“赤身裸体地锻炼”“训练”引申为“袒露”“展露”“显露”等意。

[2] 按斯多亚派和辩证法家，理性或语言（logos）有两种，一是表达的（prophorikos），一是内在的（endiathetos）。前者是语言表达能力，后者即逻辑推理能力。参见 *PH* 1. 65 及其以下。

动存在，那么虚空存在；运动存在；所以虚空存在。”[1]这里前提的结合“运动存在，并且如果运动存在，那么虚空存在”直接就是结论“虚空存在”的记号。[278]他们说，由辩难派提供的那些反驳记号的证明或是可证的或是不可证的。如果是不可证的，则是不可信的，即使碰巧是可证的，也几乎难以置信；如果是可证的，则显然记号存在，因为证明普遍说来是一种记号。[279]再者，如果没有任何东西是任何东西的记号，则用来反驳记号的那些语句（phonai）或表示什么或什么也不表示。如果不表示任何东西，它们将无法否弃记号的真实性。因为不表示任何东西的语句在有关“记号不存在”论证上何以是可信的？如果表示什么，怀疑论者就是白痴，因为他们在言辞上（logōi）抛弃记号，但实际上（ergōi）却接受记号。[280]再者，如果不存在技艺的特殊原理，技艺将无异于无技艺。如果存在技艺的特殊原理，则它或是显明的或是非显明的。但它不会是显明的，因为显明之物对所有人同样显现，无须传授（adidaktōs）。如果它是非显明的，它将通过记号来辨识。但如果有某种通过记号来辨识的东西，就会有某种记号存在。

[281]有些人还提出这样的论证：[2]“如果记号存在，那么记号存在；如果记号不存在，那么记号存在。记号或不存在或存在；所以它存在。”这就是论证形式，他们称第一个前提是有效的，因为它是重复性命题（diaphoroumenon），[3]“记号存在”由“记号存在”推出，仅当如果第一“是”，则第二“将是”，第二与第一没有

[1] 参见 *PH* 1. 213。

[2] 这里 *M* 8. 281-284 可对照 *M* 8. 466-469；*PH* 2. 131，188。

[3] 参见 *M* 8. 108-109。

区别。而另一个前提“如果记号不存在，那么记号存在”本身也是有效的。因为当有人说记号不存在时，可以推出他说记号存在。因为如果记号不存在，就会有一个“记号不存在”本身的记号。这是合乎理据的。因为某个说记号不存在的人，或仅仅通过说辞宣称这点，或通过证明。如果通过说辞宣称，他就会得到相反的说辞；［282］如果他试图证明自己所说的东西为真，那么他将通过揭示“记号不存在”这一论证本身表明（sēmeiōsetai）记号是不存在的，当他这样做时就会承认记号存在。因此，他们称前两个前提为真。第三个前提也为真，因为它是由矛盾式“记号存在”和“记号不存在”构成的析取句（diezeugmenon）。既然如果当一个肢命题为真则整个析取句为真，并且发现矛盾命式的一个命题为真，那么不得不说，这样构成的析取句直接为真。因此，基于一致同意的前提，将推出“所以记号存在”这一结论。

［283］他们说，这样来考察上述论证也是可能的：在证明中有两个条件句和一个析取句。其中条件句承诺（hupischneitai）它的后件由它的前件推出，而析取句有一个为真的肢命题，因为如果两个肢命题都为真或都为假，则整个析取句将为假。［284］既然这是系于前提的力量（dunameōs），那就让我们假设析取句中的一个肢命题为真，看看结论是如何推出的。首先假设“记号存在”为真。既然这是第一个条件句的前件，那么在这个条件句中将得到由之推出的后件。而后件终于（elēge）“记号存在”，与结论（tēi epiphorai）相同。所以，如果析取句中一个肢命题“记号存在”被假设为真，则结论将会推出。再者反过来，让我们假设另一个肢命题“记号不存在”为真。既然这是第二个条件句中的前件，那么在

第二个条件句中将得到由之推出的后件。而由之推出的是“记号存在”，也就是结论。所以，基于这种方式结论也可推出。

[285] 这就是独断论者所谈论的东西。依照顺序，针对第一种，即他们由人的构造推出记号存在的那种观点，我们必须直截了当地说，他们是想用问题较多的东西解释问题较少的。因为记号存在，即使有人反对，如怀疑论者，但至少是为所有独断论者所一致同意的。[286] 然而，人生来是能预知的（pronoētikōs kateskeuasthai），在他们不少人当中却是有分歧的，他们不遗余力地想用分歧更大的东西解释分歧并非如此之大的东西。赫拉克利特就坦言：“人不是理性的，只有包围我们的东西才是心灵之主（phrenēres）。”[1] 恩培多克勒则更加有悖常理，宣称万物都是理性的，不仅动物是，植物也是。他公开写道：

> 你知道，万物皆有智慧（phronesin）和那份心思。

[287] 此外，对于非理性动物并不缺少智慧（aphrona）这点，还有一种貌似可信的论证。因为如果动物具有“表达的理性”，那么它们必然也具有“内在的理性”，因为离开后者“表达的理性”是不存在的。[288] 但即使我们承认在论证、表象转换和概念推理方面人与其他动物有别，我们也不会同意他在涉及非显明之物和无法决断的不一致的事情上也能如此，[2] 而对于显明的东西，他有一种基于观察

---

〔1〕 这里“包围我们的东西”（to periechon）指充斥万物的“逻格斯”（logos）。赫拉克利特类似的表述参见 *M* 7. 127，349。

〔2〕 即人的本性和构造本身就能获得“记号”的概念，推出非显明的结论。参见 *M* 8. 276。

的推理意识（tērētikēn tina echein akolouthian），据此记得什么东西被看到与什么东西在一起，什么东西在什么东西之前，什么东西在什么东西之后，由以前所发生的经验唤起（ananeoutai）[1]其他东西。［289］他们还说，既然人们同意普遍说来证明是一种记号，而如果所提供的那些反驳记号的论证不是证明，则它们是不可信的；如果是证明，则记号存在。但我们前面说过，我们反对的不是记忆性记号而是指示性记号，因此我们承认那些用来反驳记号的论证能够表示某种东西，但不是以指示的方式（endeiktikōs）而是以记忆的方式（hupomnēstikōs）。因为我们为其所作用，在记忆中可以唤起那些能用来反驳指示性记号的东西。［290］可以说，以下假设路数相同。据此他们追问，我们所说的那些反驳记号的语词（phonai）究竟表示什么（sēmainousi ti）还是什么也不表示。因为如果我们否弃所有记号，其结果必然是：或者我们所说的那些反对记号的语词什么也不表示，或者如果它们表示什么，就得承认某种记号存在。但实际上，既然我们已做出划分，否弃一种记号而肯定另外一种，那么即便所说的那些反驳指示性记号的语词能够表示什么，也并非意味着承认某种指示性记号存在。［291］再者他们还说，如果存在着一种专属某种技艺的原理，它一定不是自明的，而是非显明的，并且要通过一种记号来理解。但他们没有认识到，不存在沉思非显明之物[2]的技艺的原理，正像我们后面所解释的那样，而是存在某种涉及显明之物的特殊技艺的原理，因为正是通过被经常观察和检验的东西形成原理（sustaseis）。而被经常观察和检验的东西专门属于

---

〔1〕关于记忆性记号的"唤起"或"唤醒"功能，参见 *M* 8. 143，152-153。

〔2〕原文有异议，这里采用 Kayser 的观点，读作 adēlōn，而非 allōn（其他东西）。

观察最频繁的人，并非共同属于所有人。

［292］至于最后他们以下述形式提出的论证——“如果第一，那么第一；如果并非第一，那么第一；或者第一或者并非第一；所以第一”——或许因前提中的“多余”而是无效的，[1] 毋庸置疑，这点似乎也让他们感到棘手（thlibein）。［293］依照顺序，我们应当谈谈第一个问题，也即“多余”。如果在一个论证中析取句为真，它就应当有一个为真的肢命题，就像他们以前所说的那样。但如果有一个肢命题为真，就可以判定有一个条件句是多余的。［294］因为如果其中一个肢命题“记号存在”被假设为真，那么为了达致这个论证的有效结论，重复性的条件句“如果记号存在，那么记号存在”就是必然的，而另一个条件句“如果记号不存在，那么记号存在”则是多余的；如果其中一个肢命题“记号不存在”被假设为真，那么对于这个论证的建立来说，重复性的条件句即多余，而条件句“如果记号不存在，那么记号存在”就成为必然的。所以，论证因为“多余”而是无效的。

［295］为避免跟随对手陷入细枝末节，还可以提出另外这样一种论证形式：如果那个说记号不存在的人自我反驳（peritrepetai）[2] 以至于说记号存在，则那个说记号存在的人也自我反驳以至于说记号不存在；而按他们的说法，那个以怀疑的方式（skeptikōs）说记号不存在的人自我反驳以至于说记号存在；所以正如我们将建立的，那个以独断的方式（dogmatikōs）说记号存在的人也将自我反驳以至

〔1〕参见 *PH* 2. 147。

〔2〕该词原指“翻转”“反过来”“推翻”等，这里指语义的“自我反驳”“自我指涉”“自我推翻”，怀疑派经常借助语义悖论反驳对手。

于说记号不存在。[296]因为直接说来，那个声称记号存在的人必须通过记号使其陈述令人信服，而既然有关记号存在的意见并非一致，那他如何能用记号来确信记号存在？如果不能通过记号证明记号存在，他将自我反驳以至于承认记号不存在。出于论证需要，让我们同意只有这种记号，即能显示（mēnutikon）记号存在的记号存在。但如果他们连自己的特殊原理的记号都无法谈论，这于他们又有何益？[297]因此对他们来说这是无用的，我指的是，普遍同意记号存在。那么，把确定的陈述（horismenōs ekpheromenon）"这个记号存在"加给不确定的陈述"记号存在"或许是必然的，但他们这样做是不可能的。因为所有记号，同所有被表示者一样，都是意见性的和不可判定的分歧之物。因此，正像"有人驶过礁石"为假，因为我们把确定的和为真的陈述"这个人驶过礁石"加给它是不可能的，同样我们也不可能把确定的和为真的表述"这个记号存在"加给不确定的表述"记号存在"，所以"记号存在"为假，其矛盾命题"记号不存在"为真。[1]

[298]那么，让我们假设他们所提供的论证是有力的，怀疑派的论证也是不可反驳的。由于它们双方形成的等效性（isostheneias），我们除了对所研究的对象保持存疑（epechein）和不做确断（aoristein），既不说记号存在也不说它不存在，而是谨慎小心地表达其存在并不比不存在更加如何（ou mallon）之外，还剩

[1] 本段塞克斯都利用斯多亚派有关"确定的"和"不确定的"命题的划分对记号存在进行反驳。斯多亚派认为，"不确定的"命题为真仅当"确定的"命题为真（参见 *M* 8. 96-98）。但这里怀疑派反驳说，既然记号属于有争议的东西，即便确定的命题"这个记号存在"为真，它也不可能被"加给"不确定的命题"记号存在"，以确保后者必然为真。所以，能揭示记号存在的特有的记号是不存在的。

下什么？[1]

［299］既然一般说来证明似乎是一种记号，能通过一致同意的前提揭示非显明的结论，那么把对证明的探究和对记号的考问放在一起绝非不当。

〔1〕本段鲜明地表达了怀疑论的立场，即通过建立对立命题之间的等效性，最终达致存疑、不做确断的目的。以其习惯用语来说，就是“这个不比那个更”（ou mallon），参见*PH* 1. 188-191。

论感觉（1—24段）

泰奥弗拉斯托斯　杨怡静[1] 译

【译者按】

面对古希腊哲学，我们已经习惯于将其大致分为三个时期：早期希腊哲学，即苏格拉底之前的哲学，这时候的哲学家们大多有着自然哲学的旨趣以及口述传统遗留下来的以诗歌来写哲学的兴趣。经典时期，即苏格拉底—柏拉图—亚里士多德的哲学，经由这段时间的发展，哲学逐渐专门化、体系化，发展出自己的方法论，以及根据不同的研究对象所划定的不同研究领域。第三个时期则是以伊壁鸠鲁、斯多亚学派、怀疑主义为三大代表的，关注伦理学问题的晚期希腊哲学，当然其中还有柏拉图的学园派，以及亚里士多德主义的逍遥学派，等等。

古希腊哲学的世界就像一个丰富繁杂的花园。即使我们勾勒出最粗略的线索以期对这个世界有所把握，当我们想要拉近去看个仔细时，往往会发现尚有诸多仍待被整理和合理放置的盘枝错节。当罗马时期最后一个学园被关闭，诸多手稿从希腊流落到阿拉伯世界，直到数百年后重新被发

〔1〕 杨怡静，原四川大学哲学系外国哲学硕士，指导老师为 Xavier Gheerbrant 副研究员，现为奥斯陆大学哲学博士。

掘或转译，古希腊哲学的世界究竟是什么样子，就不仅仅取决于它“本身如何”，而更视乎人们会以怎样的方式去重构所发掘出来的手稿与其所承载的思想之间的关系了。

拿泰奥弗拉斯托斯的著作《论感觉》来说，从这部书在文艺复兴时期被重新发掘和研究以来，直到19世纪末，它都被当作一部“哲学史”，其中被摘取的片段服务于恢复早期自然哲学家思想的工作。虽然泰奥弗拉斯托斯是亚里士多德主义的代表人物，哲学史对他的记述却往往寥寥。更频繁提及他的地方反而是在撰写巴门尼德、恩培多克勒、阿那克萨格拉、德谟克利特等人的自然哲学观点处，早期希腊研究的代表人物赫尔曼·第尔斯（1897）更是将泰奥弗拉斯托斯称为“学述家”（doxographer）。可是，泰奥弗拉斯托斯毕竟是亚里士多德哲学的首位继承人。比起对亚里士多德哲学工作的接续，他真的有更强烈的“记述”即所谓的“哲学史”兴趣吗？随着20世纪初《论感觉》新译本的发表（Stratton，1917）以及其他泰奥弗拉斯托斯文本陆续的整理、翻译、出版，学术界对这部书以及对泰奥弗拉斯托斯的哲学的理解逐渐发生了变化。不仅《论感觉》被视为一部应用了亚里士多德《论题篇》中的分析方法的哲学论辩写作（Baltussen，1993，2000），而且泰奥弗拉斯托斯在写作时持有的理论立场、围绕“感觉问题”进行专题写作的哲学诉求，以及这部书和他自己的其他著作，还有与亚里士多德相关著作之间的关系（Johansen，2019），等等，都成为学者们关心的问题。

如前所述，当我们变更视角来看待文本与其所承载的思想之间的关系的时候，所看到的景象可能会截然不同。曾经被视为哲学史家的泰奥弗拉斯托斯被当作哲学家来看待，那么，感觉是个怎样的问题，这位哲学家如何处理这个问题，就自然而然成为我们好奇的第一步。

关于感觉问题，当我们追溯泰奥弗拉斯托斯之前的哲学家们对此的看法时，会发现柏拉图没有专门围绕“感觉”问题写过著作。他对“感觉”的讨论主要在《斐多》《理想国》《泰阿泰德》《蒂迈欧》，并且始终被认为有着伦理学诉求（詹文杰，2018）。有趣的是，泰奥弗拉斯托斯曾跟随柏拉图学习，而他离开柏拉图学园之时，正是柏拉图写作《蒂迈欧》之时（Amigues Suzanne，2003）。至于亚里士多德著名的《论灵魂》以及“自然诸短篇”中《论感觉》的年代与泰奥弗拉斯托斯写作《论感觉》的年代的先后顺序，虽然难以判断，但我们可以推断的是，泰奥弗拉斯托斯在《论感觉》中与前人论辩所持有的立场背靠亚里士多德的《论灵魂》，尽管他没有直接使用“潜能—现实”或“形式—质料”之中的任何一个概念（Baltussen，1998）。至于更早的自然哲学家们，由于文本的佚失，我们对他们的了解已经是凭借后人记述了。

那么，泰奥弗拉斯托斯的《论感觉》里究竟写了什么？感觉是个怎样的问题？在这部只有91个段落的短小著作里，泰奥弗拉斯托斯以两个主题有条理地转述并批评了巴门尼德、柏拉图、恩培多克勒、阿尔克麦翁、阿那克萨格拉、克莱德穆、阿波罗尼亚的第欧根尼、德谟克利特这八位哲学家。这两个主题，一个是感觉的机制问题，即我们“如何感觉到对象”；另一个是感觉对象是否具有“本性”（phusis）的问题，即“我们感觉到的是什么”。其中，在讨论感觉机制时，他将不同意见整理为两类，即我们在古希腊哲学史中熟悉的“同类相知”与“异类相知”。“相知”与“感觉”如何关联起来？当我们在文本中遭遇巴门尼德时，这个问题会再次出现：在一部讨论感觉机制及其对象的著作里，泰奥弗拉斯托斯竟然专门提及了巴门尼德（3—4 段）。乍一看，他所记述和批评的巴门尼德的理论与感觉毫无关系，而是与知识直接相关。但有趣的是，在整篇论战中，他不止一次地提到了“知识”（gnosis）与“思维”（phronesis，或被理解为“实践智慧”），并且不断追问感觉与思维的关系（Jaap Mansfield，1996）。虽然这部书与知识论并不直接相关（相对应地，他并未提到“科学知识”[episteme]），但很显然，在对感觉机制的考察中，泰奥弗拉斯托斯关心的角度或理论诉求更偏向于“通过感觉能够‘获得’什么”这样的问题。此外，在每每讨论感觉机制时，他还会询问感觉与痛苦 / 愉悦的关系，以及在某些论战中会提到感觉的精确性问题（如与第欧根尼），想象（phantasia）的问题（如与德谟克利特），等等。如此看来，这部书所蕴含的理论诉求就远比我们在一开始用粗线条所规划的“两个主题”要复杂得多。

在 20 世纪之前，将《论感觉》视为学述写作，除了有恢复早期哲学家思想面貌的诉求，也因为彼时亚里士多德被视为更重要的思想家，而作为独立的哲学家的泰奥弗拉斯托斯没有得到充分的重视。20 世纪之后，学界开始重视《论感觉》中占据一大半篇幅的泰奥弗拉斯托斯自己的批评，并且开始考虑这部书与泰奥弗拉斯托斯现存作品以及亚里士多德相关作品之间的联系：的确，当我们把它当作史料汇编的时候，会将它从泰奥弗拉斯托斯的其他著作中孤立出来，去找寻其文本内部与希腊早期自然哲学之间的关联；但当我们把它当作一部哲学书来看待，我们就需要了解和把握它自身所处的思想环境，并且会很快发现线索：虽然泰奥弗拉斯托斯的大部分著作都已经遗失，但在现存的六卷本《论植物的原因》与九卷本的《植物学研究》中，尽管是以“植物”为主题的研究，却有相当多的篇幅专门讨论嗅觉和味觉的机制及其对象。并且，在进行讨论时，他的论战对手与在《论感觉》中相仿，都是以恩培多克勒和德谟克利特、阿那克萨格拉这三位为重（Amigues Suzanne，2012）。此外，当我们阅读他的《形而上学》时会发现，他对感觉活动之于科学探究的地位尤其重视，强调感觉活动是“观察个别对象之间的区别，并且追问其原因的开始”（Marlein van Raalte，2015）。而当我们回到亚里士多德的文本时，会发现诸多这两位哲学家思想交织的蛛丝马迹：《论灵魂》中所提出的“感觉作为对动物灵魂的定义”这一基本观念是泰奥弗拉斯托斯在《论感觉》中进行批评的基本立场（如对恩培多克勒的批评）；而在亚里士多德的《论感觉》里，他提到“将会在植物研究中更进一步分析滋味”（422b25），我们会在泰奥弗拉斯托斯的植物研究中发现相应的对滋味进行分析的详尽考察。更有甚者，泰奥弗拉斯托斯《植物的原因》第六卷被推断有大量对亚里士多德《论感觉》的批评，尽管他从未提过亚里士多德的名字（Benedict Einarson，1990）。

如果我们有更进一步的兴趣，还会发现泰奥弗拉斯托斯与柏拉图之间的关系，因为他在《论感觉》中对柏拉图关于视觉和听觉机制的记述很显然是与《蒂迈欧》紧密相连的，他却说柏拉图没有详尽地讨论过各种感觉（这一点与《蒂迈欧》的文本事实相悖）；直到讨论感觉对象时，泰奥弗拉斯托斯才重新回到与柏拉图论战的语境里。显然，当我们带着此类背景去读《论感觉》，随着各式各样问题的涌现，它所展现出来的思想面貌就要比单纯的“记述”有趣得多。

毫无疑问，每个哲学家的思想世界都是丰富的，泰奥弗拉斯托斯也不例外。当我们足够深入，会发现他与其他我们已经熟知的哲学家一样，能给我们带来丰富的思想趣味。既然中国哲学界对泰奥弗拉斯托斯的了解与研究刚刚起步，那么，以这部短小精悍的《论感觉》为起点，或许是一个不错的切入口。比起大部头的“植物”系列，或是需要亚里士多德哲学背景去研究的作为“批评”的《形而上学》，《论感觉》可以让我们相对快速且直接地看到泰奥弗拉斯托斯致思的方式。虽然他没有在这部书里针对“感觉”问题直接提出自己的分析，但从他对前人观点的整理和批评出发，我们已经能够对其思想世界管中窥豹。

泰奥弗拉斯托斯被称为“泰奥弗拉斯托斯”，据说是因为他“神性的表述”，亚里士多德给他起了一个“theo-phrastus”的名字，意为“像神一样述说的人”。他所留存至今的“植物学”两大系列，在哲学探究之余，甚至还有古典学家专门从希腊文的格律和修辞角度研究过（Einarson，1990）。此外，据第欧根尼·拉尔修记载，他相当聪慧并且勤奋，曾在柏拉图学园学习，后随着亚里士多德一起进行科学研究的工作，并且成为其逝世后吕克昂学园的第一代负责人。在他主持吕克昂学园期间，又有与中期学园派以及原子论者、早期斯多亚学派等人的往来。因此，对泰奥弗拉斯托斯的研究，不仅可以使我们更好地了解亚里士多德主义思想内部的动态，也可以使我们更好地理解和把握整个古希腊思想世界从柏拉图、亚里士多德到晚期希腊发展变动的脉络图景。当然更重要的还是在于，新的探究总是充满未知和趣味的。

由于译者能力所限，此次所呈现的《论感觉》文本翻译仅有 24 段，约占整部书篇幅的 1/3。其中，7—11 段由于是笔者硕士论文研究时的核心文本，所以处理最为精细。其他部分所花时间虽然相对较少，但还是在有限的时间内尽力确保了语义表达的准确性。至于剩下的部分，译者希望能够在接下来几年的工作中完成。

1

Περὶ δ' αἰσθήσεως αἱ μὲν πολλαὶ καὶ καθόλου δόξαι δύ' εἰσίν〔1〕. Οἱ μὲν γὰρ τῷ ὁμοίῳ ποιοῦσιν〔2〕，οἱ δὲ τῷ ἐναντίῳ.Παρμενίδης μὲν καὶ Ἐμπεδοκλῆς καὶ Πλάτων〔3〕τῷ ὁμοίῳ，οἱ δὲ περὶ Ἀναξαγόραν καὶ Ἡράκλειτον τῷ ἐναντίῳ. Τὸ δὲ πιθανὸν ἔλαβον οἱ μὲν ὅτι τῶν ἄλλων τε τὰ πλεῖστα τῇ ὁμοιότητι θεωρεῖται καὶ ὅτι σύμφυτόν ἐστι πᾶσι τοῖς ζῴοις〔4〕τὰ συγγενῆ γνωρίζειν，ἔτι δ' ὡς τὸ μὲν αἰσθάνεσθαι τῇ ἀπορρίᾳ γίνεται，τὸ δ' ὅμοιον〔5〕φέρεται πρὸς τὸ ὅμοιον.

关于感知的意见可以被分为两类。一类认为感知来自相似性

〔1〕δύ' εἰσίν Diels：δύο εἰσίν PF.

〔2〕ποιοῦσιν PF（?）：ποιοῦνται Wimmer cf. Prol. p. 118 .

〔3〕καὶ Δημόκριτον malit Philippson，sed ille neutram sectam sequitur cf. §49，rectius de Clidemo cogites quode v. § 38.

〔4〕ζῴοις P cf. Ar. Anal. post. II 19 p.99b35：αἰσθητοῖς in loco rescripto cf. p. 497. F：videtur ex αἰσθητικοῖς quod est interpretantis，ortum cf. Ar. categ. 7 p. 8a7.

〔5〕pr. P post τὸ δ' ὅμοιον v.6，quae vocabula sunt extrema quarti versiculi f. 279r in mrg. Continuat eadem manu φέρεται πρὸς τὸ ὅμοιον οἱ δὲ τὴν αἴσθησιν ὑπολαμβάνοντες ἐν ἀλλοιώσει γίνεσθαι τὴν ὁμοιότητα γίνεται. τὸ δ' ὅμοιον，tum habet quintus contextus versiculus φέρεται. πρὸς τὸ ὅμοιον. καὶ τὸ μὲν ὅμοιονv. 8 κτλ.：iterata eadem in cont. F.

（τῷ ὁμοίῳ），一类认为感知来自相对（τῷ ἐναντίῳ）。巴门尼德、恩培多克勒和柏拉图持前一种意见，阿那克萨格拉和赫拉克利特则持后一种意见。有的人认为一些动物通过相似性（τῇ ὁμοιότητι）来观察（θεωρεῖται）[1]大部分事物，并且，它们出于本性地能够认识（γνωρίζειν）[2]与其亲缘的对象。既然感知的发生需要通过流射（τῇ ἀπορρίᾳ），那么相似者就流射（φέρεται）[3]到相似者那里去。

2

Οἱ δὲ τὴν αἴσθησιν ὑπολαμβάνοντες ἐν ἀλλοιώσει γίνεσθαι καὶ τὸ μὲν ὅμοιον ἀπαθὲς[4] ὑπὸ τοῦ ὁμοίου，τὸ δ' ἐναντίον παθητικόν[5]，τούτῳ[6] προσέθεσαν[7] τὴν γνώμην. Ἐπιμαρτυρεῖν δὲ[8] οἴονται καὶ τὸ περὶ τὴν ἁφὴν συμβαῖνον. Τὸ γὰρ ὁμοίως τῇ σαρκὶ θερμὸν ἢ ψυχρὸν οὐ ποιεῖν[9] αἴσθησιν. Καθόλου μὲν οὖν περὶ αἰσθήσεως αὗται παραδέδονται δόξαι. Περὶ ἑκάστης δὲ τῶν κατὰ μέρος οἱ μὲν ἄλλοι σχεδὸν ἀπολείπουσιν，Ἐμπεδοκλῆς δὲ πειρᾶται καὶ ταύτας ἀνάγειν

---

〔1〕θεωρεῖται：1. 观看 thphr. char. 11.3；Gaze，thphr，char. 4.5 2. 心灵 of the mind，contemplate 沉思，consider 考虑（1）arist. Metaph. 1003b15；（2）arist. GA 761a11；（3）arist. EN 1140a243. observe 观 察 arist. EN1169b33 ；HA 562a23；（4）perceive：d.s. 13.88；（5）Speculate，theorize：arist. Pol. 1280b28，metaph. 1001b14 。

〔2〕64b35 “认识”；184a12 “认识”；1005b8；1037a16 “知道” “自然哲学家不仅应该只掉质料……”

〔3〕1349a27；205a13，205b12。或许理解成中动态更合适。

〔4〕ἀπαθὲς P：ἀπανθὲς F.

〔5〕παθητικόν P：παθητικῶν pr. F eadem manu correctum.

〔6〕τούτῳ sc. τῷ ἐναντίῳ cf. v. 4.

〔7〕προσέθεσαν offendit Schneidernm，qui προσέθεντο desiderat.

〔8〕ἐπιμαρτυρεῖν δὲ P：ἐπιμαρτυροῦν rescriptum F.

〔9〕οὐ ποιεῖν corr. Schneider.：οὐ ποιεῖ P：ποιεῖ F.

εἰς τὴν ὁμοιότητα.

但有的人认为感知的发生是由于变化（ἐν ἀλλοιώσει）（406a13），因为相似者无法被相似者改变（ἀπαθὲς），而相对者（τὸ δ' ἐναντίον）具有接受改变的能力（παθητικός），这就是他们给出的理由。他们相信，甚至触觉活动中发生的现象也证明了这一点。因为与血肉的温度相似的暖或冷不能引发对其的感知。以上就是他们所给出的关于感知的一般意见。至于感知里的几种不同感觉，其他人几乎都未对此谈及，但恩培多克勒试图将它们指向相似性（τὴν ὁμοιότητα）。

3

Παρμενίδου Παρμενίδης〔1〕μὲν γὰρ ὅλως οὐδὲν ἀφώρικεν ἀλλὰ μόνον ὅτι δυοῖν〔2〕ὄντοιν στοιχείοιν κατὰ τὸ ὑπερβάλλον ἐστὶν ἡ γνῶσις. Ἐὰν γὰρ ὑπεραίρῃ τὸ θερμὸν ἢ τὸ ψυχρόν, ἄλλην γίνεσθαι τὴν διάνοιαν, βελτίω δὲ καὶ καθαρωτέραν τὴν διὰ τὸ θερμόν. Οὐ μὴν ἀλλὰ καὶ ταύτην δεῖσθαί τινος συμμετρίας·

ὡς γὰρ ἑκάστοτε〔3〕- φησίν - ἔχει〔4〕κρᾶσιν〔5〕μελέων〔6〕πολυπλάγκτων〔7〕,

---

〔1〕παρμενίδουante παρμενίδης iterant PF.

〔2〕δυοῖν Diels：δυσὶν F：δυσὶ P.

〔3〕ἑκάστοτε PF cf. Arist. Metaph. Γ 5 p. 1009b22 Codd. SB^bC^b：ἑκάστῳ Camotius，cf. Arist. A^b：ἕκαστος Arist. E^2，ἑκάστοτ' Arist. E^1J.

〔4〕ἔχει Diels：ἔχειν PF.

〔5〕κράσιν PF Aristoteles：κρᾶσις verisimiliter Stephanus.

〔6〕ὡς γὰρ ἑκάστοτ' ἔχει κρᾶφιν μελέων L-M.

〔7〕πολυπλάγκτων Theophr.：πολυκάμπτων Arist.

τῶς νόος ἀνθρώποισι παρέστηκεν[1].

巴门尼德没有做出进一步界定，只是说有两种元素，知识与其中更高级的那种有关。因为如果热胜于（冷），就会产生另外的理解。无论哪种元素的作用都能使人具有理解力，但更好的、更纯粹的理解力需要借助热。但即使是这种理解力，也需要某种适配性：

"因为在各种情况下——他说——它都有诸多散落的部分的混合，而 nous 则是为人类而拥有的，因为一切都是相同的：所有人类或个别的本性。而更多的是思维。"

4

Τὸ γὰρ αἰσθάνεσθαι καὶ τὸ φρονεῖν ὡς ταὐτὸ λέγει, διὸ καὶ τὴν μνήμην καὶ τὴν λήθην ἀπὸ τούτων[2] γίνεσθαι διὰ τῆς κράσεως. Ἂν δ' ἰσάζωσι τῇ μίξει, πότερον ἔσται φρονεῖν ἢ οὔ, καὶ τίς ἡ διάθεσις, οὐδὲν ἔτι διώρικεν... Ὅτι δὲ καὶ τῷ ἐναντιῳ[3] καθ' αὑτὸ ποιεῖ τὴν αἴσθησιν φανερόν,[4] ἐν οἷς φησι τὸν νεκρὸν φωτὸς μὲν καὶ θερμοῦ καὶ φωνῆς οὐκ αἰσθάνεσθαι διὰ τὴν ἔκλειψιν τοῦ πυρός, ψυχροῦ δὲ καὶ σιωπῆς καὶ τῶν ἐναντίων αἰσθάνεσθαι, καὶ ὅλως δὲ πᾶν τὸ ὂν ἔχειν τινὰ γνῶσιν. Οὕτω μὲν οὖν αὐτὸς ἔοικεν ἀποτέμνεσθαι τῇ φάσει

〔1〕 παρέστηκεν：Diels：παρέστηκε PF：παρίσταται Arist.

〔2〕 τούτων explicat Karsten p. 267 τῶν στοιχείων，Immo ἀπὸ τοῦ αἰσθάνεσθαι καὶ τοῦ φρονεῖν.

〔3〕 τῷ ἐναντιῳ Diels，τῷ ἐναντιῳ ex prioribus facile intellegitur τῷ ψυχρῷ. Non probo qui τῷ ἑτέρῳ aut τοῦ ἐναντίου commendent.

〔4〕 αἴσθησιν φανερόν，Diels：αἴσθησιν，φανερόν Stratton.

τὰ συμβαίνοντα[1] δυσχερῆ διὰ τὴν ὑπόληψιν.

巴门尼德认为：感觉和思维具有同一性。这就是为什么记忆与遗忘的发生都和元素（冷 / 热）的混合物有关。但他没有澄清思维是否需要某种意义上元素的平衡或某种条件。巴门尼德认为感觉在相对的意义上发生，因为他说过一具尸体无法感觉光、热和声音，因为火元素已经逸出，而尸体却可以感受冷和寂静以及其他（与火元素）具有相对性质的东西。在这个意义上，尸体也拥有某种知识。

5

Πλάτων δὲ ἐπὶ πλέον μὲν ἧπται τῶν κατὰ[2] μέρος, οὐ μὴν εἴρηκέ γε περὶ ἁπασῶν, ἀλλὰ μόνον περὶ ἀκοῆς καὶ ὄψεως. Καὶ τὴν μὲν ὄψιν ποιεῖ πυρός (διὸ καὶ τὸ χρῶμα φλόγα τιν' ἀπὸ[3] τῶν σωμάτων σύμμετρα μόρια τῇ ὄψει ἔχουσαν), ὡς ἀπορροῆς τε γινομένης[4] καὶ δέον συναρμόττειν[5] ἀλλήλοις ἐξιοῦσαν μέχρι τινὸς συμφύεσθαι τῇ ἀπορροῇ καὶ οὕτως ὁρᾶν ἡμᾶς. Ὥσπερ ἂν εἰς τὸ μέσον τιθεὶς τὴν ἑαυτοῦ δόξαν τῶν τε φασκόντων προσπίπτειν τὴν ὄψιν καὶ τῶν φέρεσθαι πρὸς αὐτὴν ἀπὸ τῶν ὁρατῶν.

---

〔1〕 τὰ συμπαίνοντα δυσχερῆ etiam Simplic. In Epict. p.41，53 Did.

〔2〕 τῶν κατὰ corr. Stephanus：τοῖς κατὰ PF.

〔3〕 τιν' ἀπὸ corr. Usener：εἶναι ἀπὸ Stephanus ex. §86 cf. Plat. Tim. p. 67c：τὴν ἀπὸ PF.

〔4〕 γινομένης PF：ης breviavit sec. F，quid pr. F scripserit non iam apparet.

〔5〕 δεόν οὖν ἁρμόττειν PF：συναρμόττειν Diels's correction，convenit Platonicae συναυγείᾳ cf. Aet. IV 13 [11]，ἐναρμόττειν Empedocli cf. ad §9. Ceterum cf. Arist. De sens. p. 438a27 et Alexander ad h.l. p. 59 Thurot.

柏拉图主要讨论了不同的感觉。但他没有讨论所有的感觉，而只主要讨论听觉和视觉。柏拉图认为视觉器官由火元素构成：这就是为什么物体表面的颜色能够与视觉器官相适配。物体表面的流射物与视觉器官里的火元素流射，直到它们互相吸收。这样一来，柏拉图就把他自己的意见放在了这两者中间：一派认为视觉的产生是由于视觉器官（的火元素）向外，一派认为是流射物被从视觉对象带到视觉器官那里。

6

Ἀκοὴν δὲ διὰ τῆς φωνῆς ὁρίζεται，φωνὴν γὰρ εἶναι πληγὴν ὑπ' ἀέρος ἐγκεφάλου καὶ αἵματος δι' ὤτων μέχρι ψυχῆς[1]，τὴν δ' ὑπὸ ταύτης[2] κίνησιν ἀπὸ κεφαλῆς μέχρι ἥπατος ἀκοήν. Περὶ δὲ ὀσφρήσεως καὶ γεύσεως καὶ ἁφῆς ὅλως οὐδὲν εἴρηκεν，οὐδὲ εἰ παρὰ[3] ταύτας ἄλλαι τινές εἰσιν，ἀλλὰ μᾶλλον ἀκριβολογεῖται περὶ τῶν αἰσθητῶν.

柏拉图通过语音界定听觉。因为语音是空气在脑部和血液引起的震动，并且从耳朵一直传递到灵魂。听觉则是从大脑一直持续到肝脏的一种运动。至于嗅觉，味觉和触觉，他几乎没说什么，也没

〔1〕 PLato Tim. p. 67 B τὴν δι' ὤτων ὑπ' ἀέρος ἐγκεφάκου τε καὶ αἵματος μέχρι ψυχῆς πληγὴν διαδιδομένην.

〔2〕 ὑπὸ ταύτης Plato I. c.：ἀπὸ ταύτης PF.

〔3〕 παρὰ P：περὶ F.

有说在这之外是不是还有别的感觉。不过，柏拉图在对感觉对象上的讨论更为细致。

7

Ἐμπεδοκλῆς δέ περὶ ἁπασῶν ὁμοίως λέγει καί φησι τῷ ἐναρμόττειν εἰς τοὺς πόρους τοὺς ἑκάστης αἰσθάνεσθαι· διὸ καὶ οὐ δύνασθαι τὰ ἀλλήλων κρίνειν，ὅτι τῶν μὲν εὐρύτεροί πως〔1〕，τῶν δὲ στενώτεροι τυγχάνουσιν οἱ πόροι πρὸς τὸ αἰσθητόν，ὡς τὰ μὲν οὐχ ἁπτόμενα διευτονεῖν〔2〕τὰ δ' ὅλως εἰσελθεῖν οὐ δύνασθαι. Πειρᾶται δὲ καὶ τὴν ὄψιν λέγειν，ποία τίς ἐστι：καί φησι τὸ μὲν ἐντὸς αὐτῆς εἶναι πῦρ〈καὶ ὕδωρ〉〔3〕，τὸ δὲ περὶ αὐτὸ γῆν καὶ ἀέρα，δι' ὧν διιέναι〔4〕λεπτὸν ὂν καθάπερ τὸ ἐν τοῖς λαμπτήρησι φῶς. Τοὺς δὲ πόρους ἐναλλὰξ κεῖσθαι τοῦ τε πυρὸς καὶ τοῦ ὕδατος，ὧν τοῖς μὲν τοῦ πυρὸς τὰ λευκά，τοῖς δὲ τοῦ ὕδατος τὰ μέλανα γνωρίζειν. Ἐναρμόττειν γὰρ ἑκατέροις〔5〕ἑκάτερα. Φέρεσθαι δὲ τὰ χρώματα πρὸς τὴν ὄψιν διὰ τὴν ἀπορροήν.

总的来说，恩培多克勒发表了（和巴门尼德相似的）意见，并且说感知的发生是通过适应（τῷ ἐναρμόττειν）彼此的通道。这就是为什么它们（指诸通道）无法区分（κρίνειν）彼此的感觉对

〔1〕πως Diels．πρὸς mss．ὄντες Wimmer.

〔2〕διευτονεῖν Mss：διεκπνεῖν coni. Usener.

〔3〕〈καὶ ὕδωρ〉Diels.

〔4〕διιέναι Laks- Most：διιὸν mss，corr. Wimmer.

〔5〕ἑκατέροις Laks-Most：ἑκατέραις mss，corr. Schneider.

象（τὰ）。因为之于（无法相适应的）感觉对象（τὸ αἰσθητόν）而言，通道要么太宽，要么太窄，以至于感觉对象（τὰ）要么在非接触（οὐχ ἁπτόμενα）的情况下通过，要么完全不能进入通道。他试着谈论了视觉，它的本性以及它究竟是怎样的存在：他说视觉器官的内部是火〈和水〉，火周围则是土和气。火因其精细而像灯笼里光一样穿透外围的土和气。通道由火通道和水通道交替形成，通过火通道（τοῖς τοῦ πυρὸς）我们认识（γνωρίζειν）亮（τὰ λευκά），通过水通道我们认识暗（τὰ μέλανα）。因为二者适应彼此的通道。因此，颜色通过流射（διὰ τὴν ἀπορροήν）流向（φέρεσθαι）视觉器官。

8

Συγκεῖσθαι δ' οὐχ ὁμοίως,〈ἀλλὰ τὰς μὲν μᾶλλον ἐκ τῶν ὁμοίων〉[1] τὰς δ' ἐκ τῶν ἀντικειμένων, καὶ ταῖς μὲν ἐν μέσῳ, ταῖς δ' ἐκτὸς εἶναι τὸ πῦρ, διὸ καὶ τῶν ζῴων τὰ μὲν ἐν ἡμέρᾳ[2], τὰ δὲ νύκτωρ μᾶλλον ὀξυωπεῖν, ὅσα μὲν πυρὸς ἔλαττον ἔχει μεθ' ἡμέραν, ἐπανισοῦσθαι γὰρ αὐτοῖς[3] τὸ ἐντὸς φῶς ὑπὸ τοῦ ἐκτός, ὅσα δὲ τοῦ ἐναντίου νύκτωρ, ἐπαναπληροῦσθαι γὰρ καὶ τούτοις τὸ ἐνδεές. Ἐν δὲ τοῖς ἐναντίοις〈ἐναντίως〉[4] ἑκάτερον: ἀμβλυωπεῖν μὲν γὰρ καὶ

---

〔1〕〈ἀλλὰ τὰς μὲν μᾶλλον ἐκ τῶν ὁμοίων〉coni. Diels（μᾶλλον add. nos）:〈τὰς ὄψεις νὲν ἐκ τῶν ὁμοίων〉Schneider.

〔2〕ἐν ἡμέρᾳ Laks-Most：ἐν ἡμέρα P：ἧμερα rescr. F：μεθ' ἡμέραν Stephanus.

〔3〕αὐτοῖς Diels：αὐτῷ mss.，corr. Schneider.

〔4〕〈ἐναντίως〉Diels.

οἷς ὑπερέχει τὸ πῦρ, ἐπεὶ αὐξηθὲν[1] ἔτι μεθ' ἡμέραν ἐπιπλάττειν καὶ καταλαμβάνειν τοὺς τοῦ ὕδατος πόρους. Οἷς[2] δὲ τὸ ὕδωρ, ταὐτὸ τοῦτο γίνεσθαι νύκτωρ: καταλαμβάνεσθαι γὰρ τὸ πῦρ ὑπὸ τοῦ ὕδατος. 〈Γίγνεσθαι δὲ ταῦτα〉[3] ἕως ἂν τοῖς μὲν ὑπὸ τοῦ ἔξωθεν φωτὸς ἀποκριθῇ τὸ ὕδωρ, τοῖς δ' ὑπὸ τοῦ ἀέρος τὸ πῦρ. Ἑκατέρων γὰρ ἴασιν εἶναι τὸ ἐναντίον. Ἄριστα δὲ κεκρᾶσθαι καὶ βελτίστην εἶναι τὴν ἐξ ἀμφοῖν ἴσων συγκειμένην[4]. Καὶ περὶ μὲν ὄψεως σχεδὸν ταῦτα λέγει.

（恩培多克勒说）不是所有的视觉器官的构成都相似，〈而是有的视觉器官更多由相似者〉，有的更多由相对者（ἐκ τῶν ἀντικειμένων）构成，并且对于有的视觉器官而言火在中央，对于有的视觉器官而言，火则在其外部。这就是为什么有的动物在白天视力更好，有的动物则是在夜间。对于那些在白天时视觉器官里火比较少的动物，因为其内部的光亮（φῶς）被外部平衡（ἐπανισοῦσθαι）（而看得更清楚），对于那些在夜间视觉器官里相对的元素（水）更少的动物，其匮乏（τὸ ἐνδεές）被（外部）补偿（ἐπαναπληροῦσθαι）（而看得更清楚）。

于是这两种视觉器官在相反的情况下有相反的方式（来看清楚）：对于那些由于视觉器官内火元素过多而（在白天）视

[1] αὐξηθὲν Laks-Most：ἐπαυξηθὲν mss.，corr. Usener.

[2] ὧν mss.，corr. Schneider.

[3] Add. Usener.

[4] υγκειμένων mss.，corr. Stephanus.

力微弱的动物，火元素在白天持续增长并且蔓延和覆盖水元素通道；对于那些视觉器官内水元素过多而（在夜间）视力微弱的动物，相同的事情发生在夜晚：火元素通道被水元素占据（καταλαμβάνεσθαι）。〈如此持续发生，〉直到对于后者而言水元素被外界的光亮分开（ἀποκρίνω），对于前者而言火元素被气元素（分开）。因为对各自而言有着彼此的补偿（ἴασις）。由两种元素均衡地构成（ἴσων συγκειμένην）的视觉器官就是最优的（βελτίστην），也有着最好的混合（ἄριστα κεκρᾶσθαι）。关于视觉他所说的大概就是这些。

9

Τὴν δ' ἀκοὴν ἀπὸ τῶν ἔξωθεν〔1〕γίνεσθαι ψόφων，ὅταν γὰρ〔2〕ὑπὸ τῆς φωνῆς κινηθῇ，ἠχεῖν〔3〕ἐντός. Ὥσπερ γὰρ εἶναι κώδωνα τῶν ἴσων ἤχων〔4〕τὴν ἀκοὴν ἣν προσαγορεύει σάρκινον ὄζον，κινουμένην〔5〕δὲ παίειν τὸν ἀέρα πρὸς τὰ στερεὰ καὶ ποιεῖν ἦχον. ὄσφρησιν δὲ γίνεσθαι τῇ ἀναπνοῇ. Διὸ καὶ μάλιστα ὀσφραίνεσθαι τούτους，οἷς σφοδροτάτη τοῦ ἄσθματος ἡ κίνησις，ὀσμὴν δὲ πλείστην ἀπὸ τῶν λεπτῶν καὶ

〔1〕ἔξωθεν mss：ἔσωθεν coni. Karsten.

〔2〕γὰρ Diels：γὰρ ὁ ἀὴρ Diels-Kranz：ὁ ἀὴρ corr. Schneider：γὰρ mss.

〔3〕κινηθῇ，ἠχεῖν Diels（DG 1879）：κινηθὲν ἠχεῖF：κινηθὲν ἠχῇ P：corr. Schneider κινηθεὶς ἠχῇ.

〔4〕τῶν ἴσων ἤχων mss.：τῶν ἔσω ἤχων Schneider：τῶν ἔσωθεν ἤχων（FdV1903，in parenthesis）：τῶν εἰσιόντων ἤχων（in the footnotes of FdV1960）：τιν' ἔσω ἠχοῦντα coni. Diels（in the footnotes of DG1879）.

〔5〕κινουμένην Diels：κινουμένης coni. Diels（in the footnotes of DG1879；in the parenthesis of FdV 1903）：κινούμενον coni. Diels（in footnotes，DG 1879；FdV 1960）.

τῶν κούφων ἀπορρεῖν. περὶ δὲ γεύσεως καὶ ἁφῆς οὐ διορίζεται καθ' ἑκατέραν[1] οὔτε πῶς οὔτε δι' ἃ γίγνονται，πλὴν τὸ κοινὸν ὅτι τῷ ἐναρμόττειν τοῖς πόροις[2] αἴσθησίς ἐστιν，ἥδεσθαι δὲ τοῖς ὁμοίοις κατά〈τὰ〉τε[3] μόρια καὶ τὴν κρᾶσιν，λυπεῖσθαι δὲ τοῖς ἐναντίοις.

听觉由外部的声响产生。因为当听觉器官受声音影响而震动时，它的内部就产生回响。因为听觉器官，他所称的“肉枝”，就像有着相等回声的铃铛，当它被震动时，它将空气撞击到坚硬的部分并产生回响。嗅觉的发生通过呼吸。这就是为什么有的动物嗅觉敏锐：它们呼吸得最猛烈，因而最强烈的气息得以从精细且轻巧的（物体上）流射（ἀπορρεῖν）过来。

至于嗅觉和味觉，他没有就彼此之间做出区分（διορίζεται），既没有谈及如何，[4]也没有谈及它们借助什么（δι' ἃ）[5]发生，只说二者的共性是“感知的发生在于适应感知通道”。我们在混合物（κρᾶσις）和构成要素（μόριον）层面相似的时候会感到愉悦，在相反的情况下（τοῖς ἐναντίοις）则会感到痛苦。

---

〔1〕 ἑκατέραν Schneider：ἑτέραν mss.

〔2〕 τῷ συναρμόττειν τοὺς πόρους F et（nisi quod τὸ habet）P：correxi cf. §35 τῷ γὰρ ἐναρμόττειν τοῖς πόροις ποιεῖ τὴν αἴσθησιν praeterea §§7. 12. 14. 15. 20. 35. 90. Aet. I 15（3）IV 9（6）Prol. P. 222 Epicur. Apud Laert. X 49 cf. id. III69 ἐναρμόττειν Theophr. d. caus. pl. VI 5（4）restituas pro Urbinatis εἰς ἁρμόττειν v. Alex. In Arist. d. Sensu p.50，4 Thur.

〔3〕 κατά〈τὰ〉τε Phillippson，κατά τὰ στοιχεῖα coni. Diels.

〔4〕 不同感觉的方式有别。视觉：颜色流射与通道适应；听觉：声音震动使内部产生与外部相同的声音；嗅觉：气味流射借助呼吸使闻到气味。

〔5〕 视觉：颜色借助什么不明确（可能是透明物）；听觉：声音借助空气的震动；嗅觉：呼吸。

10

Ὡσαύτως δὲ λέγει καὶ περὶ φρονήσεως καὶ ἀγνοίας. Τὸ μὲν γὰρ φρονεῖν εἶναι τοῖς ὁμοίοις, τὸ δ' ἀγνοεῖν τοῖς ἀνομοίοις, ὡς ἢ ταὐτὸν ἢ παραπλήσιον ὂν τῇ αἰσθήσει τὴν φρόνησιν. διαριθμησάμενος γάρ ὡς ἕκαστον ἑκάστῳ γνωρίζομεν | ἐπὶ τέλει προσέθηκεν ὡς:

Ἐκ τούτων〈γὰρ〉[1] πάντα πεπήγασιν ἁρμοσθέντα
καὶ τούτοις φρονέουσι καὶ ἥδοντ' ἠδ'[2] ἀνιῶνται.

Διὸ καὶ τῷ αἵματι μάλιστα φρονεῖν, ἐν τούτῳ γὰρ μάλιστα κεκράσθαι ἐστὶ[3] τὰ στοιχεῖα τῶν μερῶν[4].

关于实践智慧和无知（περὶ φρονήσεως καὶ ἀγνοίας），恩培多克勒也发表了类似的看法。他说，思维（τὸ φρονεῖν）是由于相似（τοῖς ὁμοίοις），无知则由于不相似（τοῖς ἀνομοίοις）。因此，思维（τὴν φρόνησιν）和感知（τῇ αἰσθήσει）[5]要么是一回事，要么非常相近（παραπλήσιον）。他历数（每种感觉）之后说，我们通过个别来认识（γνωρίζομεν）个别。到最后，他补充道：

因为所有互相适应的事物它们都首先互相粘连在了一起

〔1〕 γὰρ addidit Karsten：lacunam XIV litterarum indicat P：om. In mrg.ζήτει notato F.

〔2〕 ἥδοντ' ἠδ' Karsten：ἥδονται καὶ PF.：ἄδονται καὶ Stephanus.

〔3〕 ἐστὶ delevit Mullach cf § 28 p. 507，18.：πάντα coni. Usener conl. p. 506，9 ἐξ ἁπάντων ἐστὶ τῶν στοιχείων et p. 507，18.

〔4〕 μερῶν sc. Corporis cf. v. 21 et §24 p. 506，13 διὰ τὴν ἐν τοῖς μορίοις τοῦ αἵματος σύγκρασιν.

〔5〕 此处用单数的“感知”。但在强调感觉活动的多样时，会用复数形式。

（πεπήγασιν ἁρμοσθέντα），借此，我们能够进行思维、感受愉悦和痛苦。

血液里的思维是最优越的，是因为相比身体其他部分，血液里元素的混合是最好的（最均衡的）(μάλιστα κεκράσθαι)。

11

Ὅσοις μὲν οὖν ἴσα καὶ παραπλήσια μέμικται καὶ μὴ διὰ πολλοῦ μηδ' αὖ μικρὰ μηδ' ὑπερβάλλοντα τῷ μεγέθει，τούτους φρονιμωτάτους εἶναι καὶ κατὰ τὰς αἰσθήσεις ἀκριβεστάτους，κατὰ λόγον δὲ καὶ τοὺς ἐγγυτάτω τούτων，ὅσοις δ' ἐναντίως，ἀφρονεστάτους. Καὶ ὧν μὲν μανὰ καὶ ἀραιὰ κεῖται τὰ στοιχεῖα，νωθροὺς καὶ ἐπιπόνους，ὧν δὲ πυκνὰ καὶ κατὰ μικρὰ τεθραυσμένα[1]，τοὺς δὲ τοιούτους ὀξέως φερομένους[2] καὶ πολλοῖς[3] ἐπιβαλλομένους ὀλίγα ἐπιτελεῖν διὰ τὴν ὀξύτητα τῆς τοῦ αἵματος φορᾶς. Οἷς δὲ καθ' ἕν τι μόριον ἡ μέση[4] κρᾶσις ἐστι，ταύτῃ σοφοὺς ἑκάστους εἶναι，διὸ τούς μὲν ῥήτορας ἀγαθούς，τοὺς δὲ τεχνίτας，ὡς τοῖς μὲν ἐν ταῖς χερσί，τοῖς δὲ ἐν τῇ γλώττῃ[5] τὴν κρᾶσιν οὖσαν，ὁμοίως δ' ἔχειν καὶ κατὰ τὰς ἄλλας δυνάμεις.

---

〔1〕 τεθραυσμένα sic PF.

〔2〕 ὀξέως φερομένους Wimmer：ὀξεῖς φερονένους F：ὀξεῖς καὶ φερομένους P.

〔3〕 πολλοῖς corr. Wimmer：πολλὰ mss.

〔4〕 ἡ μέση P pr. F：ἢ sec. F.

〔5〕 γλώττῃ Diels：γλώσσῃ PF.

对于那些元素混合均衡（ἴσα）且“如此这般”（παραπλήσια）的生物而言，它们（元素）之间没有过宽的距离，它们在形态上（τῷ μεγέθει）既不会太小（μικρὰ）也不会太大（ὑπερβάλλοντα），如此的生物是最聪明的（φρονιμωτάτους），在感知方面也最精确（ἀκριβεστάτους），它们（元素的混合）在比率上也是最接近的。至于与此情况相对的（那些生物），它们是最愚蠢（ἄφρων，没有感知）的。对于那些元素少且松散（ἀραιὰ）的（生物），它们反应迟钝（νωθροὺς）且容易疲惫（ἐπιπόνους）；而对于那些元素紧凑（πυκνὰ）且细小的，其元素非常活跃（ὀξέως φερομένους），并且（它们）会投入很多事之中，但完成得很少（πολλοῖς ἐπιβαλλομένους ὀλίγα ἐπιτελεῖν），因为其血液流动得太快（太活跃）。对于那些在身体某些部分元素混合平均的生物，它们在其对应部位的能力就更强，所以有的人是优秀的演说家，有的是技艺家，因为对于后者来说（元素混合均匀的部分）在手掌，对于前者来说则在舌头。在其他能力上也是如此。

12

Ἐμπεδοκλῆς μὲν οὖν οὕτως οἴεται καὶ τὴν αἴσθησιν γίνεσθαι καὶ τὸ φρονεῖν. Ἀπορήσειε δ’ ἄν τις ἐξ ὧν λέγει πρῶτον μέν〔1〕, τί διοίσει τὰ ἔμψυχα πρὸς τὸ〔2〕 αἰσθάνεσθαι τῶν ἄλλων. Ἐναρμόττει γὰρ καὶ τοῖς τῶν ἀψύχων πόροις. Ὅλως γὰρ ποιεῖ τὴν μῖξιν τῇ συμμετρίᾳ τῶν

〔1〕 μέν F：om. P.

〔2〕 πρὸς τῷ PF：corr. Schneider.

πόρων. διόπερ ἔλαιον[1] μὲν καὶ ὕδωρ οὐ μίγνυσθαι, τὰ δὲ ἄλλα ὑγρὰ καὶ περὶ ὅσων[2] δὴ καταριθμεῖται τὰς ἰδίας κράσεις. Ὥστε πάντα τε αἰσθήσεται καὶ ταὐτὸ ἔσται μῖξις καὶ αἴσθησις καὶ αὔξησις. Πάντα γὰρ ποιεῖ τῇ συμμετρίᾳ τῶν πόρων, ἐὰν μὴ προσθῇ τινα διαφοράν.

因此恩培多克勒关于感觉和思维的机制的发生就是这么说的。首先，他所说的让人觉得困惑的是，有灵生物在感觉方面如何比其他东西更优越，既然通道适应甚至适用于无灵通道。总的来说，他认为元素的混合就在于通道适配。这就是为什么橄榄油与水不混合，却能与其他液体（混合），他还列举了其他特别的混合物。这样一来，一切都能感觉，并且感觉、（元素）混合、生长会（被理解为）一回事。因为如果他（恩培多克勒）不增加（概念上的限定或）区分的话，那么一切（上述三种变化）都由于通道适配。

13

Ἔπειτα ἐν αὐτοῖς τοῖς ἐμψύχοις τί μᾶλλον αἰσθήσεται τὸ ἐν τῷ ζῴῳ πῦρ ἢ τὸ ἐκτός, εἴπερ ἐναρμόττουσιν ἀλλήλοις. Ὑπάρχει γὰρ καὶ ἡ συμμετρία καὶ τὸ ὅμοιον. Ἔτι δὲ ἀνάγκη διαφοράν τινα ἔχειν, εἴπερ αὐτὸ μὲν μὴ δύναται συμπληροῦν τοὺς πόρους, τὸ δ᾽ ἔξωθεν ἐπεισιόν, ὥστ᾽ εἰ ὅμοιον ἦν πάντῃ καὶ πάντως, οὐκ ἄν ἦν αἴσθησις. Ἔτι δὲ πότερον οἱ πόροι κενοὶ ἢ πλήρεις; εἰ μὲν γὰρ κενοί, συμβαίνει διαφωνεῖν ἑαυτῷ, φησὶ γὰρ ὅλως οὐκ εἶναι κενόν. Εἰ δὲ πλήρεις, ἀεὶ

---

〔1〕 ἔλαιον in mrg. Iteravit sec. P.

〔2〕 καὶ περὶ ὅσων non tango. καὶ πάντα περὶ volebat Phillippson.

ἂν αἰσθάνοιτο τὰ ζῷα，δῆλον γὰρ ὡς ἐναρμόττει，καθάπερ φησί，τὸ ὅμοιον.

随后，在这些有灵生物中，为什么动物里面的火比外面的更能感觉，既然它们互相适应？因为适配和相似之于二者都存在。此外，必定有某种区分，既然它（火元素）自己不能填满通道，外面的（火元素）却可以，那么，如果相似性在任何意义上都成立，就不会有感觉了。此外，通道到底是中空的，还是充满的？如果它是中空的，恩培多克勒就自相矛盾，因为他说不存在虚空。如果它是填满的，难道动物随时都在感觉，因为正如恩培多克勒所言，相似显然适应（于相似）。

14

Καίτοι κἂν αὐτὸ τοῦτο τις διαπορήσειεν，εἰ δυνατόν ἐστι τηλικαῦτα μεγέθη γενέσθαι τῶν ἑτερογενῶν，ὥστ' ἐναρμόττειν，ἄλλως τε κἂν συμβαίνῃ，καθάπερ φησί，τὰς ὄψεις ὧν ἀσύμμετρος ἡ κρᾶσις ὁτὲ μὲν ὑπὸ τοῦ πυρός，ὁτὲ δὲ ὑπὸ τοῦ ἀέρος ἐμπλαττομένων τῶν πόρων ἀμαυροῦσθαι. Εἰ δ' οὖν ἐστι καὶ τούτων συμμετρία καὶ πλήρεις οἱ πόροι τῶν μὴ συγγενῶν，πῶς，ὅταν αἰσθάνηται，καὶ ποῦ ταῦτα ὑπεξέρχεται; δεῖ γάρ τινα ἀποδοῦναι μεταβολήν. Ὥστε πάντως ἔχει δυσκολίαν，ἢ γὰρ κενὸν ἀνάγκη ποιεῖν，ἢ ἀεὶ τὰ ζῷα αἰσθάνεσθαι πάντων，ἢ τὸ μὴ συγγενὲς ἁρμόττειν οὐ ποιοῦν αἴσθησιν οὐδ' ἔχον μεταβολὴν οἰκείαν τοῖς ἐμποιοῦσιν.

然而，这一点甚至更令人怀疑，如果不同种类的（流射物）大小可以是如此这般的，以至于它们能够适应（通道），根据恩培多克勒所言，尤其会发生这样的事，眼睛会看不清楚，（即）对于眼睛来说，（一直存在）（流射物与通道）混合物的不适配，因为通道既被火覆盖，也会被气覆盖。此外，如果对于它们来说存在适配，并且通道被异质物充满，这是如何可能的？当发生感觉活动的时候，它（异质物）又去了哪里？因为肯定有某种变化。所以无论如何都有困难，因为要么恩培多克勒必须承认虚空，要么动物随时都在感觉，要么异质物适应（通道），且既不产成感觉，又不在其中造成任何变化。

15

Ἔτι δὲ εἰ καὶ μὴ ἐναρμόττοι τὸ ὅμοιον, ἀλλὰ μόνον ἅπτοιτο, καθ' ὁτιοῦν εὔλογον αἴσθησιν γίνεσθαι. Δυοῖν γὰρ τούτοιν ἀποδίδωσι τὴν γνῶσιν τῷ τε ὁμοίῳ καὶ τῇ ἁφῇ, διὸ καὶ τὸ "ἁρμόττειν" εἴρηκεν, ὥστ' εἰ τὸ ἔλαττον ἅψαιτο τῶν μειζόνων, εἴη ἂν αἴσθησις. Ὅλως τε κατά γε ἐκεῖνον ἀφαιρεῖται καὶ τὸ ὅμοιον, ἀλλὰ ἡ συμμετρία μόνον ἱκανόν. Διὰ τοῦτο γὰρ οὐχ αἰσθάνεσθαιφησιν ἀλλήλων, ὅτι τοὺς πόρους ἀσυμμέτρους ἔχουσιν. Εἰ δ' ὅμοιον ἢ ἀνόμοιον τὸ ἀπορρέον, οὐδὲν ἔτι προσαφώρισεν. Ὥστε ἢ οὐ τῷ ὁμοίῳ ἡ αἴσθησις ἢ οὐ διά τινα ἀσυμμετρίαν οὐ κρίνουσιν, ἁπάσας〈τ'〉ἀνάγκη τὰς αἰσθήσεις καὶ πάντα τὰ αἰσθητὰ // τὴν αὐτὴν ἕξειν φύσιν.

此外，如果相似（的流射物）甚至不进入适应（通道），却只是粘住（通道），要说感觉无论怎样都在发生是有道理的。他从两个方面来解释知识：相似性与接触，这就是为什么他说“适应”（ἁρμόττειν），这样一来，如果较小的（流射物）粘住较大的（通道），就会有感觉。总的来说，据此，他甚至取消了相似性，而唯独适配性就足够了。从这点来看，他说，感觉不是相互的，是因为彼此通道不适配。至于流射物（与通道）是相似还是不相似，他却没有下定论。那么，要么并非感觉出于相似，要么它们（通道与流射物）不在不适配的意义上区分，所有感觉和所有可感物就必然有相同的本性。

16

Ἀλλὰ μὴν οὐδὲ τὴν ἡδονὴν καὶ λύπην ὁμολογουμένως ἀποδίδωσιν ἥδεσθαι μὲν ποιῶν τοῖς ὁμοίοις，λυπεῖσθαι δὲ τοῖς ἐναντίοις.
“ἐχθρὰ”[1] γὰρ εἶναι，διότι

Πλεῖστον ἀπ’ ἀλλήλων διέχουσι...

Γέννῃ τε κράσει〈τε〉καὶ εἴδεσιν ἐκμακτοῖσιν

Αἰσθήσεις γάρ τινας ἢ μετ’ αἰσθήσεως ποιοῦσι τὴν ἡδονὴν καὶ τὴν λύπην，ὥστε οὐχ ἅπασι γίνεται τοῖς ὁμοίοις. Ἔτι εἰ τὰ συγγενῆ μάλιστα ποιεῖ τὴν ἡδονὴν ἐν τῇ ἁφῇ，καθάπερ φησί，τὰ σύμφυτα μάλιστ’ ἂν ἥδοιτο καὶ ὅλως αἰσθάνοιτο· διὰ τῶν αὐτῶν γὰρ ποιεῖ τὴν αἴσθησιν καὶ τὴν ἡδονήν.

---

〔1〕 ἐχθρὰ sic P et rescriptum F：ἐχθρὰ Cam. cf. Emped. vv. 331. ...（DG P504）

他对愉悦和痛苦的定义也并不融贯。他认为愉悦是由于相似（τοῖς ὁμοίοις），痛苦是由于相对（τοῖς ἐναντίοις）。他说它们是“ἐχθρὰ”，因为：

> 大部分时候，它们远离对方……
>
> 在原初层面和混合物层面以及形式上。

他们认为愉悦和痛苦要么是感觉，要么是感觉之后的东西，所以一切的发生并非都来自相似。此外，如果在触觉方面，最亲缘的会导致愉悦，就像他说的那样，最亲缘的就最能感到愉悦，并且无论如何都有感觉。因为他就是借此界定感觉和愉悦的。

17

Καίτοι πολλάκις αἰσθανόμενοι λυπούμεθα κατ’ αὐτὴν τὴν αἴσθησιν, ὡς ⟨δ’⟩ Ἀναξαγόρας φησίν, ἀεί· πᾶσαν γὰρ αἴσθησιν εἶναι μετὰ λύπης. Ἔτι δ’ ἐν ταῖς κατὰ μέρος· συμβαίνει γὰρ τῷ ὁμοίῳ γίνεσθαι τὴν γνῶσιν· τὴν γὰρ ὄψιν ὅταν ἐκ πυρὸς καὶ τοῦ ἐναντίου συστήσῃ, τὸ μὲν λευκὸν καὶ τὸ μέλαν δύναιτ’ ἂν τοῖς ὁμοίοις γνωρίζειν, τὸ δὲ φαιὸν καὶ τἄλλα χρώματα τὰ μικτὰ πῶς; οὔτε γὰρ τοῖς τοῦ πυρὸς οὔτε τοῖς τοῦ ὕδατος πόροις οὔτ’ ἄλλοις ποιεῖ κοινοῖς ἐξ ἀμφοῖν· ὁρῶμεν δ’ οὐδὲν ἧττον ταῦτα τῶν ἁπλῶν.

更甚，我们经常在感觉发生的时候感觉到痛苦，正如阿那克萨格拉所言，所有的感觉都伴随痛苦。此外，在那些个别感觉中，会发生的情况是，知识来自相似。当眼睛由火和相对者构成时，我们能够凭借相似认识亮与暗，但如何认识灰色和其他颜色呢？因为对灰色的认识既非由于火通道，也非由于水通道，更非由于二者的混合，那么，我们就无法看到这些比简单颜色更低级的颜色。

18

Ἀτόπως δὲ καὶ ὅτι τὰ μὲν ἡμέρας, τὰ δὲ νύκτωρ μᾶλλον ὁρᾷ· τὸ γὰρ ἔλαττον πῦρ ὑπὸ τοῦ πλείονος φθείρεται, διὸ καὶ πρὸς τὸν ἥλιον καὶ ὅλως τὸ καθαρὸν οὐ δυνάμεθ' ἀντιβλέπειν. Ὥστε ὅσοις ἐνδεέστερον τὸ φῶς, ἧττον ἐχρῆν ὁρᾶν μεθ' ἡμέραν· ἢ εἴπερ τὸ ὅμοιον συναύξει, καθάπερ φησί, τὸ δὲ ἐναντίον φθείρει καὶ κωλύει, τὰ μὲν λευκὰ μᾶλλον ἐχρῆν ὁρᾶν ἅπαντας μεθ' ἡμέραν καὶ ὅσοις ἔλαττον καὶ ὅσοις πλεῖον τὸ φῶς, τὰ δὲ μέλανα νύκτωρ. Νῦν δὲ πάντες ἅπαντα μεθ' ἡμέραν μᾶλλον ὁρῶσι πλὴν ὀλίγων ζῴων· τούτοις δ' εὔλογον τοῦτ' ἰσχύειν τὸ οἰκεῖον πῦρ, ὥσπερ ἔνια καὶ τῇ χρόᾳ διαλάμπει μᾶλλον τῆς νυκτός.

他说有的动物日间视力更好，有的动物夜间视力更好。因为较弱的火被较强的火毁灭，所以我们完全不能盯着太阳看。因此对于那些视觉器官内亮光比较少的动物，它们在白天应该看得更模糊才对。或者如果说相似之物增加的话，就像他说的那样，相对之物会被阻碍和毁灭，那么无论是怎样构造的眼睛都应该在白天看亮色更清楚，在夜晚看暗色更清楚。但实际上只有极少数动物能在白天看得更清楚。至于（其他动物），我们可以有根据地推测，其视觉器官内部的火尤其强烈，就像有些东西凭其自身在夜间更明亮一样。

19

Ἔτι δ’ οἷς ἡ κρᾶσις ἐξ ἴσων, ἀνάγκη συναύξεσθαι κατὰ μέρος ἑκάτερον· ὥστ’ εἰ πλεονάζον κωλύει θάτερον ὁρᾶν, ἁπάντων ἂν εἴη παραπλησία πως ἡ διάθεσις. Ἀλλὰ τὰ μὲν τῆς ὄψεως πάθη χαλεπώτερον ἔσται διελεῖν. Τὰ δὲ περὶ τὰς ἄλλας αἰσθήσεις πῶς κρίνωμεν τῷ ὁμοίῳ; τὸ γὰρ ὅμοιον ἀόριστον. Οὔτε γὰρ ψόφῳ τὸν ψόφον οὔτ’ ὀσμῇ τὴν ὀσμὴν οὔτε τοῖς ἄλλοις τοῖς ὁμογενέσιν, ἀλλὰ μᾶλλον ὡς εἰπεῖν τοῖς ἐναντίοις. Ἀπαθῆ γὰρ δεῖ τὴν αἴσθησιν προσάγειν· ἤχου δὲ ἐνόντος ἐν ὠσὶν ἠχυλῶν ἐν γεύσει καὶ ὀσμῆς ἐν ὀσφρήσει κωφότεραι πᾶσαι γίνονται 〈καὶ〉 μᾶλλον ὅσῳ ἂν πλήρεις ὦσι τῶν ὁμοίων, εἰ μή τις λεχθείη περὶ τούτων διορισμός.

那么，我们如何凭借相似性界定发生于具体感官上的变化呢？（恩培多克勒语境下的）“相似性”是未限定的。因为我们不是通过声音来（辨别）声音，或通过气味来辨别气味，或通过相似的属性来辨别其他相似的事物，相反，我们更多凭借相异来辨别它们。因为感官必然具有某种被动性。如果我们的耳朵里原本就有回声，或味觉器官里就有风味，或嗅觉器官里就有气味，它们只会变得更迟钝，且之于它们而言就只是充满了（与外界对象）相似的东西而已，如果不增加进一步的界定的话。

20

Ἔτι δὲ τὸ περὶ τὴν ἀπορροήν, καίπερ οὐχ ἱκανῶς λεγόμενον περὶ μὲν τὰς ἄλλας ὅμως ἔστι πως ὑπολαβεῖν, περὶ δὲ τὴν ἁφὴν καὶ γεῦσιν οὐ ῥᾴδιον. Πῶς γὰρ τῇ ἀπορροῇ κρίνωμεν ἢ πῶς ἐναρμόττον τοῖς πόροις τὸ τραχὺ καὶ τὸ λεῖον; μόνου γὰρ δοκεῖ τῶν στοιχείων τοῦ πυρὸς ἀπορρεῖν, ἀπὸ δὲ τῶν ἄλλων οὐδενός. Ἔτι δ' εἰ ἡ φθίσις διὰ τὴν ἀπορροήν, ᾧπερ χρῆται κοινοτάτῳ σημείῳ, συμβαίνει δὲ καὶ τὰς ὀσμὰς ἀπορροῇ γίνεσθαι, τὰ πλείστην ἔχοντα ὀσμὴν τάχιστ' ἐχρῆν φθείρεσθαι. Νῦν δὲ σχεδὸν ἐναντίως ἔχει· τὰ γὰρ ὀσμωδέστατα τῶν φυτῶν καὶ τῶν ἄλλων ἐστὶ χρονιώτατα. Συμβαίνει δὲ καὶ ἐπὶ τῆς φιλίας ὅλως μὴ εἶναι αἴσθησιν ἢ ἧττον διὰ τὸ συγκρίνεσθαι τότε καὶ μὴ ἀπορρεῖν.

至于流射物，他（恩培多克勒）对其在其他感觉上的讨论就是不充分的，尽管在一定程度上可以理解，但当我们讨论到触觉和味觉时就会变得困难。因为，我们可以如何通过流射物来区别触觉和味觉的对象，或者凭借它们对通道的适应来区分粗糙和光滑？因为事情看起来是这样的：虽然有各种各样的元素，但流射物只来自火元素。并且，如果流射中有物质的流失，那么，既然气味来自流射，最强烈的气味应该就会最快消散。但事实情况却与此相反：最具有香气的植物和其他气味最明显的东西，其气味是最具有持久性的。甚至，在（恩培多克勒宇宙论中的）“友爱”时期，应该不存在感知，因为在那种情况下不会发生任何流射。

21

Ἀλλὰ περὶ μὲν τὴν ἀκοὴν ὅταν ἀποδῷ τοῖς ἔσωθεν γίνεσθαι ψόφοις, ἄτοπον τὸ οἴεσθαι δῆλον εἶναι πῶς ἀκούουσιν, ἔνδον ποιήσαντα ψόφον ὥσπερ κώδωνος. Τῶν μὲν γὰρ ἔξω δι' ἐκεῖνον ἀκούομεν, ἐκείνου δὲ ψοφοῦντος διὰ τί; τοῦτο γὰρ αὐτὸ λείπεται ζητεῖν. Ἀτόπως δὲ καὶ τὸ περὶ τὴν ὄσφρησιν εἴρηκεν. Πρῶτον μὲν γὰρ οὐ κοινὴν αἰτίαν ἀπέδωκεν· ἔνια μὲν γὰρ ὅλως οὐδ' ἀναπνέει τῶν ὀσφραινομένων. Ἔπειτα τὸ μάλιστα ὀσφραίνεσθαι τοὺς πλεῖστον ἐπισπωμένους εὔηθες· οὐδὲν γὰρ ὄφελος μὴ ὑγιαινούσης ἢ μὴ ἀνεῳγμένης πως τῆς αἰσθήσεως. Πολλοῖς δὲ συμβαίνει πεπηρῶσθαι καὶ ὅλως μηδὲν αἰσθάνεσθαι. Πρὸς δὲ τούτοις οἱ δύσπνοοι καὶ οἱ πονοῦντες καὶ οἱ καθεύδοντες μᾶλλον ἂν αἰσθάνοιντο τῶν ὀσμῶν· τὸν πλεῖστον γὰρ ἕλκουσιν ἀέρα. Νῦν δὲ συμβαίνει τοὐναντίον.

此外，同样有问题的是关于听觉的讨论。如果他（恩培多克勒）认为听觉来自耳朵内部的声响，就像一个拥有声响的铃铛一样，那么，即使我们凭借内部声响听到外部的声响，我们又如何听到内部的声响？对于这个问题仍然需要进一步的探究。同样地，关于气味，首先，他并没有给出一个具有一般意义的原理，因为有的动物可以在无呼吸的状态下拥有嗅觉；其次，要说强烈嗅觉意味着最猛烈的呼吸是没有道理的，因为如果嗅觉器官状态不佳，或者被堵塞的话，是不会有嗅觉感觉的。常见的情况就是，嗅觉器官受到损害，继而毫无嗅觉感觉。更进一步地，那些呼吸急促或干重活的人应该对气味最敏感，因为他们会呼吸进最多的空气。然而实际情况却与此相反。

22

Οὐ γὰρ ἴσως καθ’ αὑτὸ τὸ ἀναπνεῖν αἴτιον τῆς ὀσφρήσεως，ἀλλὰ κατὰ συμβεβηκός，ὡς ἔκ τε τῶν ἄλλων ζῴων μαρτυρεῖται καὶ διὰ τῶν εἰρημένων παθῶν· ὁ δ’ ὡς ταύτης οὔσης τῆς αἰτίας καὶ ἐπὶ τέλει πάλιν εἴρηκεν ὥσπερ ἐπισημαινόμενος

Ὧδε μὲν οὖν πνοιῆς τε λελόγχασι πάντα καὶ ὀσμῶν.

Οὐκ ἀληθὲς〈δὲ〉οὐδὲ τὸ μάλιστα ὀσφραίνεσθαι τῶν κούφων，ἀλλὰ δεῖ καὶ ὀσμὴν ἐνυπάρχειν. Ὁ γὰρ ἀὴρ καὶ τὸ πῦρ κουφότατα μέν，οὐ ποιοῦσι δὲ αἴσθησιν ὀσμῆς.

因为在各种相似的意义上，呼吸都不是嗅觉的原理，二者只是偶然地联系在一起，这一点在其他动物身上也能被证实，并且被理解为某种所谓的被波动。不过，他认为这就是原理，于是他在结尾处这样说道：

如此，它们把握呼吸和气味的一切。

（他所言的）最强烈的嗅觉之于最轻的（流射物）也不是真的，嗅觉也并非必然是内在的。因为气和火都是轻的，但它们并不都产生嗅觉。

23

Ὡσαύτως δ’ ἄν τις καὶ περὶ τὴν φρόνησιν ἀπορήσειεν, εἰ γὰρ τῶν αὐτῶν ποιεῖ καὶ τὴν αἴσθησιν. Καὶ γὰρ ἅπαντα μεθέξει τοῦ φρονεῖν. Καὶ ἅμα πῶς ἐνδέχεται καὶ ἐν ἀλλοιώσει καὶ ὑπὸ τοῦ ὁμοίου γίνεσθαι τὸ φρονεῖν; τὸ γὰρ ὅμοιον οὐκ ἀλλοιοῦται τῷ ὁμοίῳ. Τὸ δὲ δὴ τῷ αἵματι φρονεῖν καὶ παντελῶς ἄτοπον· πολλὰ γὰρ τῶν ζῴων ἄναιμα, τῶν δὲ ἐναίμων τὰ περὶ τὰς αἰσθήσεις ἀναιμότατα τῶν μερῶν. Ἔτι καὶ ὀστοῦν καὶ θρὶξ αἰσθάνοιτ’ ἄν, ἐπεὶ οὖν ἐξ ἁπάντων ἐστὶ τῶν στοιχείων. Καὶ συμβαίνει ταὐτὸ εἶναι τὸ φρονεῖν καὶ αἰσθάνεσθαι καὶ ἥδεσθαι καὶ 〈τὸ〉 λυπεῖσθαι καὶ τὸ ἀγνοεῖν· ἄμφω γὰρ ποιεῖ τοῖς ἀνομοίοις. Ὥσθ’ ἅμα τῷ μὲν ἀγνοεῖν ἔδει γίνεσθαι λύπην, τῷ δὲ φρονεῖν ἡδονήν.

与此相似，恩培多克勒关于思维的说法也面临难题，如果他的确认为思维和感觉相同。因为那样的话，一切（动物）都能共享思维。此外，思维如何可能既来自相似，同时又来自变化？因为相似无法被相似者变化。要说思维凭借血液也毫无疑问是没道理的。因为有些动物是无血的，而对于有血的动物，用以感觉的部分的血液也是最稀薄的。甚至（按恩培多克勒的理论）骨头和头发也能感知，因为它们也是由各种元素构成的。而思维，感觉，愉悦就会是一回事，痛苦与无知也是。因为他认为后二者都来自相对。如此一来，痛苦就会伴随无知，愉悦则会伴随思维。

24

Ἄτοπον δὲ καὶ τὸ τὰς δυνάμεις ἑκάστοις ἐγγίνεσθαι διὰ τὴν ἐν τοῖς μορίοις τοῦ αἵματος σύγκρασιν, ὡς ἢ τὴν γλῶτταν αἰτίαν τοῦ εὖ λέγειν ⟨οὖσαν ἢ⟩ τὰς χεῖρας τοῦ δημιουργεῖν, ἀλλ' οὐκ ὀργάνου τάξιν ἔχοντα. Διὸ καὶ μᾶλλον ἄν τις ἀποδοίη τῇ μορφῇ τὴν αἰτίαν ἢ τῇ κράσει τοῦ αἵματος, ἢ χωρὶς διανοίας ἐστίν· οὕτως γὰρ ἔχει καὶ ἐπὶ τῶν ἄλλων ζῴων. Ἐμπεδοκλῆς μὲν οὖν ἔοικεν ἐν πολλοῖς διαμαρτάνειν.

此外，认为人类的不同能力与身体不同部分的血液构造之间有关系也是毫无道理的，就像他说（元素混合均匀的）舌头是善辩的原理，或（元素混合均匀的手掌）是精湛技艺原理，仿佛它们之间没有区别一样。这就是为什么比起从血液比例的角度来判定原理，从器官形态角度来判定可能更合适，因为它（元素混合）不意味着理解力。因为对于其他动物而言都是这样。这样看起来，恩培多克勒在很多方面都走偏了。

参考文献：

Hermann Diels, *Doxographi Graeci*, Berolini, 1879.

G.M. Stratton, *Theophrastus and the Greek Physiological Psychology before Aristotle*, London: George Allen & Unwin Ltd., 1917.

Theophrastus, *Recherches sur les plantes*, Tome I à V, traduit par Suzanne Amigues, Paris: les Belles Lettres, 2003.

Theophrastus, *Les causes des phénomènes végéaux*, Tome I à VI, traduit par Suzanne Amigues, Paris: les Belles lettres, 2012.

Theophrastus, *De Causis Plantarum I-III*, translated by Benedict Einarson, Harvard University Press, 1990.

Baltussen Han, *Theophrastus against the Presocratics & Plato Peripatetic Dialectic in the* De Sensibus, Brill, 1993, 2000.

Jaap Mansfield, «Aristote et la structure du *De sensibus* de Théphraste», *Phronesis*, vol.41（2）, 1996.

Baltussen Han, "The Purpose of Theophrastus' *De Sensibus* Reconsidered", *Apeiron*, vol.31（2）, 1998.

Thomas Kjeller Johansen, "The Principle that 'Like Perceives Like' in Theophrastus' *De Sensibus*", *Rhizomata*, 2019: 7（2）.

詹文杰:《柏拉图论感觉》,《哲学研究》2018 年第 2 期，第 82—89 页。

亚里士多德:《亚里士多德全集》，苗力田编，中国人民大学出版社 2016 年版。

第欧根尼・拉尔修:《名哲言行录》，徐开来、溥林译，广西师范大学出版社 2010 年版。

专题　知觉的认识论意义

柏拉图论可感世界的不完善

Alexander Nehamas[1] 庹姝雨[2] 吴琦燕[3] 译

无论是哲学家还是普通大众都普遍认为，柏拉图相信，与理念世界相比，可感世界是不完善的。还有一种公认的传统是，就其自身而言，世界的不完善究竟如何表现，已经成了一件老生常谈的事。我对这两个常见说法中的第一种没有异议：如其所述，它太过模糊，不值得密切关注。只有当它按照公认的传统被解释时，它才有足够大的信息量，从而需要被加以考察。而当它被这样解释时，我们不仅需要斟酌，还需要仔细检查。因为这两种通俗的观点，共同构成了柏拉图对可感世界及其与理念关系的一幅完全错误的图景。

在接下来的内容中，我将首先通过一些引文来阐述公认的传统，为此，我希望读者能够拥有耐心：重要的是要意识到这一传统

〔1〕 亚历山大·内哈马斯（Alexander Nehamas），普林斯顿大学哲学教授，著有《尼采，生命之为文学》（*Nietzsche*：*Life as Literature*）、《生活的技艺：从柏拉图到福柯的苏格拉底式反思》（*The Art of Living*：*Socratic Reflections from Plato to Foucault*）；译有柏拉图的《会饮》、《斐德若》（均与 Paul Woodruff 合译）。

〔2〕 庹姝雨，四川大学哲学系外国哲学专业硕士。

〔3〕 吴琦燕，四川大学哲学系外国哲学专业硕士。

是多么宽泛。然后，我将提出一种与公认的传统相悖的，关于可感世界与理念之间关系的观点，最后，我将考察这两种观点的优点。

一

柏拉图经常告诉他的读者，理念在某种意义上要优于分有它们的可感对象。他在《理想国》477—479 说到理念是完全纯粹且真实的（παντελῶς ὂν，εἰλικρινῶς ὄν）；在《理想国》597 说它是完善而真正真实的（τελέως ὂν，ὄντως ὂν）。他说特定的事物相比它们所分有的理念有所欠缺（ἐνδεῖ τι）（《斐多》74d）；特定的事物渴望（ὀρέγεται）像理念一样，但不及（ἔχει ἐνδεεστέρως）这个目标（《斐多》75a）；特定的事物比理念更差（φαυλότερα）（《斐多》75b）。他在《会饮》210—212a 也有力地表明了这一点，在《理想国》515d、《斐德若》247c、《斐勒布》59d 及其他地方也表现出同样的看法。〔1〕

我们试图去了解，当柏拉图将可感对象与理念进行如此消极的比较时，他心里想的是什么。正是在这个问题上，公认的传统给出了我并不认同的答案。

与理念相比，为什么特定的事物不完善？泰勒（A.E. Taylor）在他的《柏拉图》一书中写道：

> 纯逻辑概念（即理念）永远不会完全体现在任何可感的例

〔1〕 全面的研究可以在 Gregory Vlastos，“Degrees of Reality in Plato”，in R. Bambrough（ed.），*New Essays on Plato and Aristotle*，London，1965，pp.1-19 中找到。

子中。例如，乍看之下似乎相同的两件事，经仔细比较后会被发现只是近似相同；我们用来表示三角形的可见图形，从未真正具有我们在定义中赋予“三角形”的属性；我们称赞为正义的行为，经仔细审查后却被证明是不完全正义的。[1]

在《柏拉图：生平及其著作》中，泰勒写道：

我们看到的所谓相同的棍子和石头并不完全相同，而只是大约相同。[2]

他将其阐释如下：

例如，相同的视觉感受让我联想到“直”的概念，这是判断并没有可见的棍子完全笔直的基础。因此，理念既不会被包含在可感经验中，也不由其呈现。就像无穷级数的“极限值”一样，它只能近似极限，但永远达不到。[3]

伯内特（Burnet）在评论《欧绪弗洛》6e4 时写道：

同一的“理念”不会完全体现在任何具体的事物中，但它

---

〔1〕A. E. Taylor，*Plato*，London，1922，p.41，ch. 11. See also *Platonism and its Influence*，Boston，1924，ch. 11.

〔2〕A. E. Taylor，*Plato: The Man and his Work*（6th ed.），Cleveland，1966，p.187.

〔3〕*Ibid.*，p.188.

是它们或多或少近似的原型……[1]

同时，他这样注释《斐多》74a9：

"理念"是特定的可感事物或多或少接近的范型（παραδείγματα）。[2]

罗斯（W.D.Ross）在这一问题上的观点也是如此：

所有可感的、表面上的等同都向往真正等同，但又无法实现；[3]

表面上等同指的是

我们无法察觉其大小差异的物体，精确的测量仪器［却］揭示了肉眼觉察不到的物体的不等同，并且我们很可能从未见过两个完全等同的物体。[4]

肖里（Paul Shorey）也提出同样的看法：

---

〔1〕John Burnet，*Plato's Euthyphro*，*Apology of Socrates*，*and Crito*，Oxford，1924，n. *ad loc.*，p.37.

〔2〕John Burnet，*The Phaedo of Plato*，Oxford，1911，n. *ad loc.* p.55. 也可以参见 Burnet，*Platonism*，Berkeley，1928，pp.41-43。

〔3〕W. D. Ross，*Plato's Theory of Ideas*，Oxford，1951，p.25.

〔4〕*Ibid.*，p.23.

> 经验永远不能给我们感觉和知觉在我们脑海中唤醒的那种纯粹的数学概念。自然界中没有完美的圆和相等。然而，我们确实构想出了它们，并感觉到具体的圆和相等与它们所努力朝向的理念相距甚远。感官世界中这些不完善的摹本使我们想起，我们在另一种存在状态下见过或已知的东西。[1]

最后，休·特里德尼克（Hugh Tredennick）推测柏拉图的推理可能是这样的：

> 知识必须是可能的；苏格拉底确信这一点，如果不是，世界就会变得很荒谬。但是这个世界的事物不能被真正地认识，因为它们是可变的、不完善的，因此不是真实的；因为其所是（What is）是不变的。现在，在几何学中［因为柏拉图是一位专业的数学家］，我们所知道并能够证明的圆和三角形等图形的性质，与我画的这个特定图形并不完全符合，因为它也不是完善和永恒的。那些性质符合的“样子”或者说圆（或三角形）的理念，存在于某个永恒完美之处。当然，其他一切也都是如此。世界上的事物都是永恒存在于某处的理念的不完善摹本；理念是真正的、唯一的知识对象，只能通过尽可能从物质世界令人混乱的不完善中解放出来的心灵的直观（direct contemplation）来理解。[2]

---

〔1〕 Paul Shorey, *What Plato Said*, Chicago, 1933, pp.172-173.

〔2〕 Hugh Tredennick, *The Last Days of Socrates*, Baltimore, 1959, p.14.

这些著作涵盖了大约五十年的学术研究，包含从专业的评论到柏拉图著作的通俗介绍。它们是由关于柏拉图思想的整体论/发展论（unitarian/developmental）争论双方的学者各自撰写的。不过，他们在许多议题、例子和词汇上都表现出了惊人的一致，大家一致同意的观点构成了柏拉图轻视可感世界的公认传统。这些观点如下：

（1）柏拉图对数学的看法，尤其是对几何学的看法，启发他构想出了理念论。几何学的真理不涉及可感的相等、正方形或圆，这些对象只是可理解的、统一的对象（相等、正方形、圆）的例证，而几何定理其实是围绕后者建立的。[1]

（2）可感对象只是近似于它们在几何学语境中所代表的可理解的对象。在这个意义上它们是不完善的，比如说，“圆”的定义总是不完全适用于任何画出来的圆，画出来的圆总是可

〔1〕除了上面引用的文本，请参阅伯内特对《斐德若》75c11、柏拉图《斐多》58和《欧绪弗洛》5d3，31的评论。关于这一观点的更新的陈述，参见J. E. Raven，*Plato's Thought in the Making*，Cambridge，1965，pp.69-70，96。

这里涉及的范例是如此有力，以至于伯内特觉得这样写是合理的（*Platonism*，pp.41-42）：“[几何学者]当然不是在[说]任何我们可以通过感官感知的三角形（因为这些都只是近似的三角形），甚至不是任何我们可以想象的三角形。他说的是‘三角形本身’（αὐτὸ τρίγωνον），仅此而已。它既不是等边的，也不是等腰的，也不是不等边的，其他几何术语也是如此。从《斐多》65d4介绍这一主题的方式可以清楚地看出，这就是‘理念论’的最初目的。”

但只要看一眼《斐多》65d—e就知道，这段话中没有涉及任何几何学术语或理念！苏格拉底在65d4通过正义本身的例子直接介绍了作为可理解的实体的理念，并继续提到了美本身、善本身、大、健康和力量。唯一模糊的“数学的”理念是大，而且大（或高）的性质与三角形的性质之间没有明显的相似之处。

以更接近于与给定点等距的点的轨迹。测量总能被进一步细化，而且每一次的细化都会显现出来，例如，以前被判断为相等的物体在运用新方法后会被发现并不相等。正是在这个意义上，可感的相等物体永远不会“真正地”相等，可感的圆也永远不会“真正地”圆。无论是被多么仔细构建的几何图示，都是“失真的”。

（3）柏拉图自觉或不自觉地将这种不完善的意义应用于属于伦理和美学范畴的对象。[1] 正如几何图示总是只能近似的，而不是完全相等、圆或方形的，所以美的人、正义的行动和健康的动物也只是近似的，而非完全美、正义或健康。也就是说，他们总是可以更加美，更加正义，或者更加健康。正是在这个意义上，比如说，完善的（即精确的）美的理念，就像一个无穷级数的极限。[2]

这三个论点中的第一个对我的目的来说并不重要。早在1912年，吉莱斯皮（Gillespie）就对泰勒（和伯内特）关于理念论是柏拉图对毕达哥拉斯几何学的直接应用的论点提出了质疑。[3] 此外，

---

〔1〕 也就是说，柏拉图至少对这些语境进行了概括。有些人认为他也概括了所有的情境：参见 Ross，*Plato's Theory of Ideas*，p.24。

为了公平起见，我们必须提道，罗斯并不赞同关于理念论起源的历史论述（*Ibid.*，pp.13-16）。但他对不完善的处理与上面引用的其他作者的处理属于同一类别。

〔2〕 参见 J. C. B. Gosling，“Similarity in *Phaedo* 73b *seq.*”，*Phronesis*，10（1965），pp.151-161。这篇文章对我帮助很大，我在下文中大量引用了它。

〔3〕 C.M. Gillespie 在“The Use of *Eidos* and *Idea* in Hippocrates”，*Classical Quarterly*，6（1912），pp.179-203，esp. p.202 谈道：“泰勒教授的论点是，柏拉图发现这些词语在当时已经被使用，具有‘简单的存在’‘单子’‘自在之物’的特定术语含义，并且只是［没有根据地］将它们应用于一种新的超物理单子。我的考察似乎表明，（转下页）

根据这种历史观点来看，几何对象被认为是统一的，柏拉图应该是为他感兴趣的每一个具有多样性的对象，在假定一个单一的理念时复制了这个特性；但这显然与亚里士多德的陈述相冲突，即“数学对象与可感对象的区别在于其永恒和不变的特性，而与理念的区别在于其每种类型都有很多，而每个理念本身都是孤立的”(《形而上学》A 987b16—19)。最后，这个说明没有解释理念论的某些关键特性，我们将在详细讨论（2）和（3）两个论点时对其进行研究；为方便起见，我将这两个论点合称为“近似论”(the approximation view)。

近似论以一种特定的方式解释了几何图示与其所指“对象”之间的关系。它把这种解释归于柏拉图，也把它彻底地类推到其他情境中，“它在其他一切事物中也是如此”。[1] 尽管柏拉图喜欢类推，但我认为这个特殊的例子是不可接受的；而且我相信，柏拉图本人也认为这是难以置信的：他从未做过这样的类推。

基于近似论，尘世的正方形和圆形是失真的正方形和圆形，它们的轮廓在逻辑可能性上总是可以更接近它们各自的理念，即确切的正方形和圆形。正义和美也是如此：它们的世俗表现总是可以从特定路线的改进中受益。可感世界是不完善的，因为无论我们说它是什么，它都只是近似的；理念是完善的，因为它们确

（接上页）在苏格拉底时代，*eidos* 和 *idea* 这两个词在一般科学词汇中表现出两种意义倾向。第一个主要是物理的，而与数学无关：有形物体的理念有时是外部的可见理念或形状（*shape*），通常是内部的理念、结构、性质、自然（*phusis*），一种特殊的物理概念……第二个是半逻辑的（semi-logical）、分类的（classificatory）；尤其是在诸如任何事物‘有理念，种类’之类的情况下使用，无论是像‘潮湿的’物质还是疾病，等等。”

〔1〕 见上文引用的特里德尼克的段落。

切地是我们所说的。特定事物是它们所分有的理念的不完善摹本。特定事物是摹本，因为它们“努力将自己变得像”相关的理念：它们确实拥有相关的属性。它们是不完善的，因为它们“不能是其所似的”相关理念：它们仅在一定程度上具有相关属性。换句话说，特定事物类似于它们所分有的理念（这使它们成为摹本），但这种相似物本身就有缺陷（这使它们不完善）。因此，海伦并不是真的（完美的，也就是确切的）美丽，斐多也不是真的高大，就像这页纸并不完全是长方形，也像西米阿斯的画像不能完全匹配西米阿斯的肤色。“完善”被解释为“精确”，而“不完善”被解释为“近似”。

按照这种观点，理念永远不会在分有理念的可感对象中显现出来。这是一个重要的结论，而近似论的支持者很乐意接受它，[1]可感世界的不完善在于那些拥有的属性的不完善，而这些属性使它成为理念世界的摹本。正如克龙比（Crombie）先生所说：“有一种学说的大意是，海伦的美与真正的美相似，但并不完全相同，那么这就意味着理念将与现实事物的共同特性区别开来。这不是理念不完全地显现在事物上的学说，而是理念不完善地显现在事物的属性上的学说。”[2]

二

在对近似论做了简要的描述之后，我想暂时停下来，对另一种

〔1〕见上文引用的泰勒的第一句话。

〔2〕I. M. Crombie, *An Examination of Plato's Doctrines*, ii, London, 1963, p.279.

关于可感的特定事物与理念之间的关系的观点做简要的描述。这是我在别处已详细论证过的观点，[1]在此，我将简单地重申要点，希望随后的讨论会使我的方法更加清晰，并在一定程度上更有说服力。

我相信柏拉图在很大程度上是出于对定义的关注，而在《斐多》《会饮》和《理想国》中提出理念论的，这种关注源于苏格拉底对一系列术语进行定义的不成功的尝试，柏拉图本人在早期的苏格拉底式的对话中也做过这种尝试。这些术语造成了一个特别的问题，其中突出的是道德德性的术语（正义、美德、勇气、虔敬、节制、美）和涉及测量或比较的属性的术语（大或高、相等、热）。虽然这些术语似乎并不模棱两可，但不只它们，还有它们的对立面，似乎都适用于相同的对象，并且没有明显的矛盾。因此，同一个人可以（在不同的情境下）被真实地描述为既美丽又丑陋，既高又矮，既勇敢又胆小。此外，似乎没有一个合理的方式来解释这些术语在不同对象上的应用；在一种情况下似乎能解释勇气的东西也能解释另一种情况下的懦弱，在一种情况下解释美的东西同样能很好地解释另一种情况下的丑陋。没有任何可感对象可以充当“美”“美德”或“高大”等术语的定义者；因为任何应该解释这些术语的应用和对其反面的排除的这些对象，似乎也解释了其反面的应用和对原始术语的排除。因此，似乎没有任何可感对象是真实的，或者也可以说，没有任何可感对象在本质上是正义的、美的或高大的；也就是说，美本身是美的，与它碰巧被置于其中的任何情

[1] “Predication and Forms of Opposites in the *Phaedo*”, *Review of Metaphysics*, 26 (1973), pp.461-491.

境无关，它存在于所有且只有那些我们会真正觉得美的对象中。个别的事物只有在与其他事物的比较关系中才是美的，在它们本身没有发生任何变化的情况下，在与另一些对象的比较关系中又是丑陋的。这些术语的定义方式都没有同美或正义的实例相分离，但它同样适用于丑或不正义的实例。[1]

像这样的谓词都是不完整的；它们是限定性的或关系性的。与诸如"是一个人""是一根手指"或"是一根棍子"之类的谓词相比，这些谓词在语法和逻辑上都是完整的。这些物体本身就是人、手指或木棍，与和任何其他事物的关系无关。只要西米阿斯是同一的对象，他就是一个人，反之亦然。类似这样的完整术语与它们所应用的对象的身份是相关联的，不会产生不完整术语可能会产生的矛盾。事实上，柏拉图对比了这两类术语，他在《理想国》523—525 和《阿尔喀比亚德前篇》111b11—c2 中明确地提出来，而正如我将在下面讨论的那样，他又在《斐多》74a9—c5 隐晦地进行了对比。

我的观点是，至少在《斐多》和《理想国》的中间几卷里，柏拉图只为这些不完整的谓词设想了理念。在《斐多》(100b—105c) 中，苏格拉底区分了可感的特定事物、它们的属性或特性 (character) 以及理念。这些理念，以及在《斐多》其他地方和《理想国》的中间几卷中提到的其他所有理念，都对应着不完整的谓词。柏拉图引入了一种新的对象，灵魂被感官所传达的矛盾信息所迷惑（参见《理想国》524b—d），如果灵魂要掌握美、正义或高

---

〔1〕 参见，例如《拉凯斯》190e5—6;《大希庇阿斯》289a1—6;《理想国》331c—d。

本身是什么，就必须考虑这些对象。与可感的特定事物不同，美的理念和特性完完全全在本质上是美的。如果一个特定事物是美的，它在另一种情境下也可能是丑陋的：同样的特定事物在没有发生任何变化的情况下可能会变得丑陋。但是，美的理念和特性如果被丑所限定，就不再是它们原来的样子了。苏格拉底的用语非常重要：他说，一个高大的特定物体无论拥有高大的理念还是特性，“都不会通过保留和接受矮小来成为其他东西。尽管保留并接受矮小，我仍然是我自己，在变矮小的同时保持高大是不可能的”（102e2—6）。苏格拉底的“是其所是”和高大的东西“长得高大”之间有明显的相似之处，苏格拉底不能在不再是人的情况下，仍然是苏格拉底；高大的东西不能在不再高大时仍是其本来的样子：因为它从本质上来说是高大的。

通过引入这种新的可理解的对象，柏拉图设法解决了早期对话中的一个问题。当我们称许多对象美、正义或高大时，我们确实“指的是一件事”；这些术语没有歧义：它们的含义和所指分别是美、正义和高的理念。可感对象既美丽又丑陋，既正义又不正义，既高又矮，因为它们并不是真正的美、正义或高大；它们只有通过拥有一个相关特性才能分有美、正义或高大。只有理念和特性才是真正美的、正义的或高大的：它们本身就是美的、正义的或高大的，这是无条件的，在任何情况下都是如此，它们存在于所有且只有那些我们可以谈论美的、正义的或高大的可感对象的语境中。

如果这种观点是正确的，那么当柏拉图说可感对象只是不完全美或正义时，他并不是说它们近似美或正义。他的意思是它们只是偶然地美或正义，而理念及其特性在本质上拥有相关属性。请注意，基于这一理解方式，理念和特定事物的属性（特性）都表现出这种完善。因此，特定事物所拥有的属性是这些特定事物所分有的理念的完善摹本。可感世界的不完善并不在于它与理念世界共有的那些属性，而在于可感对象不完善地（即不完全地、暂时地、偶然地）拥有其完善的（即精确的）属性。特定事物不是像近似论所认为的那样，是理念的不完善摹本，说它们不完善也就是说它们是理念的摹本。因为我们将在下文中看到，对柏拉图来说，成为摹本就等于"达不到"模型，与模型相比是不完善的。摹本的不完善并不在于使它们成为摹本的属性，而在于其拥有这些完善属性的方式。当我们说，与 F-ness 的理念相比，特定事物只是不完善的 F 时，这种不完善属于"是"而不是"是 F"中的"F"。[1]

恐怕我在这里只能以这种很简略的叙述作为说明。也许我们现在必须回到对近似论的考察，这将有助于使我的立场更加清楚。

三

近似论认为，说两个特定事物相同是因为每个特定事物对彼此来说都分有相同，或者说海伦美丽是因为她分有了美，等等。[2] 但同时，根据这种观点，任何可感事物从来都不是等同的、美的，等等，因为这些物体只是我们所说的近似的东西。这就成了一个问

〔1〕见 Wilfrid Sellars，"Vlastos and 'The Third Man'，" in *Philosophical Perspectives*，Springfield，Ill，1967，esp. pp.25-31。

〔2〕我将这种解释适合的谓词范围适当放开，就像苏格拉底在《斐多》100b—c 等其他地方所做的那样。

题，我们有什么理由可以证明我们的说法，即特定的事物分有了相等，海伦分有了美？我们怎么能避免说，我们的特定事物实际上分有了不相等，海伦分有了丑？如果像泰勒所说的那样，使人想到“直”这个概念的相同视觉感受也表明世界上没有什么东西是完全笔直的（在这一点上，人们可能会奇怪这个“完全”被包含在内的理由是什么），为什么“直”的概念会被建议放在首位？为什么不会从这些感觉中推断出可见的线在力求完全的不等呢？基于这样的理由，当我们在知觉中所“熟悉”的一切只是我们自己的感觉经验时，用理念的假设来解释我们知觉的规律性，就如同用物质对象的假设来解释我们知觉的规律性一样不合理。这两种假设同样是不合理的，它们都表明知觉给予我们的比假定的更多。[1]

我能想到的只有一种方法使近似论的捍卫者可以尝试规避这种批评。那就是宣称尽管没有两个可感事物是完全相等的，但可感事物或多或少分有相等。如果分有是一个程度的问题，那么我们可能会争论说，每一对物体都在某种程度上分有相等，我们认为是相等的那些物体分有相等的程度非常大（即它们的尺寸的测量值非常接近），没有事物是完全相等的，尽管这个概念是通过近似达到的。但我认为这个建议根本行不通。首先，没有一点证据可以证明柏拉图认为分有是一种序数关系（ordinal relation）：特定事物在不同的方面或情境中分有理念，但据我所知，特定事物从未在不同程度上

〔1〕见 R. E. Allen，“Participation and Predication in Plato’ s Middle Dialogues”，in G. Vlastos（ed.），*Plato I: Metaphysics and Epistemology*，Garden City，NY，1971，p.178：“一条弯曲的线并不是直线的不完善实例；相反，它是它所是的那类弯曲线条的完全且完整的实例，而且这种类型的例子是可重复的，尽管这条线本身并不是在表达某物在某一属性方面有缺陷，只是它相当充分地具有另一特性的一种尴尬的说法。”

分有理念。其次，也许更重要的原因是，这个建议颠倒了“是 F”和“分有 F”之间的逻辑关系。柏拉图引入了分有的关系来解释诸如相等这样的概念。他说可感事物分有相等，是因为他觉得他不能说可感事物（真的）相等；但他所关心的不是相等实例的精确性，而是它们的偶然性。他首先注意到相等的、正义的、美的事物只是在某些方面如此，或与某些事物相关，然后他引入它们所分有的理念来说明后者的特性。他还将分有“F-ness”的理念的事物限定为在某些方面或情境中可以被真正视为 F 的对象。相比之下，我们正在研究的观点将柏拉图的专业术语解释为序数关系，并以此为基础构建了相等、美或正义的概念作为这种关系的特殊情况。

这个问题涉及许多问题，我们将在接下来的讨论中考察它们。目前，我们必须转向柏拉图自己的著作，看看近似论是否能够合理地解释柏拉图关于可感事物不完善的明确立场。一个关键的段落是《斐多》72e—78b，它为公认的传统提供了它最喜欢的例子，其中，苏格拉底试图通过诉诸回忆说来证明灵魂的不朽。

我不可能在这里对这段众所周知的段落进行详尽的分析。[1] 我的问题是，在解释苏格拉底关于相等的特定事物与相等本身之间的区别，以及他关于前者“不如”后者的陈述时，近似论是否适当。至少在这个问题上，我是相当教条主义的：我将假定柏拉图在这

---

〔1〕详细的讨论参见 K. W. Mills，“Plato's *Phaedo* 74b7-c6”，*Phronesis*，2（1957），pp.128-148，3（1958），pp.40-58。这篇文章提供了许多参考资料。我将在下面给出一些额外的观点，但也请参阅 R. S. Bluck，“Plato's Form of Equal”，*Phronesis*，4（1959），pp.5-11；Richard Haynes，“The Form Equality，as a Set of Equal”，*Phronesis*，9（1964），pp.17-26；and J. M. Rist，“Equals and Intermediaries in Plato”，*Phronesis*，9（1964），pp.27-37。

个段落中所使用的三个表述仅是指同一的相等的[1]理念，即“相等本身”(“αὐτὰ τὰ ἴσα”；74c1；“ἰσότες”，74c1；“αὐτὸ τὸ ἴσον”，74c4—5)；他的论证[2]既不涉及数学媒介[3]，也不涉及“相等的事物”[4]，然而对于“对一个显得相等，对另一个显得不相等”(“τῷ μὲν...ἴσα...τῷ δ' οὔ”，74b8—9)这句话的解释，我不会那么教条主义，我也不会教条主义地解释为什么特定事物“不及”理念。

最后两点在近似论上是截然不同的，近似论的重构如下：苏格拉底首先以模糊和不完全为由，把相等的特定事物与相等本身区别开，因为“一些相等的石头或木头，尽管它们是同一的，但岂不是有时对这个显得相等，而对那个不相等”(74b8—9)，[5]但在任何情况下，“相等本身对你来说［即西米阿斯］显得不相等吗，或者相等性是不相等性吗？”(74c1—2)他接着说，相等的特定事物不及相等本身，因为它们只是近似相等而不是完全相等。最后，他在74d9—75b8中将这一说法推广到所有特定事物和性质。

---

〔1〕吉奇(Peter Geach)在“The Third Man Again”中认为相等的理念实际上包括两个完全相等的对象，见R. E. Allen (ed.), *Studies in Plato's Metaphysics*, London, 1965, pp.265-277。

〔2〕这也是欧文(G. E. L. Owen)在“The Platonism of Aristotle”, in P. F. Strawson (ed.), *Studies in the Philosophy of Thought and Action*, London, 1968, pp.147-174中的观点，我同欧文教授在这个问题上的讨论非常有价值。

〔3〕Ross, *Plato's Theory of Ideas*, p.22; R. Hackforth, *Plato's* Phaedo, Indianapolis, 1965, p.69, n.2; Bluck, “Plato's Form of Equal”, and *Plato's* Phaedo, London, 1955, p.67, n.2.

〔4〕Burnet, *The* Phaedo *of Plato*, 56 n. ad74c1; R. Loriaux, *Le* Phédon *de Platon: Commentaire et traduction*, vol.I, Namur, 1969, pp.143-146.

〔5〕或者，根据“τότε...τότε”不同抄本解读(cdd. TW)，“有时相等，有时不相等”。但是正如我们将要看到的解读，这里并没有引入新的考虑。

这两点是不同的，因为对第一点的解释并不能推断出，与相等本身相比，相等的东西只是近似相等。无论木棍和石头在一个人看来是相等的，在另一个人看来是不相等的；还是它们看起来与一个事物相等，而与另一个事物不相等；或者它们有时看起来相等，有时不相等：这些选择都不意味着它们的相对相等或暂时相等只是近似的。相反，在我看来，这样大致相同的困境，如果它们是困境的话，也发生在完全相等的事物上。如果两个事物在这个意义上是完全相等的，那么从某些角度来看，它们对观察者来说一定是不相等的，而且它们对某些以不同方式来衡量的事物来说也一定显得不相等（并且是不相等的）。至于对“有时”的解读，我们有两种选择：我们可以把它看作“它们对彼此而言有时看起来相等，有时不相等”，那样的话，我们只有两个在某些情况下看起来相等实际上却不相等的东西，这可能是因为视角的变化；或者我们可以把它理解为“它们有时看起来与某些事物相等，有时与其他事物不相等”。无论是哪一种情况，都可以归结为前面两种可能性中的一种；这些都不支持关于不完善的近似论。

因此，罗斯声称在区分相等的事物与相等本身时，柏拉图“也许在思考视角的影响”，这是站不住脚的。[1] 事实上，在我看来，从各个角度看都显得相等或是正方形的，这不仅不可能，也是一种不完善的标志：一个从各个角度看都是正方形的物体不可能是正方形，它一定是一个不可能的物体结构；相比之下，会在这样那样的倾斜下准确地投射出这样那样的梯形，才是一个完善的正方形的

〔1〕 Ross，*Plato's Theory of Ideas*，p.23.

标志！[1]

所以，这就是近似论解释柏拉图论证时的一个缺点。尽管特定事物与理念之间应该有某种联系，但二者的区别与前者相对于后者的不足完全无关。因此，特定事物的不完善在这种情况下无法得到辩护：苏格拉底简单地问西米阿斯情况是否如此（74d5—7），西米阿斯立即同意（74d8），然后苏格拉底推广了他的结论。但为什么西米阿斯会同意这样的观点呢？如果只涉及正方形和圆形（根据几何标准，绘制的圆只是近似为圆形），也许他会觉得它是可信的；但它不是。如果只是涉及相等的话，他也许会被说服，那也只是一种非常温和的说服。但苏格拉底却继续推广到“大、小，诸如此类的东西”；他论说如下：“与其说是关于相等，不如说是关于美本身，善本身，正义本身，虔敬本身，我的意思是，关于一切我们在讨论中给予‘本身所是’印记的东西。”（75c9d3）西米阿斯没有争辩地接受的这种推广无疑需要论证支持。但在我展示苏格拉底如何论证它，以及这两点如何联系在一起之前，我必须讨论一下近似论的另一个难点，这是由戈斯林（Gosling）首先指出的。[2]

假设近似论是正确的，并且特定事物在与其相关理念所相似的方面是有缺陷的。现在，在这个论证中，柏拉图试图证明我们对相等的认识是回忆的一个例子。为此，他规定了回忆的情况应满足的四个条件。柏拉图在73c6—d1给出了两个：“如果有人看到、听到

〔1〕 在这一点上，比较柏拉图在《理想国》597—598中关于视角的讨论是有意义的。不管我们从哪个角度看，有形的床是不会改变的，只是看起来不同而已；绘画描绘的不是床本身，而是它看起来的样子（598a—b）。由于视角的变化对物理对象的本体特性没有影响，因此这不太可能解释柏拉图在《斐多》中试图描绘的本体论意义上的区别。

〔2〕 Gosling，“Similarity in *Phaedo* 73b *seq.*”.

或通过另一种感觉感知某物，并且不仅知道了那一个，还会想到另一个，并且对此的理解不是一样的而是不同的，我们难道不应该公正地说他回忆起了他所想到的?”首先，对一个事物的感知必须引起对另一个事物的知识的回忆。所有回忆的情况都（至少）涉及三个术语：回忆的主体、使他想起他记得的东西的对象和他回忆起的对象。其次，被回忆起的知识必须区别于引起回忆的对象的知识。这是一个令人费解的情况，戈斯林认为这意味着“知道或熟悉引起我们回忆的东西，而不知道或不熟悉我们回忆起的东西必须是可能的，反之亦然：我可能由西米阿斯的画像回忆起他，而不是由西米阿斯本人”。[1]但我不确定这是否正确，因为一方面，这种考虑在柏拉图的论点中没有发挥重要作用；另一方面，正如我们将看到的，回忆的这一方面会被柏拉图的第四个条件所涵盖。

我自己的观点是，柏拉图在这里规定了一个不同的条件：如果A让我想起了B，在我知道A的情况下并不足以让我知道B。因为，假定我看见西米阿斯穿了一件棕色的外衣，我们可以说我看到的西米阿斯使我想起来他的外衣吗?不，因为看西米阿斯时，我也在看他的外衣。另外，如果我在西米阿斯没有穿那件外衣时看着他，我也可能会想起它。同样地，看到西米阿斯跑步可能会使我想起，在过去的五分钟里，一直烦扰我的标志着一次伦理学讲座开始的铃声；即使这两件事是同时发生的，并且一件事使我想起了另一件事，我知道了第一件事也不意味着我由此知道了第二件事。还请注意在戈斯林提到的情况中，我看到穿着外衣的西米阿斯实际上可

[1] Gosling，“Similarity in *Phaedo* 73b *seq.*”，p.154.

以引起对外衣的回忆，因为知道西米阿斯实际上独立于知道他的外衣，并且知道一个而无须知道另一个是可能的。〔1〕

第三个条件在 73e1—3 中给出，它相当宽松，也不是十分必要的："这就是回忆：特别是如果某人想起一些因为时间的流逝和不再关注而早已被遗忘的事情。"知道相等本身就是回忆的一个典型例子。在这里，我也必须否认戈斯林的观点，他将这段话解释为陈述了一个必要条件："我不能说回忆起了某人或某事，除非在某些方面我至少暂时忘记了它们。"〔2〕这实际上是真的，但是正如文本所示，柏拉图在这一点上所说的并非如此。他只是想指出，如果其他条件都满足，并且知道一个事物会使人想起当时不在那里的另一个事物（即暂时被遗忘了的），而如果被回忆起的事物已经被遗忘了很长时间，我们当然有理由称之为回忆。

第四个条件对我们的目的来说是最重要的。在 74a1—2 中，苏格拉底解释了回忆的一般条件，并区分了通过 A、B 与主体之间的联系来由 A 回忆起 B（如西米阿斯的画像［73d9］或西米阿斯本人［73e5—6］使我们想起刻贝斯），和通过它们之间的某种相似物来由 A 想起 B（如西米阿斯的画像使我们想起西米阿斯本人［73e9—10］）。在"通过相似物回忆"的观点中，苏格拉底现在做了补充（74a5—7）："一个人是否也有必要意识到，引起他回忆的东西在与被回忆起的东西相似的方面是否缺少什么？"当我第一次

〔1〕 Gosling, "Similarity in *Phaedo* 73b *seq.*", p.159.

〔2〕 Gosling, "Similarity in *Phaedo* 73b *seq.*", pp.154-155. 亚里士多德在《论记忆》451a31 及此后 ff 也有相似的观点，见 Richard Sorabji, *Aristotle on Memory*, Providence, RI, 1972, p.53。

读到这段话时，我感到困惑；最终我开始不相信我对它的理解。为什么柏拉图要把这作为回忆的必要条件，为什么他认为这是显而易见的，正如西米阿斯在 74a8 的立即同意所表明的那样？我真的有必要意识到，使我想起西米阿斯的他的画像和他头发的颜色不相配吗？难道我必须立刻意识到我正在看西米阿斯的画像，而画像却是不准确的吗？最后，为什么画像不能是准确的？〔1〕

我只能看到一种可能的说法，即这幅画像一定是不准确的：有人可能会说，西米阿斯头发的颜色取决于它被看到时的光线，而光照是不断变化的；因此，随着时间的推移，画像无法捕捉正确的颜色。这可能被认为是合理的；但是，根据这一论点，我们将不得不得出这样的结论，即人们甚至从来没有看到过西米阿斯头发的真正颜色。因为任何时刻的颜色都不同于其他时刻的颜色；因此，我们应该得出这样的结论，即我们的视觉给我们的只是一个不完全近似西米阿斯头发的颜色。但这肯定不是柏拉图所想的。即使他确有此意，我们也应该注意到，这仍然不会给他（或我们）一个充分的理由说，画像一定是不准确的。因为没有什么能阻止这幅画像在特定的时刻、特定的视角或特定的条件下，将西米阿斯的发色（或任何其他特性）准确地描绘出来。这幅画像的“不完善”并不在于它在某一方面不够像西米阿斯，而在于它无法从全部方面捕捉西米阿斯的某些特性。这一点可以这样说，一幅画像不可能捕捉其模型的所

〔1〕 重要的是要注意到，柏拉图设想了两种真实的可能性，物体在与它使我们想起的东西的相似的方面，可能缺少也可能不缺少任何东西。我认为柏拉图的观点非常明智，并不是所有相似的物体都与摹本有关系：例如，两个大规模生产的陶罐就没有，他在他的体系中为这些物体保留了一个位置。

有特性。而且这并不排除画像与它的模型在某些特性上（也就是说，那些与它相似的特性）完全匹配的可能性。如果观察者意识到他不是在看模型本身，而是在看一个不同的东西，即在某些方面类似于模型的画像或摹本，那么画像并不能复制模型的所有特性这一事实对观察者来说必须是清楚的！

那么，我的意见是，柏拉图并没有主张过近似论可以归因于他的这种不合理的想法，即如果两个事物彼此相似，并且一件是另一件的摹本，则该摹本根本就无法准确再现使其成为摹本的特征。相反，柏拉图认为，如果一个事物是另一个事物的摹本，那么它一定缺乏其模型的某些特征，如果一个人要意识到自己首先面对的是摹本，就必须知道这一点。这样，柏拉图的复制概念就与我们的复制概念不同，并且他在对这一条件的陈述中区分了两者。[1] 如果我们的两个相似对象共享每种特性，那么我们面对的将不再是摹本、画像或图像（εἰκόν）和它的原型。特别是在回忆的情况下，我们甚至根本不会意识到自己面对的是两个不同的对象。但这样，回忆的第二个条件就不会被满足，并且回忆也不会发生：我们将看到（听到，等等）被我们认为是我们应该记住的对象的东西。

在这种情况下，重要的是要记住《克拉底鲁》(432a—d）中的一段话，在此苏格拉底向克拉底鲁展示了画像（和一般意义上的相似物，包括 onomata：名称或词语）不能复制其原型的每一个属性。苏格拉底说，如果一位神像画家一样创造了克拉底鲁的相似物，不仅使之与他本身的颜色和形状相匹配，而且使里面的一切

〔1〕 参看上一条注释。

都原封不动（“ἀλλὰ καὶ τὰ ἐντὸςπάντα τοιαῦτα ποιήσειεν οἷάπερ τὰ σά”），那么我们就不会有克拉底鲁和他的画像，而仅有“两个克拉底鲁”。

这意味着画家可以，也确实可以，完全使他们所画之物的“颜色和形状”与其主体相匹配，但他们不能使所有属性都相匹配。如果他们这样做了，他们将不再是在创造一个相似物，而是一个摹本。苏格拉底最后问克拉底鲁，他是否意识到“相似物在多大程度上不能成为它们所相似的事物”（“ἢ οὐκ αἰσθάνῃ ὅσου ἐνδέουσιν αἱεἰκόνες τὰ αὐτὰ ἔχειν ἐκείνοις ὧν εἰκόνεςεἰσίν”，432d13）。这术语是《斐多》中的：画像不及它们的模型，不是因为它们不能准确地再现其任一属性，而是因为它们根本不能再现其模型的诸部分（或者属性）。[1]

对于近似论来说，我们如何认识到一个对象首先是另一个对象的摹本是一个困难的问题，因为根据其描述，摹本不能完全匹配其模型的任何属性。（请注意，这与我们在本节开始时就特定事物和理念提出的对摹本和原型的批评是一样的。）如果我们只考虑画像及其主体，这种观点似乎更合理。有人可能会说，画像可能与任一属性都不能完全匹配，但它可能与许多属性大致匹配，总的来说，它更像它的主体，而不是其他任何对象。即使我们承认这是非常值得怀疑的，[2]我们仍须记住，画像只是柏拉图偶然关注的：他的主

〔1〕我当然受惠于戈斯林；他是第一个指出《克拉底鲁》语段与《斐多》语段的相关性的人；见“Similarity in *Phaedo* 73b *seq.*”，pp.157-159。

〔2〕我甚至不太同意这种说法：一个人如何辨别一个事物是另一个事物的画像，这是一件复杂得多的事情。但在一些人看来，这种方法可能具有“初始可信度”。

要兴趣是表明可感事物是它们所分有理念的相似物。但是，可感事物只在一个方面与每个理念相似：相等本身和相等的特定事物的唯一共同特性是，它们也以它们自身的方式相等。如果它们的相等只是近似的，也就是说，如果它实际上不等，那么我们如何一开始就将它们与相等本身联系起来？[1] 既然可能适用于肖像的替代方法对我们而言不再适用，我们就应该得出结论，我们永远不会知道，相等、正义或大的特定事物“渴望”与它们各自的理念相似，但我们又确实在我们开始运用感官的那一刻起，就意识到了柏拉图所说的这一点。

那么，这些就是柏拉图关于回忆的条件：

如果一个人，P，通过知道 A 而想起 B，那么：

（1）A 和 B 是不同的；

（2）在那种情况下知道 A 不足以知道 B；

（3）特别是，尤其当我们早已忘记它时，我们才说我们会回忆起 B。

此外，如果 A 和 B 相似，则：

（4）P 必须认识到 A 只与 B 相似，而不是完全相同，因为它不复制 A 的每个属性；用柏拉图的话来说，A 一定不能像 B 那样存在。

柏拉图通过相等本身的例子表明，我们对理念的认识要满足这些条件。首先，他证明了相等本身不同于所有可感的相等事物，而

〔1〕苏格拉底在 75c9 将“大”和“小”包含在他的理念清单中，这一点至关重要。如果可感事物都只是近似的大，那么它们都应该是小的，并且它们都会努力做到像“更小的东西”。

这些事物是我们意识到相等的原因（74a9—c10）。然后他指出，考虑到相等的事物只是与相等本身相似，它们并不能成为它们所相似的（74c11—d8）。他继续论证，我们从出生的那一刻起，就开始通过我们的感官意识到可感事物的缺陷，因此我们对理念的知识先于并独立于我们关于相等的特定事物的知识，否则就不可能进行比较（74d9—75d6）。最后，他以一种让人强烈地联想到《美诺》98a2—4 和《拉凯斯》190c6 的方式论证说，由于人们不能“解释”（76b4—9）理念，他们的知识一定已经丢失了。我们对理念的认识就这样被遗忘了，然后又在出生和我们的感官开始运作之前重新被获得（75d7—76c10）。因此，他得出结论，我们的灵魂一定在我们出生之前就已经存在了（76c11—77a5）。

四

近似论未能使柏拉图的回忆说连贯一致。现在，让我们利用我们在讨论柏拉图的第四个条件时提出的观点，去试图说明苏格拉底对可感的相等事物和相等本身之间的区分，如何支持他关于前者不如后者的主张。〔1〕

由于苏格拉底关于可感的相等事物不及相等本身的独特主张（74d4—8）没有得到明确的证明，因此可以合理地预计它在前面的论述中得到了一些支持。由于之前的内容是这两类对象之间的区

〔1〕 74a9—12 的解释不是我们关心的。无论我们把它理解为“我们说某物，即相等本身，是相等的”，还是“我们说存在相等的东西，即相等本身”，就我们的目的而言，这个论点的其余部分仍然不受影响。

别，我们的任务就是以一种能够提供不完善主张所需支持的方式解读该论点。

是什么特性让苏格拉底做出了区分？问题是，他声称“一些相等的石头或木头，尽管它们是同一的，但岂不是有时对这个显得相等，而对那个不相等”(74b8—9)，这一说法过于模糊和不完整，目前我们难以理解。一种比第二个更古老且被广泛地接受的替代方法是，将不定代词“one”和“another”视为阳性，这段文字将呈现如下：“两块长度相等的石头或木头，有时对一个人来说似乎相等，但对另一个人来说却不相等，尽管它们没有发生改变。”[1]墨菲（N. R. Murphy）和米尔斯（K. W. Mills）针对这一观点提出了许多反对意见，其中一些意见不如其他意见有说服力。[2]其中我们可以选出这样一个观点：在哈克佛斯的解释中，柏拉图的第二个前提似乎无关紧要。对于这个前提，74c1—2 这样描述：“但现在，相等自身怎么办？相等本身对你来说显得不相等吗，或者相等性是不相等性吗？”[3]但是，柏拉图应该断言的不是相等的理念永远不会对西米阿斯显得不相等（或是不相等性），而是这种情况永远不会发生在任何人身上。例如，安提西尼就不会被这一主张所困扰，

---

〔1〕这是哈克佛斯（Hackforth）的翻译，《柏拉图的斐多》第 69 页；布鲁克（Bluck）在《柏拉图的斐多》第 67 页翻译如下：“相同的石头或木块，不经常对一个人显得相同，对另一个人显得不相同吗？”参看 Burnet，*The* Phaedo *of Plato*，p.74 n. ad. 74b8；R. D. Archer-Hind，*The* Phaedo *of Plato*，London，1883，p.77 n. ad 72e-76d。

〔2〕N. R. Murphy，*The Interpretation of Plato's* Republic，Oxford，1951，111 n.；Mills，“*Plato's* Phaedo，74b7c6”. 洛里奥（Loriaux）也毫无异议地接受这个观点，见 *L'Être et la Forme selon Platon*，Paris，1955，pp.18-19；他确实在 *Le* Phédon *de Platon*，pp.149-153 为赞成这一点而辩。

〔3〕Hackforth，*Plato's* Phaedo，p.69；cf. Bluck，*Plato's* Phaedo，p.67.

因为在他看来，相等根本就不是什么。此外，墨菲认为，在这种方法中，第一个前提是“毫无意义的，因为我们只能推断这两个人中的一个犯了错误”。[1] 现在，这些观点已经被广泛讨论，总的来说，哈克佛斯和墨菲建议将代词视为中性的，并将柏拉图的观点解读为“本身没有变化的棍子和石头在不同的关系中有不同的谓词，但相等本身并没有”，[2] 而这已经被证明同样是没有定论的。

我建议绕过大部分辩论，提出一种可能强化墨菲方法的不同意见。根据哈克佛斯的说法，我们有一对长度相等的物体，可能是因为视角的缘故，它们对一些人来说是相等的，对其他人来说是不相等的。换句话说，当人们对它们的相等性产生分歧时，这些物体应该彼此保持相同的关系。只要我们专注于这个特殊的例子，哈克佛斯的解释就算没有得到证实，也似乎至少是合理的。当然，柏拉图不仅对谓词“相等（于）”感兴趣，而且对他将假设的理念的所有谓词都感兴趣，包括“大于”“小于”“善好”“正义”和“美”。

现在让我们拿其中一个谓词来看这个论证如何区分，例如，正义的特定事物和正义本身。根据哈克佛斯的说法，柏拉图会声称同样的正义行为，对一些人来说是正义的，而对另一些人来说是不正义的。但是现在这种观点不能提供简单的答案，为什么柏拉图会相信这一点变得至关重要。柏拉图确实相信，人们对什么

---

〔1〕 墨菲在 *The Interpretation of Plato's* Republic，111 n.；Mills，“*Plato's* Phaedo 74b7-c6”，pp.131-133 说明两种解释都存在这一缺陷。但是，如果“看上去显得像”的意思是“看上去显得像并且事实上是”，那么这就不是真的。

〔2〕 Murphy，*The Interpretation of Plato's* Republic，111 n；我删除了墨菲句子中的希腊语。

是正义、虔敬、勇敢或美存在分歧。但他的信念并不涉及将刀还给疯狂的物主这样的行为：他认为这显然是不正义的（《理想国》331c—d）；他毫不怀疑与猿类相比人类是美的（《大希庇阿斯》289a）；他没有质疑苏格拉底在德利昂战役中（《拉凯斯》181b）或波底代亚战役中（《会饮》219e5—221c1）的勇敢。他所怀疑的是，在任何情况下归还一个人所欠的总是正义的；一个人无论与谁相比，是否都是美的；无论是撤退还是前进，都总是勇敢的。在特定的情境中，柏拉图会毫不犹豫地称一个行为是正义的或勇敢的，一个人是美的或有德性的。但他会怀疑的是，通常为此类主张提供的理由在任何情况下都会支持相同的结论，因为他认为好的理由应当如此。

但如果是这样的话，那么哈克佛斯对我们论点的说明就不能解释它的普遍化，普遍化应该涵盖柏拉图假设的所有谓词。虽然一根木头从某个角度看可能与另一根尺寸相等的木头不相等，但正义的行为不会显得不正义，除非其所处的情境发生了变化：[1]比如刀的所有者恰好是一名杀人狂，那么将刀还给其合法所有者就是不正义的。

我的主张是，哈克佛斯和那些赞同他的人被柏拉图在其论证中使用的特殊例子的偶然特征所误导。他们因此认为柏拉图声称，对于不同的观察者来说，事物可以在同一个情境中同时显得像 F，也可以显得不像 F。但是，尽管柏拉图本可以这样说成对的相等事物，但他不可能这样说他论证中设计的其他谓词。他本可以说，并

〔1〕 也就是说，除非它被认为是一种可以在许多范例中找到的行为类型。

且我认为他确实说过，世上任何相等的、美的、大的、好的、虔敬的或正义的事物，都不可能在每一种关系中都显得相等、美、大、好、虔敬或正义。如果有的话，它本身就是相等的，或者说是美的，等等。但是所有世俗事物的美、相等，都取决于其他事物的存在以及与它们的比较，这使它们同理念相区别，理念在本质上是，这些世俗的事物只是偶然是。

如果我们接受这样一种观点，即区分可感的特定事物与理念的是，可感事物仅以不完全的方式拥有其属性，且只在同其他可感事物的关系中拥有，而理念本身完全拥有这些属性，那么，不仅普遍化论证（general argument）变得连贯一致，而且不完善主张也得到了它所需要的支持。正如西米阿斯的画像在某一时刻与他的发色完全匹配一样，相等的可感事物也在它们所相等的特定对象的关系中，完全类似于相等本身。正如西米阿斯的画像不能完全与西米阿斯相匹配（无论是在他的所有属性上，还是在随时间变化的发色方面），相等的可感事物也不能在所有方面与相等本身相匹配。因为它们只与某些事物相等而不与其他事物相等，并且在它们本身没有任何变化的情况下（但只在它们的关系中），它们确实可以被视为是相等的和不相等的，而相等本身总是相等的，在这一点上相等本身只取决于它自身而不是其他。正如西米阿斯的画像“未能”和西米阿斯一样，相等的可感事物也“未能”和相等本身一样。但它们的不完善不在于它们只是近似完善的理念，而在于它们偶然地成了理念本质上所是的样子。

正是通过这种方式，苏格拉底在区分相等的可感事物和相等本身时，也表明了可感事物不及理念。并且在此，我们有一个柏拉图假设的理念都对应着不完整谓词的原因。他的问题是，可感事物在不变的情况下，看起来既相等又不相等，既美丽又丑陋，等等。他假设这些理念是为了表明，尽管它们共存着的这些属性确实对应着不同的实体，并且与之相关的术语确实具有不同的、单一的含义。但因为这个问题的出现，相同的可感的特定事物必然会被相反的性质限定。为了使这些可感事物保持同一，必须存在一些这些可感事物本身拥有的属性，独立于与其他事物的关系，并允许它们随着时间的推移被重新识别。这些属性都对应着完整的术语，它们不会因为与其对立物一起出现而使灵魂感到困惑，它们不需要理念的假设，它们应用于特定可感事物的方式实际上为柏拉图提供了一个模型，他在这个模型上构想了理念与这些理念所代表的属性之间的关系。

因此，柏拉图确实认为理念在可感世界中有完善的实例（这些就是《斐多》中的“特性”），并且它们包含在分有理念的可感事物中。不完善的是那些完善实例被可感事物所拥有的方式，这种不完善使我们可以说，我们认为是正义、美或相等的一切，它们也是不正义、丑或不相等的。与近似论的依据相反，我认为柏拉图的写作依据与其说是毕达哥拉斯，不如说是巴门尼德。就像早期对话中缺乏数学讨论所表明的那样，他的问题并不会让数学家感到费解。问题是，当我们说可感事物是相等的、美的、好的或大的时，我们如何能够理解彼此，因为这些词似乎指的也是与它们的对立面所指的完全相同的事物；还有一个问题是，事物如何既可以是我们所说的那样，也可以不是我们所说的那样。对于这些爱利亚人的挑战，理念论回答说，这些事物中没有一个是相等的、美的、好的或大的，而是有一整类不同的、可理解的事物——这些事物总是且只是，绝不会不是。我们不是通过感官而是通过回忆知道它们，它们通过我们话语的意义和可感事物的实例化，使我们理解彼此，并让我们知道我们何时是在如实地谈论流变的可感世界。[1]

[1] 我非常感谢库珀教授（John Cooper），他阅读了这篇论文的草稿，使我免于犯一些错误，虽然不是全部错误（剩下的那些他也爱莫能助），尽管有些晚，这里还要表达一下对米歇尔（Michael Friedman）的感激。

“两个世界”：柏拉图的认识论

Jessica Moss[1] 魏奕昕[2] 译

引言：柏拉图的认识论是关于什么的?

> 正确的表象和恒知是完全不同的东西，这一点对我而言完全不是猜测；如果我声称自己知道任何东西——我并不会声称知道很多东西——那么至少这一点是我所知道的事情之一。(《美诺》98b)[3][4]

纵观柏拉图所有的对话，他总是对比一种高等的认知和一种

---

〔1〕 杰西卡·莫斯(Jessica Moss)，纽约大学哲学教授，普林斯顿大学哲学博士。她的主要研究领域为古代哲学，特别是其中的认识论、伦理学以及灵魂学。主要作品有《亚里士多德论表面的善：感知、想象、思维与欲求》(*Aristotle on the Apparent Good: Perception, Phantasia, Thought and Desire*)、《柏拉图的认识论：是与表象》(*Plato's Epistemology: Being and Seeming*)。本文即出自《柏拉图的认识论：是与表象》的引言与第1章，全书将收入“努斯译丛”出版。

〔2〕 魏奕昕，得克萨斯大学奥斯汀分校哲学博士。

〔3〕 Ὅτι δέ ἐστίν τι ἀλλοῖον ὀρθὴ δόξα καὶ ἐπιστήμη，οὐ πάνυ μοι δοκῶ τοῦτο εἰκάζειν，ἀλλ' εἴπερ τι ἄλλο φαίην ἂν εἰδέναι. . . ἓν δ' οὖν καὶ τοῦτο ἐκείνων θείην ἂν ὧν οἶδα.

〔4〕【译按】本书中古代文献的中文翻译皆来自译者。

低等的认知，前者经常被称作“恒知”（*epistêmê*），后者则被称为“表象”（*doxa*）。[1][2] 他研究二者各自的本质和它们的不同，论证恒知的高等性，也探讨如何获得它。

在这些探讨中，柏拉图到底在做什么？它们属于那种研究？

答案似乎很明显：认识论。换句话说，柏拉图的研究与当代哲学家对“知识”（knowledge）和“信念”（belief）的研究是同一种。的确，柏拉图对于认识论的诞生起了重要作用，他留下来的许多问题至今仍处于认识论的核心。[3]

这个答案背后的主要假设之一有时会被点明：柏拉图的“恒知”和“表象”概念明显等同于当代（哲学或普通的）认识论的两个主要概念：“知识”和“信念”。事实上，我们的“认识论”（epistemology）一词的传承是显然的，它表明自身与柏拉图所研究的是同一个对象：恒知。

---

〔1〕【译按】在中文翻译中，*epistêmê* 通常被译作“知识”，*doxa* 通常被译作“意见”。这种译法和它们最常见的英文翻译“knowledge”和“opinion”（或“belief”）较为契合。然而，本书的作者 Jessica Moss 恰恰挑战了这种最普遍的英文翻译，以及它们所代表的对柏拉图认识论的常见解读。根据她提出的全新解读，*doxa* 代表的是事物对我们而言“显得如何”，而 *epistêmê* 则是对事物永恒不变、永远正确的掌握。据此，译者认为，本书中 *epistêmê* 最好译作“恒知”，*doxa* 最好译作“表象”。

〔2〕他也将“表象”（*doxa*）和 *gnôsis*、*phronêsis*、*sophia*、*noêsis* 或 *nous* 进行对比，或将这些词和 *pistis* 对比。和许多其他学者一样，我认为这些术语意思是相同的，例如 Crombie，1962，vol.2，35；Moline，1981：191；Snell，1924：87ff。我将试图证明，一个富有成效的解读是，柏拉图使用不同的术语来表达同一个自洽统一的认识论对比；为了方便，我用“恒知”（*epistêmê*）和“表象”（*doxa*）来指代高等和低等的认知。（参看下文以及本书 1.2）。当术语上的区别十分重要时，例如《理想国》511d，我会指出这些地方。

〔3〕柏拉图经常被看作第一个提出了“知识的经典分析”的人，即将知识（大致）定义为“证成的真信念”（justified true belief）。参看 Gettier，1963 和 Armstrong，1973：87-88。

另一个主要假设是，在对恒知和表象的研究中，柏拉图所关切的问题类似于当代认识论中突出的问题。甚至，一些怀疑柏拉图的认识论类别不能直接等同于我们的“知识”和“信念”的人也同意这个假设。[1] 他的认识论是一个独立的项目。也就是说，他试图解释各种现象突出的认识论特征：例如，我们的判断有一些是理性推理的结果，其他的则不是；有些经得起论证，其他的经不起；有些可以通过交流传递给他人，其他的则不能。他的目标是将认识论自然切分。用一种显然同义反复的话讲，他的认识论的目的基本是认识论式的。

本书的主要目的是推翻上述两个假设，并为柏拉图的认识论提供一个非常不同的解读。

我将论证，柏拉图的“恒知”概念与当代认识论中的“知识”概念、他的“表象”概念和当代认识论中的“信念”都十分不同。我不会试图论证这些区别意味着非同一性（non-identity），因为这个问题取决于我们如何分割概念。我真正想论证的是，这些区别相当基础和彻底，如果我们从“恒知”和“表象”就是“知识”和

〔1〕 这个假设被普遍接受，但通常是隐晦的，只体现于学者们评价柏拉图的方式，以及他们从未提出的那些问题。然而，该假设有时会被明确指出。Fine 论证称“*epistêmê*”应该翻译为“knowledge”，理由就是这会“清楚地表明柏拉图研究的是我们熟悉的认识论”（2004：71）。Everson（1990）也认为，即使我们最好不要把柏拉图的 *epistêmê* 理解成 knowledge，即使他的关注点和当代认识论相当不同，他的认识论和我们的也有紧密的联系：“柏拉图和亚里士多德都想描述和整理主体可以处于的认知状态，这有别于以证成（justification）为核心的认识论传统，甚至是开启了新的传统。在这个方面，他们与现在的‘自然主义认识论’更加重合，即认识论学者的工作是心理学和认知科学的一部分，而非在它之前。”他补充道，柏拉图（以及亚里士多德）也进行了“规范性认识论研究”，因为正如《理想国》的线段比喻所表明的，“他感兴趣的不只是人们如何获得信念，还有这些信念的结构”（1990：5-6）。

“信念”的假设开始，那么我们对“恒知”和“表象”的研究就不会有成效。因此，我们不应该用“知识”和“信念”的理论来指导或者限制我们对“恒知”和“表象”的解读。

我还将论证，为了理解恒知和表象，理解柏拉图在根本上如何构想它们，以及他为什么赋予它们那些特点，我们必须意识到，他的认识论在总体上与我们的相当不同。它背后的推动力并不单单是认识论问题。相反，柏拉图的认识论是由他的形而上学和伦理学观点推动的，包括哪些事物是存在的、人应该如何生活。因此，某些认识论属性和区分对他来说是重要的，主要原因并非单纯是认识论的，而是这些属性和区分与形而上学和伦理学的属性和区分之间存在联系。

在论证开始前，我想指出两个注意事项。首先，这本书所讨论的认识论的范围主要是通常意义上的柏拉图的中期对话：在这些对话中，柏拉图区分了“两个世界”，其一是可感知的普通事物的领域，另一个则是可被理知的理念（Forms）的领域。[1] 我将论证，在中期对话中，为他的认识论奠基的形而上学问题最成熟、最突出，因而认识论的诸多区分也最明确。然而，我也将论证，于中期对话最成熟的认识论也存在于苏格拉底对话中，并且在《泰阿泰德》中十分关键。本书中，我会不断地简要提及这些对话中的认识论，并在第 9 章和第 10 章提供详细的解读。

---

〔1〕传统上，“两个世界”这个术语被用来描述柏拉图形而上学的这个特点（例如 Cornford，1941）。当我提到柏拉图的“‘两个世界’对话”时，我有意沿用它的传统含义。Fine（1978）让“两个世界的认识论”的术语流行起来，它代表的观点是，*epistêmê* 的对象只是理知世界，而 *doxa* 的对象只是感知世界。在第 1 章及其余部分，我把它称为“不同对象论”，并非常详细地讨论了这个观点。

第二，虽然我始终在讨论“恒知”和“表象”，本书的重点并不是这两个词的含义。我认为柏拉图在使用认识论及其他术语时很随意，有时用多个同义词，有时则区分它们的含义，一词多义也很常见。因此，我的计划不是追溯柏拉图对话中所有的“*epistêmê*”和“*doxa*”的使用情况。我其实想论证的是，所有的柏拉图对话，存在一个高度统一、融贯的理论：存在一个最高的认知，和与之形成突出对比的低等认知；虽然他用不同的术语来描述，有时也用这个术语来描述更边缘的现象，但他一直关注同一个认识论的核心区分。[1] 我不会在本书开头辩护这个解读方法，但在探讨的过程之中会提供它的证明。

1.“恒知”和“表象”与“知识”和“信念”之间的对比

让我们首先聚焦这个假设：柏拉图的“恒知”和“表象”概念——更具体地说，他的认识论中高等和低等类别的概念，它们有多个不同标签——与当代的“知识”和“信念”概念高度重合。

当然，当代认识论学者的观点有很多分歧，因而所谓的“当代的‘知识’和‘信念’概念”是一种简化。即使如此，我们仍然可以轻易地找到知识和信念被广泛接受的观点，由此查看柏拉图观点与之重合还是相异。举例而言，现在基本所有人都认为知识是事实性的，信念则不然；因此，如果我们发现柏拉图认为存在错误的表象，但没有错误的恒知（我们将会看到，他确实持此观点），那么

〔1〕参看 Crombie：“两个等级的认知在柏拉图从《高尔吉亚》到《法篇》的著作中随处可见”，但有多个名称；“用语的随意性对柏拉图而言当然是很典型的”（1962，vol.2，34-35）。

这就是一处重要的重合。另外，现在基本上所有人都同意，我们可以有知识，但不知道为何如此；如果我们看到柏拉图声称，恒知必然意味着提供解释的能力（他的确持有这个观点），那么我们就发现了一处重要的分歧。

柏拉图的理论无疑和我们的有很多显著的共同点，因而我们似乎可以轻易地将柏拉图认识论的核心区分与我们的画等号。以下是他的一些观点以及有代表性的出处：

- 恒知是永真无误的，表象则不然（《理想国》477e,《高尔吉亚》454d,《泰阿泰德》187b）。
- 恒知比表象更有价值（《美诺》97d）。
- 恒知赋予认知权威性，表象则不然（《游绪弗伦》5a）。
- 恒知是表象的目的和标准；只拥有表象的人往往认为他们有恒知，也想拥有恒知（《理想国》476d—e）。
- 根据某些但并非所有对话，恒知由表象加上一些额外成分构成，而这个额外成分和当代认识论的证实（justification）、保证（warrant）等概念相似：种说明（*logos*,《泰阿泰德》201c—d），或建立在解释上的理性推理（《美诺》98a）。[1]

在上述所有方面，柏拉图的恒知和表象概念，和当代的知识和信念概念契合得相当自然。所以，我们毫不意外地看到，“知识”和“信念”成了标准翻译，很多学者也讨论柏拉图对知识的理论、

〔1〕下文我们会看到，柏拉图似乎在其他地方否决了这个理论，认为恒知不是一种表象，对某事物的恒知和表象是不兼容的。

对信念的观点，许多人也声称他是认识论之父，将他视为许多当代认识论的重要观点的首创者。

然而我怀疑，将柏拉图的观点同化为我们的观点，其原因不只是具体的共同点，而是有一个更深刻、更普遍的原因。这层原因看起来太明显了，甚至因此从未获得明确的辩护：柏拉图显然在进行类似于认识论的研究，而任何从事该类研究的人所关注的，自然是知识和信念。类比以下逻辑：柏拉图显然进行了类似于天文学的研究（他有很多思想都是关于夜空中所见物体，以及它们的运动和区别的），而且那类研究的关注点显然是恒星、行星和月亮。这要么是因为知识和信念是自然类（natural kinds），要么是因为人类有发展出那两个概念的本性，总之它们明显是柏拉图哲学的关注点，正如它们是我们的关注点一样。

这种背后的假设很容易陷入一种教条：柏拉图所讨论的**必然**是知识和信念；所以，如果我们在将柏拉图的理论融入我们的观点时产生了任何困难，那一定只是他的核心理论有些怪异而已。对天文学而言，柏拉图的很多观点现在看来是错误的，但这并不意味着他所讨论的不是我们所研究的恒星和行星；同样，柏拉图认识论的很多观点现在看来是错误的，但这并不意味着他所讨论的不是我们所研究的知识和信念。

然而事实上，如果我们认为柏拉图谈论的是知识和信念，那么他的很多认识论观点会变得难以理解，以至于一个合理的疑问是，是否值得费力将他的理论同化成我们的。以下是他在特定语境下的一些其他观点，同样列出了有代表性的出处：

- 恒知需要理性推理得出的解释（《美诺》98a）。
- 恒知意味着能定义或说明它的对象（《美诺》71a—b，《斐多》76b，《理想国》534b）。
- 恒知不能被证言（testimony）传递，只能通过对对象的直接了解获得（或许可参看《美诺》81c，97a—b，《泰阿泰德》201c）。[1]
- 表象排斥恒知，而不是恒知的一个成分或条件（《理想国》V—VII 各处）。[2]
- 恒知和表象与视觉和听觉一样，都是灵魂的"能力"（《理想国》477d—e，《卡尔米德》167e—168d）。
- 恒知和表象是不同的能力，有各自不同的对象（《理想国》477d—478e，《卡尔米德》168a—d）。
- 有些对话区分了不可感知的"是者"领域（即理念）和可感知的生成领域，在这些对话中，恒知属于前者，表象则属于后者（《理想国》479d—e，534a；《蒂迈欧》27d—28a，52a）。[3]

当我们注意到恒知和表象的这些特点时，它们开始看起来和当

---

〔1〕只有亲自去过拉里萨（Larissa）的人才有那条道路的恒知（《美诺》97a—b）；在出生前，灵魂就有事物的恒知，因为它"看到过"它们（《美诺》81c）；这个观点还见于另一处：柏拉图否认恒知可以通过证言传递，即使是有恒知的人的可靠证言也不行；也就是说，传统的教学无法赋予恒知，获取它的唯一途径是回忆起我们曾直接接触过的事物（《美诺》81c—86b）；即便一个陪审团关于某个犯罪事实被正义地说服了，他们也没有恒知，因为只有当时在场亲眼目睹了事件的人才有它的恒知（《泰阿泰德》201b）。

〔2〕柏拉图似乎在《美诺》98a 和《泰阿泰德》201c—d 两处否认了这个观点；我在第 7 章讨论这个矛盾。

〔3〕我表述最后两个观点的方式存在争议，但本书的余下部分会提供详细的论证。

代的知识和信念概念截然不同了。那么我们是否应该质疑它们的同一性？还是说，它们的同一样明显到了毫无疑问的程度？

我们只需稍稍脱离近年来分析哲学的柏拉图研究，就会发现并非如此。其实，恒知和表象与知识和信念的同一虽然已经成为标准观点，但它只是晚近的理论，而且已经遇到了强有力的批评。

其实在20世纪60年代之前，“*epistêmê*”（恒知）的一个普遍的翻译是“science”（科学）。[1] 这个翻译注重的是，从柏拉图时期开始存在一个被广泛接受的哲学传统，用“恒知”来指称我们称作“科学”那些东西，即特定领域内的专家拥有的专业知识体系。[2] 亚里士多德把它上升成为十分具体的理论：“恒知”（*epistêmai*）是关于自然或本质的必然真理构成的合乎逻辑的演绎体系。[3] 亚里士多德的这个概念保存并发展为中世纪的 *scentia* 概念，进而变成现代早期的 science 或 knowledge 概念，即对深层、终极、必然且本质的真理的掌握。[4] 19世纪或20世纪初的学者将“*epistêmê*”翻译为“science”，就是因为他们认为柏拉图属于甚至可能开启了这个传统。[5]

---

〔1〕参看 Bosanquet，1895；Jowett，1908；Taylor，1926；Shorey，1930；以及 Hackforth，1945。

〔2〕LSJ（Liddell and Scott，rev. 1940）引用《理想国》477bff 和《后分析篇》作为“科学知识，科学”（scientific knowledge，science）一意的出处。参看 *epistêmê*，A.II.2。

〔3〕亚里士多德有时粗略地使用 *epistêmê*（例如《尼各马可伦理学》1138b27），但较严格意义上的 *epistêmai* 只包括当代科学的一部分：数学是，医学则不是。

〔4〕关于对斯宾诺莎、莱布尼兹和笛卡尔的这种解读的引用和辩护，参看 Carriero，2013。其中也有一段关于他们如何延续亚里士多德的 *epistêmê* 的简短评论。

〔5〕关于这种看法近年来的一个辩护，参看 Wolterstorff，1996：220-221：“中世纪学者和柏拉图对 *epistêmê* 的理解是一致的”，因为在《理想国》中 *epistêmê* 是对“完全实在……必然、永恒、不变的事物”的掌握。

至于“*doxa*”（表象），较早的解读者更倾向于把它翻译为“意见”（opinion），有时则不是“信念”（belief），而是“显像”（seeming）。再者，根据古时就有的一个关于 *doxa* 的传统，它的含义比今日的信念概念更为有限，与感知非常相近，有时被表述为对感知表象的同意（assent），有时则是经验性认知（empirical cognition）。[1]

新近的研究也提供了不同的翻译。虽然整体倾向还是把恒知看作知识，但不少学者也认为其他解读才是正确的，例如“逻辑上必然的知识”（logically certain knowledge），[2]或“专业知识”（expertise），[3]或“理解”（understanding）——一种深刻、整体、解释性的掌握。[4]虽然几乎所有人都把表象等同于信念，但是最近也有一些新的解读：本质上有缺陷的认知，[5]或对具体对象（particular tokens）而不是普遍种类（universal types）的认知。[6]

我将在第 5 章和第 6 章更具体地讨论这些解读。我认为它们有很多正确的地方。极宽泛地讲，它们恰当地关注到了柏拉图认识论的一些重要特征，也正由于这些特征，其核心概念和当代的知识和信念的等同看起来很可疑。

---

〔1〕 Crombie，1962；Cornford，1941；Gulley，1962；Sprute，1962. 古代的观点参看阿尔基努（Alcinous）和普罗克洛（Proclus）。

〔2〕 Vlastos，1981，1985.

〔3〕 Woodruff，1990.

〔4〕 参看 Moravcsik，1979；Annas，1981；Burnyeat，1980；Nehamas，1985；Benson，2000；Schwab，2015，2016。

〔5〕 Vogt，2012. 但是她仍把 *doxa* 翻译为“信念”，而且没有彻底将二者分清。同时参看 Moss and Schwab，2019。

〔6〕 Rowett，2018.

2. 本书计划

抛弃等同观而寻找其他理论的策略存在很多问题。其他理论在解读上是否充分是有疑问的：例如，“恒知”比如今的“理解”概念更苛刻，也更具体。因此，恒知等同于知识的观点存在的问题，或许也适用于其他理论。

更根本的问题是，如果恒知和表象不同于知识和信念，那么柏拉图为什么选择它们作为他的认识论的核心概念？围绕对知识和信念的研究展开认识论的理由，我们有很多，但为什么要采取其他研究方式？例如，为什么科学或理解在柏拉图眼中如此重要？他为什么如此注重定义其中之一？他为什么认为与其相对的是信念、表象或经验性认知？

最宽泛的问题是，一旦我们认真考虑柏拉图认识论的核心概念与我们的截然不同这种可能性，摆在我们面前的任务就是重新评估他的整个研究。如果他研究的现象与我们的不同，那也许是因为他关心的是不同的问题。那样的话，认识论的发展就不像天文学一样只是对同样对象的不同理论。更类似的对比应是伦理学的发展。根据一种普遍的解读，古代伦理学提出的一系列问题与今日的不同：我们关注的是道德的正确性和要求，古代则侧重于幸福概念。对于一个回答“人该如何生活”的问题的理论，如果我们认为其侧重点是回答“怎样的行为是正确的”，这将是严重的误读；也许，当我们透过现在的滤镜来看柏拉图的认识论，我们也严重误读了它。

果真如此的话，我们需要想明白柏拉图真正关心的是什么。他是在分析当时的认识论概念吗？或是说明知识的标准以及相应的不足？[1] 抑或是引入新的认识论概念，从而以某种方式完成非认识论的哲学目标？如果柏拉图认识论的研究方式与我们的不同，我们就需要想明白，他的认识论研究到底是为了什么，关于什么。

本书中，我的目标是回答上述问题，解读柏拉图整体的认识论，及其核心概念“恒知”和“表象”。我的起点是他的认识论和我们的之间也许最大的不同：恒知属于“是者”（Being）[2]，而表象属于某种不同于，也低于“是者”的事物。

这个起点看似有悖常理。它来源于《理想国》第五卷中的一个论证。众所周知，那是个艰涩的论证，到处模棱两可，也引出很多互相矛盾的解读。甚至，根据某些解读，仅仅如我那样陈述那个观点就有误导性。[3] 那么一个自然的想法是，无论此处柏拉图的观点是什么，我们最好依据其他已确立的柏拉图认识论的观点来解读它，而不是把它当作基础。但我将论证，视其为起点有重要的文本以及哲学上的价值。一旦我们将“恒知属于‘是者’，表象则属于某种低等物”看作基础，我们所建构的恒知和表象的解读就能解释它们所有的特性，也能融合恒知和表象在柏拉图诸多对话中一直有

---

〔1〕 Pasnau（2013）对亚里士多德认识论提出了这种解读。

〔2〕【译按】众所周知，系词（希腊语“*enai*”，英语“to be”）的汉语翻译一直很棘手。译者采用“是”和“是者”，而非“存在”和“存在物”，因为作者在下文中也提到了 *enai* 和 *to on* 的诸多含义，“存在”只是其中一种，而且存在性含义在本书着重研究的柏拉图论证中并不突出。“是”和“是者”最大程度保留了希腊文本身带有的多样性和模糊性。

〔3〕 Smith（2000，2012，2019）论证，虽然 *epistêmê* 与“是者”、*doxa* 与某种低等物有特殊联系，但这种联系不是“属于”或“关于”的关系；参看 Szaif，2007。根据 Fine（1978，1990）的解读，我的表述具有误导性，因为 *epistêmê* 的对象（即真命题）和 *doxa* 的对象（真命题和假命题）并非完全分离；参看 Gosling，1968。我在第 1 章中会更详细地讨论这些解读。

的特征，还能容纳它们与当代的知识和信念概念之间的同和异。我们也能为柏拉图整体的认识论构建一种解读，这将证明，它不是我们的认识论的一个混乱、萌芽期的版本；它与我们的彻底不同，而是与柏拉图整体的哲学关切高度一致，其自身也很有说服力。

我把将会提出的论证简单总结如下。

首先，柏拉图认识论的动机是他的伦理学和形而上学的核心观点，也只有在该背景下我们才能理解他的认识论。这些观点在早期对话中显现雏形，也以复杂的形式存在于晚期对话中，但在中期对话中最有力、最成熟，也最显明。《理想国》中的“洞穴比喻”对这些观点的表达最引人瞩目：[1]

- 有两个层面的现实，它们之间的形而上学区分十分关键：一个是真正的“是者”，另一个则是某种低等、衍生的事物，后者可以被表述为显像的领域（the realm of what seems）。
- 上述形而上学区分派生出一个关键的伦理学区分：与“是者”接触就是好的生活，而安于和表象组成的低等事物接触甚至会阻碍对好的生活的渴望。

如果将上述形而上学和伦理学背景应用于认识论研究，那么最突出、最重要的区分将是**与“是者”的认知接触**和**与表象的认知接触**的区分。只有以这种方式，我们才能正确理解柏拉图高等和低

[1] 我采用柏拉图著作的标准排序方法，但并不是支持它：下文会说明，对我的目的而言，主要的区分在于两种对话，一种彻底接受了两个等级的本体论，区分可理知领域和可感知的具体事物，另一种则并非如此。

等认知种类的区分。因此，《理想国》第五卷给予我们的不是一个混乱的谜团，而是清晰表述了他的认识论的核心学说。其主要论断有：

- 在各自的本质上，恒知和表象都是对于某种特定对象的认知，因为它们各自都适应于对其独特对象的把握，它们的特性甚至都继承自各自对象（第 2 章）。[1]
- 恒知在本质上是对“是者”的把握。柏拉图认为这一点是不言自明的，也通过自己的形而上学对它进行了发展和强调：“是者”在本体论上具有优越地位，它们是真实的事物。在“两个世界”的对话中，“是者”就是理念。这既解释了恒知与当代的知识概念相似的属性，也解释了某些使它更像科学和理解概念的属性。最佳的解读是，恒知是**对终极现实的深度把握**（第 3 章到第 5 章）。
- 表象在本质上是对显像（what seems）的一种反应。这一点对柏拉图而言是不言自明的，也在形而上学上得到了强调：表象之物就是影像和外观，它们在本体论上是低等的；在“两个世界”对话中，这类事物包括生成物构成的整个可感知领域。这既解释了表象和当代信念概念的相同属性，也解释了使表象类似于经验认知的属性。最佳的解读是，**表象是停留在易接触的外观层面的认知**。因此，表象忽略了柏拉图眼中真正真实的事物，也就是不可感知的事物（第 6 章到第

〔1〕 此处的表述掩盖了 *epistêmê* 和 *doxa* 的能力（*dunameis*）和它们的活动之间的区别；对此，特别参看第 2 章。

8章）。

总结来说，就像在柏拉图看来，世界包含颜色和声音，我们有特殊的能力来各自掌握它们一样，他认为世界包含“是者”和某种低等的东西，我们具备特殊的能力来各自掌握它们。我们凭借恒知来理解“是者”，凭借表象形成对产生表象的本体低等事物的印象。这解释了恒知和表象所有的属性及其不同，以及恒知的崇高价值。

我对柏拉图认识论的解读借鉴了其他学者，我的许多论断也曾经以不同版本出现过。例如，Gerson（2009）和 White（1992）都曾强调，柏拉图的认识论深深根植于他的形而上学；我对恒知的表述与 Moline（1981）有很多共通处，也类似于将恒知看作建立在解释上的理解的解读（例如 Nehamas，1985；Schwab，2016）；我对表象的表述大体上与 Sprute（1962）和 Gulley（1962）相似；我提供的整体的图景在很大程度上要归功于康福德（尤其是 Cornford，1941）。然而，这些学者为他们的结论提供的论证中，许多是我不能同意的，有些论证也并不完善。因此，我希望提供新的基础。另外，这些解读仍然受到强烈质疑或被边缘化，甚至其中一些明显被直接忘记了。因此，本书旨在为它们提供新的、更系统的辩护，并且展示它们在柏拉图认识论的整体解读中的位置，以此来支持它们。另一个目标是更明晰地提炼出它们的意义，尤其是它们说明了，柏拉图的认识论和我们的之间的差别有多么彻底。

我的解读也将说明，柏拉图认识论的范畴与我们的截然不同，用我们自己的认识论直觉和理论来解读它们是十分危险的策略。在细致的比较后，我们也许可以得出结论，柏拉图的方式或许不同，但他的确在处理我们现在追踪的那些现象。然而，这个结论只能从对他认识论的研究得出，而不应被视作前提。（本书 5.4 和 8.4 包含简短的尝试。）

我的解读还将说明，柏拉图的认识论与当代的相当不同。他的认识论的范畴与我们的有关键的区别，这不应该令人惊讶，因为推动他的认识论研究的问题在我们看来不纯粹是认识论式的。相反，它由形而上学，最终由伦理学问题推动。柏拉图的认识论是他对人应该如何生活的整体研究的一部分。

第 1 章　柏拉图的“两个世界”认识论

如果我们不能直接假定恒知和表象就是知识和信念，那么我们应当如何确定它们的本质呢？我们该如何探知柏拉图的认识论是关于什么的？

理想的情况是，我们可以对日常语言进行哲学研究，确认那些词在柏拉图时期的含义，并将那些含义看作他的核心概念。有些学者的确采用了这个方法，好像这毫无疑问一样。[1]

求助当时的语言这个方法内容丰富，在论述我对恒知和表象的

---

〔1〕例如 Barnes；Burnyeat 认为柏拉图的 *epistêmê* 不是日常的知识，而是理解，但是 Barnes 反驳道，*epistasthai*、*epistêmê* 及其同源词“不是哲学上的新词；从荷马开始，它们就频繁出现在希腊文学中，它们也被正确翻译为了‘知道’（know）和它的同源词……柏拉图和亚里士多德在探讨 *epistêmê* 时，都没有特殊的限制或辩护；没有迹象显示他们想在一种新奇或受限的意义上使用这个术语；我们必然达成的结论是，他们都认为自己研究的是日常的知识概念”（Barnes，1980：204-205）；参看 Fine，2004。Schwab（2015）的论证试图直接反驳日常用语解读。

解读时，我也会谈到这一点。事实上，我最终将论证，柏拉图的恒知和表象，是当时这两个概念的一种版本，其特点是理论的支撑和对形而上学的强调。

然而，作为一个核心策略，从当时的用法出发难有成效。首先，在柏拉图时期，不同作者在不同语境下使用那些术语的方式相当不同。因此，如何确定这些术语在他们笔下的含义，如何确定每个术语是有统一的标准含义，还是系统性的一词多义，这本身就是一个解读难题。[1] 其次，众所周知，柏拉图愿意改变日常语言的含义，几乎到普通人无法辨认的程度：例如他在《理想国》中对正义（*dikaiosunê*）、在《高尔吉亚》中对欲想（*to boulesthai*）的讨论（466e—468d）。不论他是的确想重新定义某些词汇，还是只想针对它们的应用提出令人吃惊的理论，词汇的日常用法经常无法指导我们理解柏拉图的用法。

许多对柏拉图认识论的研究暗含另一个策略：首先列出我们自己的认识论术语库中的所有概念，包括知识和信念，还有理解、科学理解、先验知识、专业技能、意见、感知、经验认知，等等，再根据柏拉图对恒知和表象的描述，确定哪些概念最匹配。这种策略的灵感也许来源于一个假设，即它们就是能被研究的所有基本类别（因为它们是自然类或者普遍的人类构建），所以柏拉图所讨论的一定包含在列表中。这个策略有其优势，但也有很多模糊的地方：既

〔1〕这和上一条脚注引用的 Barnes 和 Fine 的结论相反。LSJ 的条目可供参考：他们给出的主标题是“对某样事物的熟知、理解和技能，例如射术”（引用的是索福克勒斯的《菲洛克特特斯》[*Philoctetes*] 1057，其中某人“具有这个 *epistêmê*”可被自然地翻译为“在这个技艺方面有技巧”；参看修昔底德、吕希亚斯和柏拉图的相关文本）。“总体来说，知识”作为第二标题出现，其中“科学知识”的副标题包含更多的引用。

然柏拉图的类别明显与我们的有一些共同点，也有一些区别，我们如何确定哪些共同点和区别是决定性的、哪些是微不足道的？它还有可能犯了时代错误；我们凭什么假设，柏拉图认识论的核心概念与我们的相同，或者他的概念被我们承认？这种策略用于理解柏拉图哲学的其他领域时也可能失败：例如，一个严肃的问题是，柏拉图美德观的核心概念 *to kalon* 是否在当代伦理学中有对应概念（好的？美丽的？高尚的？令人敬佩的？）；多数当代心理学家会否认他们所研究的任何概念与柏拉图的 *thumoeides*（灵魂中的英勇部分）相似。

因此，我们应该持开放的心态，辨认柏拉图的核心认知概念的唯一方式，就是寻找他自己的表述中统一的属性。我们应该搁置自己对他所寻求的东西的假设，只关注他实际的描述。但这项任务似乎令人头晕目眩。对恒知和表象的论断出现于许多不同语境，繁多且经常矛盾。我们如何得知哪些提供了核心概念，而非不重要或者可替代的细节？甚至，真的存在核心概念吗？

我想要说明，我们不需要特殊的创造性，但也不需要绝望。因为，在诸多论断和表述中，柏拉图非常清晰且明确地指导我们如何定义和理解认知类别。

我指的是，在《理想国》第五卷对恒知和表象的区别的著名论证中，柏拉图提供了指引。苏格拉底在此处声称，恒知和表象都是“能力”（*dunameis*；也可翻译为“才能”“力量”或“官能”），并且为定义能力提供了一个总体策略：

> 对于一个能力，我只关注这个方面：它针对什么和它的功

> 能是什么（*eph' hôi te esti kai ho apergazetai*），我以此称它们各自为一个能力。[1] 针对同一个事物、功能也一样的，我称为同一个能力，针对不同事物、功能也不同的，我称为不同的能力。(《理想国》477d)

恒知和表象都是灵魂的能力（477e）。能力间的区分只在于"它针对什么和它的功能是什么"。想知道一种能力如何与别的不同，我们应该从此处着手。

柏拉图只把这看作辨认能力的一种指导吗？还是说，这是一个更强的论断，告诉我们能力**是什么**？这样的话，柏拉图就为回答我们关于恒知和表象的问题提供了指引：若想知道各个能力是什么，就看它针对什么和功能是什么，因为我们能从中得到本质性的描述。当然，我们必须弄清楚"针对"和"功能"的含义，即恒知和表象的"功能"及其"针对"的东西。我们还需要理解，恒知和表象在何种意义上是能力，以及这种表述与（我们）更熟悉的、作为态度或状态的认知类别有什么关系。这样一来，我们至少会有一个进展的方法。

我们可以参考亚里士多德在研究灵魂的著作中提供的如何理解能力概念的指引。亚里士多德把灵魂区分为几种能力，例如营养、感知以及思考的能力。在《论灵魂》II.4 一处著名的文本中，他解释了各个能力在根本上是如何被定义的：

[1] 或译为"我以此命名各个能力"（ταύτῃ ἑκάστην αὐτῶν δύναμιν ἐκάλεσα）。

> 想要说明这些［能力］各自是什么，例如思考、感知或营养［的能力］是什么，首先必须说明的是思考和感知是什么。因为活动和行为在解释上先于能力。如果是这样，而且它们的对象也必须被首先研究，那么出于同样的理由［即它们在解释上优先］，我们必须先定义这些对象，例如营养物、可感知物和可被思考的事物。（亚里士多德，《论灵魂》415a16—22）

这与柏拉图有惊人的呼应。[1] 能力由两个东西定义。第一是活动和行为：这已经让我们想起柏拉图所说的“它们的功能”。亚里士多德在别处讲它们称为 *erga*，即成就或功能（402b9—16），这更加相似。第二是它们本体论的关联物，即存在于世界中的它们功能的载体——就像柏拉图所说的“它们针对的事物”。在第 2 章我们将会看到，亚里士多德在别处明确地将这个原则应用于认知能力：不仅是上文提到的思考能力，还包括恒知和表象的能力（《尼各马可伦理学》1139a6—12 和 1140b26—28，引用于本书 2.2）。

在两个方面，亚里士多德在《论灵魂》中的论断比《理想国》第五卷中能明确发现的更进一步。第一，他认为最终起作用的是对象，而非对象和活动共有：对象“在解释上先于”活动；第二，对象的作用（包括在衍生意义上活动的作用）明显是**定义性**的。例如，视觉能力是如此这般，原因是可视物是如此这般。这是因为亚

〔1〕对《理想国》的讨论却没有意识到这种相似性。Johasen（2012：94）注意到了这种联系，他的解读和我即将提出的论证十分一致：“亚里士多德对能力的理解受到了苏格拉底的启发。和苏格拉底一样，他认为，想要确定能力是什么的话，我们必须确定它是关于什么的。”他接着解释了亚里士多德如何理解对象的优先性，它和我在第 2 章中归于柏拉图的理论很相似。

里士多德的灵魂能力理论在根本上是基于对象的：每个灵魂能力最终都由其对象定义。

柏拉图在《理想国》第五卷中没有明确提到这些想法。然而，回看他的论证就能很容易看出，柏拉图早于亚里士多德提出了相似的论证；他们的区别只是表面的，或者非决定性的。在第 2 章中我会详细辩护这种解读，此处只简略陈述。第一，虽然他部分地根据“它们的功能”来定义能力，但他对功能的描述没有什么信息：他只是使用了名词的动词形式，就好像在说每个 *Φ*-ing 能力的功能就是 *Φ*-ing 的活动。[1] 这意味着，和亚里士多德的理论一样，对象最终承载了功能。他紧接着确认道，能力的不同意味着对象的不同。[2] 第二，虽然他没有明确说区分能力的标准是定义式的，但他在别处对能力，尤其是认知能力的讨论强烈说明这一点（参看第 2 章）。也许这就是一个例子，柏拉图暗示或没有完全确定的准则由亚里士多德言明：对象不仅区分，而且定义了能力。

能力论证也提到另一个区别：恒知是永真的（*anamartêton*），表象则是可错的（477e）。这与之前“能力只能根据对象和功能来区分”的论断很难调和。也许这是它们的功能的属性：与恒知不同，表象的功能可错，或功能的对象是可错的（参看 Cornford [1941] 对这段文本的评注）。有人也许认为，柏拉图此处的意图是找到各个能力根本的、赋予本质的属性。然而，需要注意的是，提出这些属性的人是格劳孔，它们被当作**证据**，证明这两种能力是不

---

〔1〕 表象（*doxa*）就是形成表象（*doxazein*）的能力（477e），恒知（*epistêmê*）就是知道（*gnônai*；这与 *gnôsis* 同源，后者在此文本中与 *epistêmê* 的意思相同）的能力（478a）。

〔2〕 478a—b，引用于本书 2.1。

同的。至少与这一点相容的是，这些属性解释了而非构成了能力的本质。接下来几章我将论证，这正是柏拉图的观点：表象和恒知各自都最终由它们的对象定义；恒知是永真的，**因为**它的对象是“是者”；表象是可错的，**因为**其对象是本体论的低等物。

如果《理想国》真的先于亚里士多德，提出了和后者的基于对象的灵魂哲学相似的论证，那么这个论证就蕴含着柏拉图认识论的关键。认知类别被它们本体论的相关物所定义。对于恒知最具启发性的表述是，它作为一种能力针对特殊的对象，该对象在《理想国》第五卷中被定性为“是者”(478a)。对于表象最具启发性的表述是，它作为一种能力针对特殊的对象，此处对象被定性为“‘是者’和‘非是者’之间的事物”(478d—e)。

本书计划进行一个实验：将这些表述当作理解柏拉图认识论的出发点。我将试图说明，柏拉图的认知类别的本质是由其对象决定的：事实上，不止认知能力的本质，还包括（对我们来说更熟悉的）同时出现的状态或态度，它们应该被理解为这种能力的功能或运用。我将阐明恒知和表象的对象，并借此阐明恒知和表象本身。

我承认，没有结论性的证据显示柏拉图有意选择这条路径。但我将论证，有足够的证据说明这个实验是有价值的（第1章和第2章）。如果它能提供令人信服的文本和哲学结论——我希望可以论证确实如此（第3章到第8章）——那么我们应该把这看作成功的辩护。

然而，这个实验面临一个有力的反驳。想要把《理想国》的能力论证解读为基于对象的，我们必须依赖对能力论证的一种理解，但它最近争议很大。在过去半个世纪，学者对《理想国》476e—

480a 有广泛的讨论，这个论证的几乎每个方面都存在多种解读。[1] 许多学者否认柏拉图想要根据作为对象的本体相关物，来区分表象和恒知。事实上，很多人认为这种解读在根本上问题很大，因而毫无希望。如果柏拉图并非根据对象来区分认知类别，他怎么会以这种方式定义它们？[2] 在阐述我对柏拉图认识论的解读之前，我必须说明这种方法是可行的。

本章的任务是说明，柏拉图根据对象来区分认知能力的解读是可行的。事实上，论证的压力恰恰在反对这种解读的一方。这样可以为"能力是根据对象定义的"这个更进一步的解读清除障碍。下一章将正面论证，从柏拉图能力理论的普遍理解以及认知的特殊理解来看，这正是我们应当期待柏拉图提出的观点。

1. 两个世界的争论

我们首先概述《理想国》中的能力论证。苏格拉底想要说明，只有当统治者是哲学家时，理想城市才是可能的，因为只有哲学家有恒知，而许多觉得自己有恒知的人，例如"喜爱视觉的人"（aesthetes），其实只有表象。为了证明只有哲学家才有恒知，他从以下论断开始：

（1）恒知和表象是不同的能力（477d—e）。[3]

---

〔1〕例如 Gosling，1968；Fine，1978，1990；Annas，1981；Stokes，1992；Brown，1994；Gonzalez，1996；Baltzly，1997；Butler，2007；Smith，2000，2012；Szaif，2007；Taylor，2008；Kamtekar，2009；Boylu，2011；Vogt，2012；Harte，2018。

〔2〕关于"根据对象来区分"和"根据对象来定义"之间的联系，参看第 2 节的末尾和第 2 章。

〔3〕它们相异的证据在于恒知是永真的，而表象是可错的（477e）。

（2）不同的能力“针对”（*epi*）不同的事物（478a）。

（3）恒知针对“是者”（478a）。

（4）表象针对“是者”和“非是者”之间的事物。

这些是明确的。然而，它们的解读存在巨大的争议，尤其关于“针对”的含义、“是者”的含义，以及“‘是者’和‘非是者’之间的事物”的含义。

一种解读是，“是者”指的是苏格拉底即将确认为恒知的对象的东西，也就是理念（479e）。“‘是者’和‘非是者’之间的事物”指的是苏格拉底即将确认为表象的对象的东西，即诸多美丽的事物、大的事物，等等（479a—e），也就是可感知物（*to horaton*，509d）。“针对”指的是认知能力和它将心灵指向的外在世界中的对象的关系，这些对象类似于能力的主题内容（subject matter）。因此，其余的论证应该如下理解：

（5）诸多可感知物，包括美丽事物，都介于“是者”和“非是者”之间（479c，c）。[1]

（6）理念“是”（479e）。

---

〔1〕论证的结尾明确指出了这一点：专注于视觉和声音的人只有表象，因为它们只接触“是者”和“非是者”之间的事物（479d—e）。柏拉图提到了处于“是者”和“非是者”之间的“*nomima*”（传统）（479d），这点制造了困惑。*Nomima* 经常被翻译为“信念”（belief）（参看 Shorey，1930；Fine，1990），但这会导致奇怪的结果．柏拉图说表象的对象——“是者”和“非是者”之间的东西——就是表象自身。然而在接下来的论证中，柏拉图再次使用了“*nomima*”一词，指的是哲学家统治者灌输入城市的理念的影像（484c）。最善意的解读是，能力论证中的 *nomima* 指的不是表象（*doxai*）本身，而是理念的图像，也就是表象的对象。

（7）因此，只有专注于理念的人——哲学家——才有恒知；专注于可感知领域的人具有表象（479e—480a）。

如果这个对能力论证的解读是正确的，那么柏拉图就根据本体相关物来区分认知能力。恒知只运用于理念，而表象只运用于日常的可感知物。就像我们不能看到声音或听到颜色一样，我们也不可能有对可感知物的恒知，或对理念的表象。

刚才的概述经常被称作对柏拉图认识论的“两个世界”解读，但这个术语不能体现问题的核心。几乎所有人都同意，正如“线段比喻”和“洞穴比喻”所示，《理想国》区分了两个世界：日常事物构成的感知领域，和理念构成的理知领域。“两个世界”解读和其反对者的争议在于，每个世界是否是与之联系的认知能力的唯一对象，即认知能力是否有不同的对象。[1] 因此，我把该解读称为“不同对象解读”。（我用“两个世界论”来指称存在两个不同领域的形而上学观点；“两个世界”的对话指的是提出该观点的对话。）

不同对象解读是柏拉图认识论的传统解读：我将在第 2 节中论证，在曾经超过两千年的时间里，它都是标准解读，基本上显得毫无疑问。然而，过去半个世纪里，它受到广泛质疑，甚至很多人认为它根本不值得讨论。首先，有人控诉柏拉图不应该持这个观点（例如 Cross and Woozley，1964），之后从 Gosling（1968）和 Fine（1978）开始出现了很多新的解读，他们声称柏拉图事实上并没有

〔1〕 此外，我之后会论证，一个可能的观点是恒知和表象有不同的对象，但这些对象并非处于不同的领域：它们可以是同一事物的不同方面或属性，就像日常物质客体的颜色和声音一样。

这个观点。现在，许多人认为柏拉图不可能真的想如此严格地区分恒知和表象；事实上，这个观点被看作“荒唐的”（outrageous）（Baltzly，1997：240），“至少是彻底自我矛盾的”（Smith，2012：57）。更有善意的解读是，柏拉图的想法其实更加微妙。例如：

（1）每个能力和与其相关的对象有着优先但并非唯一的关系。例如：虽然每个能力可以直接掌握它自身的对象，但也可以凭借其他能力的帮助掌握其他对象（Kamtekar，2009：142-143）；表象“自然适合”可感知物，但也可以有缺陷地掌握理念（Vogt，2012：55）；每个能力的“常规性任务”是它自身的对象，但也可以凭借这些对象的帮助认知其他事物（Harte，2018）。

（2）每个能力与其对象间的关系是唯一的，但它们只是能力的质料，**而不是**主题内容，即恒知和表象的具体功能并非是关于这些对象的；因此，能力的主题内容上存在重叠（我将此称为“内容重叠论”；参看 Smith，2000，2012，2019；对比 Szaif，2007）。[1]

（3）能力论证的结论绝不是恒知和表象有不同的本体相关物（例如理念和可感知物），而是它们与不同但重叠的命题集合相关：与恒知相关的是真命题集，而与表象相关的是真假命题的混合集（Fine，1978，1990）。

鉴于上述解读都认为表象和恒知的对象在某种程度上重叠，我

〔1〕这些观点间的区别很大。我关注的地方是它们的共性，即区分能力针对的对象，和作为表象和恒知的主题内容的对象。

们可以把它们统称为“重叠解读”。[1]

从 Fine 极具影响力的文章开始，重叠解读就是分析哲学柏拉图研究的标准解读（但是，近年来出现的几个针对单独的重叠解读的批评令人信服，不同对象论也有几个有趣的演变）。[2] 之前，这种解读几乎是从未出现的。什么原因让它现在受到如此普遍的认可？

这背后当然有基于文本的动机。如果哲学家适合统治的原因是他们有恒知，那么恒知当然应该可以应用于感知世界，告诉我们人类的哪些法律和行为是正义的。[3] 的确，苏格拉底几乎明确地说哲学家有此类事物的恒知：当哲学家从理论研究回到政治生活的洞穴里时，他们将会“知道（*gnôsesthe*）各个影像，它是什么以及它是何物的影像”(《理想国》520c；参看 506a)。[4] 还有一点经常被忽略：柏拉图把智慧（*sophia*），这个使得个体能够良好管理个人生

〔1〕 Smith 和 Szaif 的解读在“对象”的一种含义上属于“不同对象解读”，在另一个含义上属于“重叠解读”。

〔2〕 对 Fine 的全面的批评参看 Gonzalez，1996；对不同对象论的全面辩护，或者（更普遍的）只是将恒知限制于理念的观点，参看 Vlastos，1981；Kahn，1996；Gerson，2003，2009；Sedley，2007；Carpenter，2012-13；Woolf，2013；Schwab，2016。

〔3〕 根据不同对象论，和受其统治的人相比，哲学家处于“一个不同的认知世界”，因而“知识变得和寻找知识的起始动机毫无关系”(Annas，1981：194)；“柏拉图认识论的两个世界解读摧毁了柏拉图自己提出的论证……即哲学家是更好的统治者”(Smith，2000：153-154)。

〔4〕 两处文本的动词都是 *gignôskein*，它在能力论证中和 *epistêmê* 是关联词：参看 478b（引用于上文）知识的对象被描述为 *to gnôston*（可认知物）。Fine（1990）和 Smith（2000）都提供了详细论证，恒知与统治有关这一点瓦解了不同对象解读。有些文本初看起来或许能更彻底地反驳不同对象解读，但我没有看到反对不同对象解读的人将其引为证据：柏拉图好几处都提到具体物质领域的恒知，例如房屋建造（《理想国》438d）或骑乘术（《理想国》601c—d）。我怀疑，即使对反对不同对象论的学者而言，柏拉图在这些段落中对 *epistêmê* 的使用都是宽松或广泛的，等同于别处的 *technê*，与第五卷中的严格意义上的 *epistêmê* 不同。(对比亚里士多德，他偶尔也宽泛地使用 *epistêmê*，涵盖了别处与 *epistêmê* 迥然对立的 *technê*，例如《尼各马可伦理学》1138b27。)

活的德性，称为一种恒知（《理想国》443e）。如果恒知不存在实践方面的运用，那么这一点是矛盾的。相反，苏格拉底和对话人对理念明显有许多表象，因为他们对理念有思考，但否认有恒知。[1]事实上，苏格拉底几乎明确表示自己有对善的理念的表象（《理想国》506c）。[2]最后，存在一个基于文本的广泛论证，声称柏拉图在其他对话中（《美诺》和《泰阿泰德》）持重叠论：根据这种论证，如果正确的表象加上原因的解释就可变为恒知（《美诺》98a），或如果正确的表象加上说明（*logos*）等同于恒知（《泰阿泰德》201c—d），那么更毋庸置疑，恒知和表象可以共享对象。[3]

任何不同对象解读都必然面对这些严肃的质疑。我之后将论证，不同对象解读可以回应这些质疑。（简略预告：恒知为我们对感知领域的判断提供信息，但没有直接应用于它，就像在一些其他领域，理想理论［ideal theory］提供信息，但并不直接应用于该实践［本书 4.5］；同时，对理念达不到恒知的思考不是表象，而是类似于柏拉图称为“思想”［*dianoia*］的东西［7.6］。）《美诺》可以解读为接受不同对象的认识论，但不接受两个世界的形而上学，因此能力的对象紧密相连（9.3）。《泰阿泰德》是疑难性的（*aporetic*），其部分目的是强调放弃不同对象论带来的问题（10）。

---

〔1〕 特别参看 Vogt，2012。

〔2〕 阿德曼图斯让苏格拉底讲述自己关于善的 *dogma*（词源上与 *doxa* 有紧密联系）（《理想国》506b）；苏格拉底拒绝了，并非因为他不具有这种东西，而是暗示自己有，但是有缺陷：“难道你没有意识到，没有恒知的表象是完全可耻的吗？最好的表象也是盲目的。”（506c）因此没有必要讨论善“对我而言看起来是什么”（506e）。我将在 7.6 详细讨论这段文本。

〔3〕 对象的共享在《泰阿泰德》208e 尤其明显：αὐτοῦ ἐπιστήμων γεγονὼς ἔσται οὗ πρότερον ἦν δοξαστής。

但是此处我想关注另一个问题。这些对不同对象解读的质疑为什么最近才引起注意？为什么这么多人都认为它们是结论性的，要求对连接认知和对象的文本进行创造性的解读，而不是认为支持这些质疑的文本本身需要创造性解读？在过去，对于重叠论者很重要的那些文本，支持不同对象解读的学者通常直接忽略它们，或者给予这些文本与不同对象论融贯的解读，此时也没有意识到任何问题。[1]当他们确实意识到似乎和不同对象论矛盾的文本时，他们创造性地解读这些文本，让矛盾消失了。[2]现在的情况为什么如此不同？什么原因造成了哲学和解读图景的转变？

一个非常自然的假设是，对不同对象论的质疑的源头是学者们透过20世纪认识论的眼光来解读柏拉图。质疑柏拉图持不同对象认识论的主要动机是，这种观点在哲学上是毫无希望的；而它假设柏拉图的认识论和当代认识论大致同类。它具体依赖的假设是，恒知和表象类似于我们现在称作知识和信念的东西。这个假设经常明确地显现，但在这个问题的许多研究中都起作用。

---

〔1〕例如，主要的英语评注（Adam，1902；Cornford，1941；Bosanquet，1895；Jowett and Campbell，1894）都明确接受《理想国》477d—80a的不同对象解读，他们的评注也没有任何地方显示他们担心506c和520c处的这种解读。

〔2〕举例而言，当新柏拉图主义评注家注意到《斐多》中暗示的对理念的 *doxa* 时（《斐多》66b—67b，之后有所讨论），他们认为这证明 *doxa* 有多重含义：或指某种由感知而起并仅限于感知物的东西（也许就是它在所有暗示不同对象论的文本中的含义），或指从思考而来的另一种东西（也许就是此处文本的含义）(参看达马基乌斯［Damascius］和奥林匹奥多洛斯［Olympiodorus］的评注，在下文和7.6有所讨论）。当传统的解读者注意到《泰阿泰德》可能暗示有对可感知物的 *epistêmê* 时，他们认为柏拉图并非真正赞同这种分析：参看Cornford，1935，或参看公元前1世纪晚期的匿名评论家提到的解读者，他认为《泰阿泰德》说明了“恒知的对象**不是**什么”(即可感知物)：参看Sedley，1996。

当重叠论者坚持认为我们能有对可感知物的恒知时，他们经常明显地把恒知当作类似于证成的真信念（justified true belief），这个哲学家们一度认为经受了缜密分析的概念。那种状态在主题内容上涵盖面很广，当然包含可感知物。[1]例如，Fine声称，认为柏拉图不允许对可感知物的恒知是荒谬的观点，因为这意味着“没有人能有对日常事物的知识，甚至是他们正看到一个西红柿或正坐在桌旁这样的事”（1990：86）。

当重叠论者坚持认为我们可以有对理念的表象时，他们将表象理解为信念：要么是一般的信念，即当代哲学家分析为“认其为真”的状态；要么是达不到知识标准的信念，有时被称为“意见”。原则上，两种信念适用于任何主题内容。一般信念被广泛当作知识的一个必要条件，而意见也可以与知识分享同一个对象。例如，Vogt反对不同对象论，因为它意味着不存在对善的理念的表象：

> 从当代伦理学的角度或伦理生活的日常讨论的角度来看，我们明显有对善的信念……以这些信念为起点，我们或许能尝试构想一套理论解释……看起来，不能完成这项工作的伦理学理论都是错误的。令人惊讶的是，柏拉图学者一直以来都满足于将《理想国》解读为柏拉图不允许对善的信念（即不存在对善的理念的表象）。（Vogt，2012：51）

---

〔1〕当然，我们只能有对正确的事实和命题的知识。但我们也能知道所有对象的正确事实和命题。例如，我们知道独角兽不存在，也知道偶然存在的事物是偶然存在的（参看“引言”）。另外，许多怀疑论者否认存在对可感知物的知识，但我们很难认为柏拉图也是这种观点；据我所知，支持不同对象解读的学者没有人赞同这样的观点。（7.1中，我在讨论正确的表象时会更详细地谈到这一点。）

当重叠论者否认恒知和表象由对象区分时，他们想到的是不涉及主题内容的认知态度，它的区分的标准只在于证成的程度、获得的方法或其他纯粹的认识论特征。Cross 和 Woozley 批评柏拉图在能力论证中被自己的比喻误导了，从中我们可以看出重叠论者的动机：

> 没有前提理论的情况下，我们考虑**柏拉图在这里特殊关注的两个能力，知识和信念**……［我们注意到］它们的区别在于理解的方式，而理解的对象不一定有什么不同。（Cross and Woozley，1964：164）[1]

这种观点经常受到附和；例如：

> 即使在讨论［能力］论证之前，我们直觉上就感到奇怪，为什么信念的对象永远不能是知识的对象。首先，这违背了我们的直觉，我们可以先相信、再知道同一个事物，知道的过程

〔1〕 Cross 和 Woozley 不是重叠论者：他们认为柏拉图**的确**持不同对象论，但不同对象论是错误的。很明显，他们反对的动机就是 *doxa* 和 *epistêmê* 等同于知识和信念这个假设："柏拉图区分了知识和信念，也区分了……两种不同的对象，对应于这些不同的心灵状态……现在我们应该问自己，知识和信念是否真的不同；如果不同，那么柏拉图的区分方式是否令人满意。"他们对第二个问题的回答是否定的，理由是知识和信念的对象可以重叠（1964：166）。参看 Armstrong，他认为柏拉图在《理想国》中提出了一种不同对象论，并且"否认同一个事态，例如地球是圆的，可以成为不同认知态度的对象"；之后，显然根据这些认知态度就是知识和信念的假设，他论证道，那种观点的错误是"我们检验哲学论点和论证的过程中应该依赖的明确事实之一，而不应该允许哲学论点和论证怀疑它们"（Arstrong，1973：141）。

并不改变主题。（Annas，1981：194）

［根据能力论证的传统解读］，知识和信念不可能有同样的对象。但这令人困惑……直觉上，一个人知道的东西可能正是另一个人相信的东西；事实上，现代认识论认为知识蕴含信念，因为不论一个人知道什么，他也会相信它们。（Harte，2018：142）

简单来说，许多重叠解读背后都假设，柏拉图的认识论范畴与我们的一样；他的认识论也与我们的类似；尤其是，他和我们一样都意识到认知类别不能由它们的对象区分。

本章的任务就是推翻这些假设。这部分在于说明它们其实都是近年来才被提出的，因而有时代错误的风险；另一部分在于说明，自然的解读是柏拉图本人不知道这些假设，他只是提出了不同对象的认识论，没有想要解决这种认识论现在会引发的担忧。

我想论证的不是不同对象论**必然**正确，而是想说明它并不是毫无希望的，而且完全值得考虑。事实上，我认为本章提出的论证应该让不同对象解读为默认解读，只有当我们不能回应针对它的文本和哲学上的反驳时才应该被抛弃。接下来的章节中我将论证，我们可以回应那些反驳。

在论证开始前最后一点需要指出的是，我辩护不同对象论的目的，是为柏拉图认识论的基于对象的解读扫清障碍。然而，有些基于对象的理论与各种重叠解读是相容的。事实上，若干这样的解读明确地根据对象来区分或定义认知类别。例如，根据 Harte、

Kamtekar 和 Vogt 的解读，就像修枝刀由修剪枝叶定义，但其他种类的刀也能用于修剪一样，恒知可以由它与理念的关系定义，但我们也可以有对理念的表象（《理想国》353a）。[1] 根据 Smith 或 Szaif 提出的那种内容重叠论，作为能力的恒知可以由它与理念的关系定义，但它也可以实践或应用于可感知物，反之对表象也成立。事实上，只有 Fine 对能力论证的命题解读与基于对象的解读严重冲突。那么，我们为什么不能至少为温和的重叠解读留出余地，只坚持认为，恒知和表象各自和本体关联物有**某种**特殊关系，并在此基础上解释柏拉图的认识论？

我认为，有多个理由让我们依据彻底的不同对象解读来进行实验。第一，我不仅相信，而且希望能说服读者，它是阅读柏拉图的最明显的方式，也是将近两千年间的主流解读。他本人或他早先的解读者从未提出温和的重叠论所依赖的那种区分，也没有迹象显示他们注意到了更彻底的解读所带来的问题。第二，虽然基于对象的认识论的某些版本和某些重叠论是相容的，但我将在第 2 章论证，鉴于柏拉图描述的能力在整体上与对象之间的关系，以及认知类别和它们的对象有相同的属性，根据他的基于对象的认识论，每个认知类别的对象都截然不同。第三，在本书余下的部分我将试图说明，这样解读柏拉图的话，我们可以得出恒知和表象的一个可靠理论，它不仅与文本一致，而且与柏拉图整体的哲学计划一致。简言之，我认为温和重叠论优于彻底的不同对象论的唯一条件是后者不

〔1〕 Harte（2018）将这段文本引用作能力论证的背景；Vogt 明确地论证，当柏拉图说每个能力“本性上”（*pephuke*）针对其对象时（《理想国》477b），他的意思是“知识和信念在本性上的结构就适应于它们的对象”（Vogt，2012：63）。

成立，但我希望证明它能够成立。

2. 不同对象论的初步证据

两个世界的争论最近才出现。之前，学者们都认为柏拉图在《理想国》和其他相关对话中都持不同对象论（证据在第3节）。这种解读为什么当时如此流行？答案很简单：纵观《理想国》通篇以及相关对话，就柏拉图对恒知和表象的讨论而言，它是最自然、最简单，也最直接的解读。

我不指望能彻底证明这个观点，也不会尝试。这些年对不同对象论的质疑众多，也有很多新的解读策略为这些质疑提供文本支持。因此我确信，不论我提出什么新的证据，新的策略都会反驳它们。尽管如此，我们或许可以提醒自己，在我们被说服不同对象论是错误的之前，它看起来是如此明显的正确。

进一步澄清我的目标：我想要证明，在两个世界的对话，即区分理念和可感知物的对话中，柏拉图认识论的这个区分反映了形而上学的区分：高等认知限于理念，而低等认知限于可感知物。为了简洁，也为了遵循柏拉图自己最突出的术语用法，我一般用恒知指代限于理念的认知，用表象指代限于可感知物的认知。然而，如我在引言中提到的，这在两个方面是一种简化。第一，如我们即将看到的，柏拉图经常使用其他术语：他有时用“智慧”（*phronêsis*）、“判断”（*gnôsis*）、“理知”（*noêsis*）或“理解”（*noûs*）来指称限于理念的认知；有时用“相信”（*pistis*）来指称限于可感知物的认知。第二，有时他对恒知和表象的使用不用符合上述框架：例如，建筑师有构建房子的恒知（《理想国》438d）；哲学家有“真理只存在于理知领域”的表象（《斐多》66b—67b）。我将论证，这些术语不是在标准含义上被使用的，但柏拉图的核心用法也能解释它们；正如我在“引言”中所说，我的结论并非针对柏拉图对“恒知”和“表象”这两个词语的使用，[1]而实际上针对柏拉图认识论的整体计划：我想要说明他有一个普遍的计划，将高等认知和本体论的高等对象联系起来，将低等认知和本体论的低等对象联系起来，并借此区分高等认知和低等认知。我希望柏拉图的读者可以认识到，虽然他经常随意地使用术语，但词汇上的不一致不能证明他缺乏一个整体上系统且一致的观点。我的目标是证明他的确持有这种观点。现在，我们转向文本证据。

首先，如我们在开头提到的，《理想国》第五卷的一处文本广受讨论，柏拉图论证称，所有能力的区分标准是它们针对什么以及它们的功能是什么（477c—d）。[2]他无疑把这些当作独立的标准，因为他两次强调，能力不同意味着对象不同：

> “我们显然同意，恒知和表象不同？”
>
> “不同。”
>
> “所以，由于能力的对象不同，它们在本性上各自针对的（*epi*）事物也不同？”
>
> “一定如此。”
>
> ……
>
> “如果不同的能力在本性上针对不同的事物，表象和恒知

〔1〕因此，我的方法和 Fine（2016）或 Lyons（1963）处的方法非常不同。

〔2〕参看《斐德若》270d：对任何东西的定义都要看它的功能——“对（*pros*）什么事物做什么，或者承受何物的什么行为？”

> 都是能力，而且如我们所说的，它们彼此不同，那么**这意味着**，同一个事物不能既是认知的对象（*gnôston*），也是表象的对象（*doxaston*）。”（《理想国》477e—478b，强调为额外添加）

柏拉图为什么忽略了一种可能性，两种能力可以针对同样的对象，区别只在于对它做什么？[1] 最简单的解释是，根据他的理解，所谓能力就是对某种对象进行某种活动的能力，而且**只能**对该类对象进行那种活动。换句话说，柏拉图**根据对象来区分灵魂的能力**：能力和对象间存在单一对应的关系。我将在第 2 章论述并辩护这种解读，证明这正是柏拉图的理论。目前我只想指出，这是文本最直接的解读，它符合柏拉图屡次提出的论断，即能力的不同意味着对象的不同。

重叠论者找到了多个解读能力论证的方式，来弱化对象和能力间的联系。例如，能力针对（*epi*）某个对象的意思是，它最佳状态下或本质上作用于那个对象，而不是说它只能作用于该对象。[2] 或者，如 Fine 所论证的，表象和恒知针对的东西——即“是者”、介于“是者”和“非是者”之间的东西——并非完全不同：柏拉图的意思是，恒知针对的是真命题的集合，表象针对的是真假命题的共同集合。

这些解读都依赖于对能力论证的微妙处的解释：对“针对”关系的解释和对“是者”的解释。对能力论证而言，这些解读本身是否成立是一个复杂的问题：我可以看出对某些现存的对 *epi*

---

〔1〕 用 Fine 的例子来讲，就像屠宰和畜牧对动物这同一个东西做不同的事一样（1990：5）。

〔2〕 例如 Kametekar，2009；Vogt，2012；Harte，2018。

的解读的优势，但我坚定认为（也许和现在大多数人一样）对“是者”的命题式解读严重违背文本。[1]这里我不再展开讨论对这段文本的争论。第2章会详细讨论这段文本，但现在我想指出相关讨论经常忽略的一个重要问题。即使重叠论者对这段文本的解读说服了我们，他们的任务也没有完成：虽然学界争论几乎只关注这个论证，但它只是许多直觉上支持不同对象论的证据中的一例而已。

在《理想国》中，能力论证只是一个开始：柏拉图之后在著名的太阳比喻、线段比喻和洞穴比喻中详述了他的本体论和认识论区分；在此过程中，他屡次将不同的认知类别和独特的对象联系起来，而重叠论者用来解释能力论证的策略很难适用于这些论断。

首先，当柏拉图第一次回到现实和认知的等级问题时，在太阳比喻中，他提到了能力和对象间的联系，它看上去没有任何限制：[2]

> **每当**［灵魂进行思考的部分］集中在真理和“是”闪耀的事物上［即理念］的时候，它就理解并认识了这些事物，也

〔1〕Gonzalez（1996）对此有详细的论证，我在此不再重复。在我看来，最具决定性的证据是，在整个论证中，尤其是结尾处（479c—e），“是者”明显等同于理念，而“是者”和“非是者”之间的东西明显等同于可感知物。

〔2〕这段文本的目的是提供一个恒知和表象的类比：当我们的眼睛聚焦由太阳照亮的物体时，我们看得很清楚；但当眼睛转向黑暗中的物体时，我们看得不清楚。一个自然的想法是，此处我们只有一组，而非两组对象：例如，同一棵树可以是好的视野（类比恒知）或者坏的视野（类比表象）的对象。然而，我引用的文本说明，柏拉图在认识论的语境下区分两组对象。这种类比在洞穴比喻中更清晰：一组对象（雕像和影子）在本质上永远处于黑暗，它们代表了表象的对象。

显得拥有理智；[1]然而，**每当**它［集中于］混合在黑暗中的事物，即有生成和毁灭的事物时，它就只形成表象，视线也变得昏暗，使它的表象上下颠簸变化。[2]（508d，强调为额外添加）

之前提到的解读策略弱化《理想国》第五卷中的“针对”概念，认为它只是一个规范的或基本的功能，但这无法解释上文中的两个“每当”：他们必须采取一个新的策略，悍然否认柏拉图明说的东西，即**每一个**对理念的认知都是一例恒知，**每一个**对可感知物的认知都是一例表象。当然，这种策略是可能的：例如，可以提议把“集中”关系看作一种要求很高的关系；当灵魂只关注理念而没有集中在它们之上时，它就有了表象，对可感知物的恒知大体相同。我想说的不是这种策略是没有希望的，而是重叠论者必须采用各种不同的此类策略来应对不同的文本，以至于他们的策略变得非常不自然。

Fine 提出的那种基于命题的策略在这段文本上也失败了。Fine 将《理想国》第五卷中的“针对”概念解读为认知与命题间的关系，因而与不同的主题内容无关，但这段文本明确说明，恒知来源于对理念的关注，表象来源于对有生成和毁灭，即可被感知的事物的关注。不论柏拉图是否将表象和恒知看作命题态度，此处的论断是，它们的对象恰恰在本体相关物，而非命题的层面

〔1〕ἐνόησέν τε καὶ ἔγνω. 在中间的几卷中，相关的名词（*noêsis*，*gnôsis*，*gnômê*）明显是 *epistêmê* 的同义词（参看下文的引用）。如我们所见到的，在《理想国》第五卷的那段文本中，*gnôston* 是 *epistêmê* 的对象相关物。

〔2〕δοξάζει τε καὶ ἀμβλυώττει ἄνω καὶ κάτω τὰς δόξας μεταβάλλον.

上不同。事实上，在所有下文引用的文本中，表象和恒知的相关物都叫作可感知物、可理知物，或生成物（*genesis*）和“是者”（我们将会看到，这种区分明显是关于两种不同对象的：变化的事物和不变的事物）。因此，虽然命题解读一直颇具影响，我从现在开始不再讨论它。

之后是著名的线段比喻。它严格区分可视的和可理知的（*noêton*）两个领域（509d），之后将它们称作表象和恒知的对象（*doxaston* 和 *gnôston*，510a）。这预设了一个直接的等同论断：可视物等同于表象的对象；恒知的对象等同于理智而非感知能够接触的事物。

事实上，线段比喻提出了更多区分，从而加深了柏拉图持不同对象论的印象，因为现在我们有四层现实，不同的认知状态各自针对（仍是 *epi*）每一层。表象的对象有两个分段，各自对应一种表象；恒知的对象也有两个分段，各自对应一种恒知。[1]

在洞穴寓言中，这种联系甚至更加紧密：攀升的囚禁者在四个阶段的每一个都获得了更高的认知状态，**原因就是**他专注于更高的对象（尤其是 515d）。如此看来，正如我们在 508d 看到的，认知状态由其对象决定：如果你集中于可感知物，即洞穴里的事物，那么你拥有表象；如果你集中于可理知物，即洞穴外的事物，那么你

〔1〕“针对（*epi*）这四个分区，你要明白在灵魂中有四种状态（*pathêmata*）：*noêsis* 针对最高分区，*dianoia* 针对第二个；让 *pistis* 对应第三个，而 *eikasia* 针对第四个。”（511d—e）柏拉图在 534a 简要回顾了这些区分，说 *eikasia* 和 *pistis* 都是 *doxa* 的种类。他从未明确地把 *noêsis* 或 *dianoia* 称作 *epistêmê*（或 *gnôsis*）的种类，但他在 533e—4a 明显地转换了术语，把最高的分段称为 *epistêmê*（而不是 *noêsis*），并且声称 *epistêmê* 和 *dianoia* 都是 *noêsis* 的种类。

拥有恒知。在这段论述的结尾，柏拉图用一个新的论断总结了这些关系：

> 表象是关于（*peri*）生成物的，理知（*noêsis*）[1]是关于“是者”的。(《理想国》534a）

重叠论应对《理想国》第五卷中“针对”关系的策略，现在必须也应用于第七卷中的“关于”关系；然而，洞穴寓言说明，最自然的解读是把它看作一种严格的关系。

不仅如此，柏拉图在中途对最高认知状态的几处说明将它严格限制于可理知物：

> ［诸多具体的美丽、善的事物等］被看见，**但不被理解**（*noeisthai*）；相反，理念被理解，但不被看见。(507b—c，强调为额外添加）

> ……如果有人张着嘴向上看或是眯着眼睛向下看，来尝试认识可感知物，我否认他会认识到任何东西，**因为关于这类事物没有恒知**。[2](《理想国》529b—c，强调为额外添加）[3]

---

〔1〕 *noêsis* 此处指的是思想的最高层次；参看上一条脚注。

〔2〕 ἐάν τέ τις ... τῶν αἰσθητῶν τι ἐπιχειρῇ μανθάνειν，οὔτε μάθειν ἄν ποτέ φημι αὐτόν ἐπιστήμην γὰρ οὐδὲν ἔχειν τῶν τοιούτων ...

〔3〕 Schwab（2016）引用这段文本，认为它是恒知仅限于理念的强力证据。在 4.4 我会再次讨论这段文本，论证它之后几句话证实了这种解读，并且说明柏拉图对这个观点的理由。然而，有些解读认为这几句话表达的论断要弱一些：**仅仅**关注（转下页）

它们彻底否认对可感知物的恒知是可能的，而非只否认了它是规范的、自然的或最好的认知。

除了《理想国》，如果我们关注含有两个世界形而上学的其他对话——即区分“是者”和生成物的对话——柏拉图也将每个本体论领域和一个独特的认知能力联系起来，并且没有明言任何限制或辩护。《蒂迈欧》就是一个明显的例子。和《理想国》一样，此处柏拉图区分了“永远‘是’”和“永远生成变化”的事物，并且补充说：

> 前者永恒不变，被蕴含理论（*logos*）的理知（*noêsis*）掌握；后者则相反，一直生成和毁灭，从未真正地“是”，是表象的对象（*doxaston*），被不蕴含理论感知的表象掌握。(《蒂迈欧》27d—28a）

这篇对话之后提出如下区分：

> ［理念］由理知研究，而另一种……可以被感知……由表象通过感知把握。(《蒂迈欧》52a）

当然，这些论断可以被解读为只是对规范性认知的描述，但柏拉图没有提到任何例外；他明显想将不同的认知类别和不同的对象

（接上页）可感知物不能获得恒知，但在已经了解理念的情况下，我们可以有对可感知物的恒知（参看 Rowe［2012］对此处问题的评论）。

联系起来。[1]下面这处引文更加明显：

> **每当**有关于可感知物的理论，而且“异”的圈子平直运行，宣称它是整个灵魂，那么表象（*doxai*）和相信（*pisteis*）[2]就稳定而真实地出现；然而，**每当**有关于判断[3]的理论，“同”的圈子平滑地运行，并且揭示这些事物，理解和恒知就必然被实现。(《蒂迈欧》37b—c，重点为额外添加)

对可理知物的认知本质上不同于对可感知物的认知：前者运行于另一个“圈”，永远引起不同的认知状态。

《斐多》中也有证据。和《理想国》第五卷一样，稳定的理念和易变的具体可感知物形成严格对比；此处的范例也是“美”本身(《斐多》78d—e)。这里柏拉图也同样区分了对应于两种本体论领域的两种认知方式：

> 这些［具体事物］你可以触摸，或看或通过其他感官感知，但那些永远不变的［“是者”］只能通过思想的理论推

---

〔1〕事实上，上一处文本使能力与对象相连的印象更加复杂，因为它增加了第三种本体论类别和掌握它的第三种能力：地方或容器是另一个种类（*genos*），因而不能被 *noêsis* 或 *doxa* 掌握；相反，它“被一种不纯粹的理性推理不牵涉感知地掌握，也不是相信（*pistis*）的对象”（52b）。

〔2〕*pistis* 的复数。

〔3〕λογιστικόν. 此处它指的肯定是理性推理的对象，而非理性的官能（参看 Cornford，1937：95，note 3 对此的讨论），即可理知物，即之前引用的两段文本中的“是者”，也就是理念。

理[1]来掌握……那么我们是否应该认为有两种存在，一种可见而另一种不可见？(《斐多》79a—b)[2]

这表达了不同对象论。此处对比的双方不是恒知和表象，而是理论推理和感知；然而我们之后会读到，两种区分是一致的。下面一段文本与《理想国》中的太阳比喻有惊人的呼应（508d，引用于前文）：

每当灵魂利用身体来研究某物，不论是通过视觉、听觉，或是其他感官……它都被身体拖向永远变化的事物，它本身也游移不定、迷惑，像醉了一般晕眩，因为它接触了此类事物……然而，每当它通过自己研究自己，它就朝纯粹、永远"是"、不灭，且永恒不变的事物移动；由于它和它亲近类似，每当可能时它都永远和它在一起；它也停止了游移，永远停留在同样的状态，因为它一直与此类事物接触。[3]它的这种状态叫作智慧（*phronêsis*）。(《斐多》79c—d)

和《理想国》508d一样，每当灵魂专注于稳定的理念，结果就是稳定的灵魂状态（此处称其为智慧，但它明显与《理想国》中的恒知、理知或理解类似，都是对理念的认知）。**每当它专注于变**

---

〔1〕 τῷ τῆς διανοίας λογισμῷ.

〔2〕 苏格拉底接着论证了进一步的相似：灵魂类似神圣事物，都是统治者，而身体类似可感知物，都是被统治者（80a）。

〔3〕 ἅτε τοιούτων ἐφαπτομένη.

化的可感知物，通过身体，即感官（79c）研究它们，结果就是困惑且变化的灵魂状态。此处这种状态没有名称；但之后，柏拉图很快再一次区分了是否专注于可感知物的两种状态，并将专注于可感知物的状态称为表象。如果一个人的灵魂在可视物（*ta horata*，83c）中经历许多身体上的快乐和痛苦，那么他：

> 表象地觉得，身体称为真实的事物是真实的……［并且］也分享身体的表象[1]……［对比而言，哲学家的灵魂］遵循理性推理，一直和它一起，认识真实、神圣，且不可表象（*adoxaston*）的事物，被它滋养。(《斐多》83d—84a）

对可感知物的专注带来表象，而且永远不能带来更高的认知状态，因为可感知物迷惑灵魂。对理念的专注带来智慧，而且永远不能带来表象，因为理念不可表象，也就是说，它不可能是表象的对象。[2]这彻底、明确地表达了不同对象论。另外，提出这个理论的几段文本明显与《理想国》第五卷相呼应，这促使我们认为柏拉图在那里也持相同观点。恒知是对理念的认知，而表象是对可感知物的认知。(值得注意的是，柏拉图在《斐多》中强调了感知在表象中的作用，这与其他的两个世界对话相呼应：在《理想国》中，表象作为"喜爱视觉和听觉的人"的思维模式被引入；之后，柏拉

〔1〕δοξάζουσαν ταῦτα ἀληθῆ εἶναι ἅπερ ἂν καὶ τὸ σῶμα φῇ. ἐκ γὰρ τοῦ ὁμοδοξεῖν τῷ σώματι ...

〔2〕关于这种解读，参看 Gallop 的评注（Gallop，1975，*ad loc*）。当然，有人可以论证，柏拉图意思是对理念的论断更加受限：理念**不只是**表象的对象，**也是**恒知的对象，或者对于哲学家而言理念不是表象的对象（参看 Fine，2016）。

图把线段较低的那一段既称为可表象物［*doxaston*］，也称为可视物［509d—510a］，两个名称而可以随意替换；我们刚才看到，在《蒂迈欧》中，本体论序列的较低部分被“表象通过感知”所掌握［《蒂迈欧》52a］。）

在《斐德若》中，“真实的那种恒知”是关于“无色、无形、不可触摸、并且真实地‘是’”的事物，即理念（247c）。[1] 在《斐莱布》中，关于有生有灭的事物的技艺依赖于表象（59a），而恒知和理智是关于“‘是者’，即真正地‘是’而且永远不变的事物”的（58a；参看59c—d）。[2]

我呈现这些证据的目的不是证明不同对象论是毋庸置疑的，而是提醒读者，为什么这种解读如此长时间以来都显得这么自然。当我们读到《理想国》的能力论证、《理想国》的其余部，或者区分两个本体论领域的其他对话时，我们都发现，柏拉图始终认为认知类别和本体论类别存在一一对应关系，其中高等认知仅限于可理知物，而低等认知仅限于可感知物。支撑它的证据有力而丰富。我们即将看到，这种解读在超过两千年的时间内都是毫无疑问的。

3. 不同对象解读的简略历史

假设你在公元前4世纪学习柏拉图的认识论，方法便是阅读他的学生亚里士多德的作品。关于恒知，这是你从他那听到的：

> 柏拉图……年轻时熟知克拉底鲁和赫拉克利特的学说，所

〔1〕 ἡ γὰρ ἀχρώματός τε καὶ ἀσχημάτιστος καὶ ἀναφὴς οὐσία ὄντως οὖσα ... περὶ ἣν τὸ τῆς ἀληθοῦς ἐπιστήμης γένος.

〔2〕 本书2.3更加详细地讨论了《斐莱布》中的认知范畴。

有的可感知物都永远流动，不存在对它们的恒知，[1]之后他一直相信这些学说。(《形而上学》987a32—b1)[2]

亚里士多德明显认为，柏拉图持两个极端的观点：极端的形而上学观点是，可感知物都处于彻底的、赫拉克利特式的流变中；[3]极端的认识论观点是，没有对可感知物的恒知。无论亚里士多德所说的是否正确，他的确表达了这样的论断：柏拉图不允许对可感知物的恒知。他也没有流露出任何疑惑柏拉图怎么可能有这种观点的迹象；他直接宣称柏拉图的确如此。(对于柏拉图的表象概念，亚里士多德没有提出类似的判断，但在第4节我们会看到，他本人提出了一种不同对象认识论，认为表象仅限于它本身的领域，而当他提出此观点时，他宣称自己所讨论的是"每个人都相信"的事。)

有没有可能亚里士多德想要表达的论断更加微妙，与重叠解读其实是相容的？例如，以某种间接、衍生，或非典型的方式，存在对可感知物的恒知？或者，虽然恒知作为能力只接收理念，但对恒知的运用可以针对可感知物？但亚里士多德显然没有提到这些限定

〔1〕 ἁπάντων τῶν αἰσθητῶν ἀεὶ ῥεόντων καὶ ἐπιτσήμης περὶ αὐτῶν οὐκ οὔσης.

〔2〕 对比《形而上学》1078b12—17：提出理念的人的首要理由是他们认为可感知物"一直流动"，因此他们需要另一个事物作为恒知的对象，因为"恒知不可能是关于流动的事物的"(οὐ γὰρ εἶναι τῶν ρεόντων ἐπιστήμην)。

〔3〕 在《克拉底鲁》(439c—440d)和《泰阿泰德》(152d—160c)中，柏拉图讨论了可感知世界的极端不稳定性，但并未赞同这种观点。亚里士多德所想的可能是《理想国》及其他两个世界对话中柏拉图提出的对比，一面是可感知物的变化、矛盾的本质，另一方面是理念的永恒和稳定性(参看《理想国》479a—b，524a，529d—530b，《斐多》74b—c，79c—d，《会饮》210e—211b和《斐莱布》59a—b)。

条件。而且他的论证强烈说明一种彻底、无限制的理论：可感知物彻底是不稳定的，因而对于它们的任何想法都不可能具有恒知所要求的那种永恒的正确性。

虽然我不会全面叙述之后两千年的柏拉图研究，但对几个有影响力的解读者的概述就可以证实这种解读模式：评注家们一直认为柏拉图持不同对象论，也没有提出任何驱动重叠解读的那些想法。

假设你在罗马时期学习柏拉图的认识论，阅读西塞罗所描述的学园中的柏拉图追随者。你将会看到，理念是“恒知”（*scientia*，即 *epistêmê* 的标准拉丁语翻译）的领域，而可感知物是“可表象物”（*opinabile*，*opinio* 的对象，即 *doxa* 的标准拉丁语翻译）。[1] 这是一个直接的宣告，没有任何限定和疑问。

或者，假设你学习柏拉图认识论的方式和多个世纪间人们所采用的一样，那就是阅读公元 2 世纪通常认为是阿尔基努（Alcinous）所著的《柏拉图主义手册》（*Didaskalikos*）。[2] 你将会看到无限定的不同对象论：

> ［人类理性（*logos*）］有两个部分，一个关于可理知物，另一个关于可感知物；关于可理知物的是恒知和恒知理性，关

---

〔1〕所有的可感知物都处在永恒的流变中，“他们被称为 *opinio* 的对象（*opinabilem*）。相反，他们认为 *scientia* 只存在于理智的概念和理性推理中”（西塞罗，《学园》［*Academica*］I.31—32）；在这之前我们刚刚读到，和感官相比，心灵（*mens*）“分辨出永远纯粹、统一、如其所是的东西。他们把这叫作理念……”（I.30）。从中可以看出不同对象论：*opinio* 属于可感知物，*scientia* 属于理念。

〔2〕该作从拜占庭时期一直到 19 世纪都特别流行；关于它的影响和作者，参看 Dillon（1993）的序言和引言。

于可感知物的是表象［理性］和表象……恒知……和表象……的原则（*archai*）是理知（*noêsis*）和感知。(《柏拉图主义手册》4.2—3；参看4.7—8）

此处仍然没有任何限定或暧昧之处。也许“关于”(*peri*）可以解读得与重叠论一致，但如我们看到的，作者没有试图提出这种理论，也没有提到任何可能驱动这种理论的想法。

另外，作者对表象的理论把它限定于可感知物。表象的原则或起源（*archê*）是感知，这说明所有表象都来自感知，因而不能和纯粹的可理知物相关。紧接着，表象被定义为“记忆和感知的交织”(4.5)。这个定义在柏拉图著作中从未明确地出现，但《斐莱布》中有与之呼应的部分：表象“每次都来自记忆和感知”(《斐莱布》34a)。在《斐莱布》中，记忆已经被定义为对感知的存储，所以它本身只能关于可感知物。另外,《柏拉图主义手册》根据《泰阿泰德》(193c）中蜡块的讨论举了一个例子，为上述定义提供了依据。[1] 所以，根据《柏拉图主义手册》的定义，每一例表象都来自一例感知。事实上，表象就是基于感知的认知，因而没有对理念的表象。(有人会抗议，根据柏拉图的形而上学，对任何可感知物的表象最终都是**关于**那个可感知物对应的理念的；我在第7章回应这个观点。)

---

［1］ 当我们感知到一个由于过去的感知而记得的对象时，“我们将之前的记忆和第二个感知放在一起，然后我们内部的声音说出例如‘啊，苏格拉底！’这种话……这就是被称为‘表象’的东西”(《柏拉图主义手册》4.5)。《泰阿泰德》别的地方暗示，我们可以有对数字这种不可感知物的表象（195e—196a)，但《柏拉图主义手册》没有担心它们：作者也许直接忽略了这些例子，或者他对这些文本的解读与彻底的表象经验论一致。

假设你求助于普鲁塔克，另一个中期柏拉图主义者。你将会学到，柏拉图遵循了巴门尼德的理论，区分了不可感知的领域和可感知的领域，并认为前者是理知的对象（*noêton*），后者是表象的对象：

> 并且，柏拉图（甚至更早的苏格拉底）认为自然的一部分是可表象的（*doxaston*），另一部分是可理知的（*noêton*）。可表象的事物是游移不定的……（《驳柯洛特斯》[*Adversus Colotem*] 13）

几句之后，可表象物被等同于巴门尼德的可感知领域（*aisthêton*）。我们再一次看到，该表述没有任何限定或担忧。[1]

或者，假设你想从新柏拉图主义者那里获得启发。他们根本没有对不同对象解读产生任何质疑，而是热情地拥护它，将诸多认知类别和各自的领域联系起来，没有为重叠论留下任何余地。[2]

根据普罗克洛的解读，柏拉图认为存在多种认知（*gnôsis*），每个都“被它们的对象所定义”[3]（《〈蒂迈欧〉评注》（*In Timaeum*）

---

〔1〕普鲁塔克对柏拉图回忆论的解读强烈暗示了相同的观点（Fr. 215，Sandbach）：恒知来源于出生前与理念的接触，而感官经验给予我们的东西更低等（参看 Scott，1987）。Boys-Stones（1997）详细论证，普鲁塔克认为，自己否认感知领域的 *noêsis* 这一点遵循了柏拉图。第 4 节讨论了普鲁塔克自己的不同对象观。

〔2〕此处有一个限定：普罗提诺可能认为 *dianoia* 和 *noêsis* 都是关于理念的。我在第 7.6 处理这个特殊例子。

〔3〕διορίζων τὰς γνώσεις τοῖς γνωστοῖς.

2.249.8—9，注《蒂迈欧》27d—28a，其中提到了《理想国》；参看 2.254.24—27）。事实上，每种认知不仅只和它自身的对象有联系，而且以某种方式起源于那个对象：

> 事物（*pragmata*）分为两种，“是者”和已生成物；认知分为两种，理知和表象……认知除了起源于认知的对象，还能起源于哪里？[1]（《〈蒂迈欧〉评注》2.339.14—17）

此外，每种认知在性质上和对应的对象相似：

> 因为，我们说，相似物在任何地方都被相似物所认知：明显的，可感知物被感知、表象的对象被表象、思想的对象（*dianoêton*）被思想（*dianoia*）、理解的对象（*noêton*）被理解（*nous*）[所认知]。[2]（《普罗提诺的神学》I.15.17—20）

我将在第 2 章论证，普罗克洛正确地发现了柏拉图的“相似物被相似物认知”的理论；并且，根据柏拉图的形而上学，该理论意味着不同对象论。一个认知类别如果永远认知与自我等同的可理知物，那它必然与其相似，因而不能认知任何与其不相似的事物，例如表象的对象；反之亦然。

〔1〕 πόθεν γὰρ ἀλλαχόθεν αἱ γνώσεις，ἢ ἀπὸ τῶν γνωστῶν.

〔2〕 τῷ γὰρ ὁμοίῳ πανταχοῦ φαμὲν τὰ ὅμοια γινώσκεσθαι · τῇ μὲν αἰσθήσει δηλαδὴ τὸ αἰσθητόν，τῇ δὲ δόξῃ τὸ δοξαστόν，τῇ δὲ διανοίᾳ τὸ διανοητόν，τῷ δὲ νῷ τὸ νοητόν. 关于 *doxasta* 和 *aisthêta* 的区别，参看之后的正文。

普罗克洛也明确表示，每个认知能力只在作用于它独特的对象时被激活，不存在重叠。一般的认知（*kritikê*）能力是理性：

> 当它将自己导向对可理知物的沉思时，它既动用了自身，也动用了理知……当判断表象的对象时，它［除了自身外］也激活了表象……〔1〕(《〈蒂迈欧〉评注》2.255.3—12）

此外，普罗克洛和阿尔基努一样，甚至更明确地解释了各个认知类别，表明它们本质上都被限制于各自的领域。理解是对可理知物直接、非推理式的直观掌握（参看《〈蒂迈欧〉评注》2.243.18—22）。表象被明确定义为“对可感知物的认知”(《〈蒂迈欧〉评注》2.249.2—3 对《蒂迈欧》28a 的评注），它的功能是辨别不同可感知物背后的整体对象：用普罗克洛的例子讲，视觉告诉我们被感知的物体是红色的，嗅觉说它是香的，等等，而通过表象这种能力，我们把这些可感知属性联系起来，知道可感知的物体***是什么***，即一个苹果，“由于这个原因，柏拉图把表象的对象称为可感知物”(2.249.13—27)。〔2〕这完全排除了任何对可理知物的表象：表象只作用于我们能感知到的事物。(我在第 8 章再次讨论对这种对表象的描述。) 这种解读显然没有为任何版本的重叠论留下任何

---

〔1〕ὁ λόγος ... ἐπὶ μὲν τὴν τῶν νοητῶν θέαν στελλόμενος ἑαυτῷ τε χρῆται καὶ τῇ νοήσει ... τὰ δὲ δοξαστὰ κρίνων κινεῖ καὶ τὴν δόξαν. *logos* 用自身和 *dianoia* 来辨别“中性物”，用自身和 *phantasia* 来辨别 *phantasta*，用自身和感知来辨别可感知物。

〔2〕关于普罗克洛的 *doxa* 理论，参看 Lautner，2002。他顺带提道，普罗克洛认为柏拉图持彻底的不同对象观，他本人也持一种不同对象的认识论。

余地。[1]

一千年之后，在文艺复兴时期接受柏拉图主义的人那里，我们发现了基本相同的观点。斐奇诺论证道，柏拉图认为恒知只针对“永远以同样的方式保持相同的事物”，即“事物的最高原则，所有事物永恒的原因”。[2] 事实上，这是它的本质决定的：

> 那么，恒知（*scientia*）是什么？是某种理性对神圣事物的理解（*divinarum rerum certa ratione compraehensio*）。（对柏拉图《泰阿泰德》的总结，*Divini Platonis Opera Omnia*，93）

同时，表象仅限于可感知物：它是对与可理知物相反的可感知物的“整体理解”（*notionem commune*），这再一次是其本质决定的。据普罗克洛的观点，它的角色是“判断（*iudicare*）一般感觉通过五个感官感知到的事物，不只是它们像什么，而是它们是什么”（同上，92）。

---

〔1〕有没有可能新柏拉图主义者所想的是 Smith 或 Szaif 提出的那种内容重叠解读呢？回答这个问题需要非常细致的研究，但我倾向于否定的答案。在阅读他们对困扰当代学者的那些文本的详细、完整而且好学的评注时，我们看不到任何那些担忧的迹象。参看普罗克洛对《蒂迈欧》27d—28a 的长篇评注（《〈蒂迈欧〉评注》2.240—264）；上文我引用了《蒂迈欧》的这处文本，柏拉图把“是者”分配给 *nous*，把生成物分配给 *doxa*。普罗克洛问道，柏拉图是否想定义“是者”和生成物；他也借此机会表述了新柏拉图主义的理论，理智与其对象同一，感官也与其对象同一。但他完全没有展开叙述，遑论限定认知类别和形而上学种类间的关系。

〔2〕“*Habetur autem Scientia de iis quae semper eadem, et eodem modo sunt: huius modi sunt summa rerum principia, et aeternae rerum omnium rationes.*”（对柏拉图《泰阿戈》的总结，*Divini Platonis Opera Omnia*，6）

新柏拉图主义对柏拉图的解读在多个世纪里都有很大影响，它一直拥护不同对象论。让我们跳转到柏拉图研究的另一个关键时期，19 世纪和 20 世纪早期丰富的德语研究。这里，我们的确发现一个驱动一些当代重叠论者的担忧：如何调和中期对话的不同对象论，和《美诺》中表象和恒知有共同的对象的暗示。[1] 尽管如此，我们仍然看到，普遍的观点是中期对话的确支持不同对象论。例如，这是 Zeller 对《蒂迈欧》的评注：

> [柏拉图同意巴门尼德的观点，] 我们只有对这样的“是者”的知识……因此，思想的对象必然和表象的对象（dem Vorgestellten，即 *doxaston*）截然不同，正如思想和表象截然不同一样（der Vorstellung，即 *doxa*）。（Zeller，1920: 152）

最后，假设你学习柏拉图的方式是阅读英语世界在 19 世纪晚期和 20 世纪早期繁荣的评注和讨论。你将会看到对不同对象论彻底、无限定的陈述。下文中，Cornford 首先用“两个世界”来描述《理想国》中的形而上学，之后没有任何辩护就转向了相应的认识论：

> 与两个世界相对应，心灵有两个能力：对真实事物的知识（knowledge）和对表象的信念（belief）……根据定义，知识

〔1〕因为对某物正确的 *doxa* 一旦固定下来就变成 *epistêmê*，可能也是关于同一事物的（98a）。在第 9 章中，我讨论了这段文本，并且尝试调和它和不同对象解读。

> 针对的是独特、不变的对象……“表象”及其同源词指的是我们对任何“显像事物”(anything that seems)的理解：……显得**存在**的事物、感官表象、现象[而且只有这些，即 *doxa* 并不掌握理念]。(Cornford，1941：180—181)

Adam 对能力论证的评论在那个时期也很典型：

> 理念(εἴδη)为知识而非意见提供对象，它们自身也是知识的对象。(Adam，1902，对 476a 的评论)

他没有补充说，理念可以在间接或衍生的意义上成为意见的对象，也没有说可感知物可以在某种意义上成为知识的对象。而且，这一陈述十分随意：他不觉得它需要特殊的解释或理由。不仅是他，与他同时代的其他学者也没有着重提到 Fine 等人所标记的不同对象论的文本障碍：他没有提及 506c—e 明显提到的对理念的表象，也没提及 520c 对可感知物的恒知。同时代的其他评注也符合这个模式。[1] 许多评注都注意到了多种多样的文本歧义和哲学问题，但驱动重叠解读的那些问题几乎被彻底忽视了。(我只发现一处例外：Murphy [1951：123—124] 论证称必然存在对理念的表象，其论证与 Vogt [2012] 一样。)

此外，正如本节概述的其他评注一样，这些评注也提供了详细的解读，认为恒知和表象本质上是限定于特定对象的状态。我在

[1] 参看 Jowett and Cambell，1894；Bosanquet，1895；Shorey，1930。

第 5 章和第 8 章详述了其中一些解读：略言之，恒知经常被翻译为“科学知识”，学者认为它类似于对终极现实的先天知识；表象经常被翻译为“意见”，学者认为它类似于对具体可感知物的基于经验、非理论的想法。他们根本不认为柏拉图的不同对象论的含义需要辩护，而是认为它能为我们理解恒知和表象提供启发式的指导。

另一方面，假设你学习柏拉图认识论的方式是阅读 19 世纪 60 年代和 70 年代的分析哲学研究。整体上，你仍不会听到任何质疑柏拉图持不同对象观的声音。然而，你的确会看到有人质疑这个观点的可行性。Crombie 在 1962 年讨论了学者间的分歧，柏拉图是否有充足的理由支撑不同对象论，争论的各方学者是否都认为他的确持这种观点（2：34）。学者们开始觉得这个观点是有问题的。

自此以后，对熟悉的文本的创新解读有了基础，他们认为柏拉图其实不支持不同对象论（Gosling，1968；Fine，1978）。到了 1997 年，有些论文可以声称不同对象论是“荒唐的”（outrageous）（Baltzly，1997：240）。

因此，虽然对不同对象解读的质疑如今十分普遍，但它其实是很晚近的现象。为什么不同对象论从 20 世纪中期开始受到如此多的质疑？我在上文中已经提出了一个解释：我们当代的认识论是重叠式的。其重要概念，知识和信念，并非由对象区分。我们因此将自己的认识论观点代入柏拉图哲学中。

为了证实这一解释，我们需要认识到，认识论中的重叠论整体上是很现代的创新。更早的学者毫无疑问地认为柏拉图持不同对象论，至少部分因为这种观点对他们而言完全合理且熟知（我在第 4 节论证这一点）。

4. 柏拉图之外的不同对象论

根据一种流行的解读，巴门尼德的认识论是不同对象式的——与我将在本书中归于柏拉图的认识论非常相似。主要的认知类别有两个，理解和表象。理解针对的是真理或“是者”；表象针对的事物非常不同，是大多数普通人所关注的领域，仅仅是显像（*ta dokounta*，B1.32）。[1]

我们在柏拉图的学生亚里士多德那里看到了更明确的不同对象论：

> 恒知的对象（*to epistêton*）和恒知与表象的对象（*to doxaston*）和表象不同，因为恒知是普遍且必然的……而表象针对的事物可真可假，也能够变化。(《后分析篇》88b30—89a3）

> 我们确定，灵魂中有两个部分拥有理性，其一我们用来沉思始因不变的事物，另一个我们用来沉思[始因]可变的事物：因为根据事物的不同种类，对应的灵魂的部分也有不同种类，因为各部分的认知的原因是某种相似性或亲缘关系。我们把其中一个称为能够有恒知的部分（*epistêmonikon*），另一个称为能够理性推理的部分（*logistikon*）……[第二个部分也被称为]能够表象的部分（*doxastikon*），因为表象和实践智慧（*phronêsi*）都是关于可变事物的。(《尼各马可伦

[1] 参看 Cornford，1933 和 Palmer，1999。第 8 章讨论并且辩护了对巴门尼德 *doxa* 的这种解读。

理学》1139a6—12；1140b26—28）

据《尼各马可伦理学》中的文本，世界上存在两种不同种类的事物，它们是不同能力沉思的对象。必然如其所是的事物（例如普遍事物、本质或神）是负责恒知的那部分灵魂沉思的对象。偶然如其所是并且可变的事物（特殊事物、偶然属性）是另一部分灵魂，即负责表象的灵魂沉思的对象。这看起来是坚定的不同对象论：亚里士多德区分了两种对象，而非（比如说）两种命题；可以证实这一点的是，亚里士多德后来把可变事物重新描述为可以做或制作的事物，把不变的事物重新描述为永恒、没有生成也没有毁灭的事物。[1] 如何解读《后分析篇》中的论断则没有那么明了：此处区分的也许是两种命题（必然命题和偶然命题），而非两种对象。[2] 然而，即使如此，亚里士多德的形而上学也意味着，恒知只和特定种类的对象相关，那就是实质、必然的真命题针对的对象，例如本质和普遍事物。[3]

因此，虽然学者们不愿意承认柏拉图持不同对象论，但亚里士

---

〔1〕“每个人都相信，我们知道的事物（ἐπιστάμεθα）是不变的……因此，恒知的对象（ἐπιστητόν）是必然的。因此，它是永恒的，因为绝对必然的事物都是永恒的。而且，永恒的事物都没有生成也没有毁灭。”（《尼各马可伦理学》1139b20—24）“可变的事物中，既有可以制作，也有可以做的事物（ποιητὸν καὶ πρακτόν）。”（《尼各马可伦理学》1140a1—2）

〔2〕亚里士多德接着将（非指代性的）*epistêmê* 定义为“对一个直接命题的信念（ὑπόληψις）”，将 *doxa* 定义为“对一个直接且非必然的命题的信念”（《后分析篇》88b37，89a3—4）。

〔3〕Fine 在最近的一篇论文中（Fine，2010）承认了这一点。普罗克洛对亚里士多德的解读和我的提议如出一辙：*epistêmê* 的对象是事物中稳定且不变的本质，*doxa* 的对象是变化的具体属性（《柏拉图〈理想国〉评注》[*In* Rem Publicam] 1.260.29—264.20）。

多德明确提出了一种不同对象论。他还告诉我们，这种理论被广泛接受：[1]

> 没有人认为，当他们认为某物不可变时，他们可以有表象（*doxazein*），而是认为有恒知（*epistasthai*）。（《后分析篇》89a6—8）[2]

> 所有人都相信，恒知的对象不可能变化。（《尼各马可伦理学》1139b19—21）

> 许多人否认存在对可感知物的恒知。（《论题篇》114a23）

既然对柏拉图有“两个世界”的争论，为什么对亚里士多德没有类似的争论？主要原因当然是他如此明确地把恒知表述为极为特定的状态，它在本质上不能和偶然的事实或真理相关。当我们从必然的始因推论出必然真理时，恒知就实现了（参看《尼各马可伦理学》VI.6 和《后分析篇》I.2）。[3] 根据这个理论，我们没有理由假设他所想的是日常的知识；同样的，我们也没有理由坚持认为，他

---

〔1〕有些学者认为，在下面的引文中，亚里士多德提到的“没有人”和“所有人”指的仅仅是柏拉图学园的成员；即使如此，这仍然能证明他认为柏拉图持此观点。但是，下文中伊索克拉底的文本支持无限定的解读。

〔2〕这个论断本身允许对必然，但某人不认为是必然的事物的 *doxai*，但刚刚引用的文本把这个可能性也排除了。

〔3〕亚里士多德的确经常在较宽泛的意义上使用 *epistêmê* 一词；例如，类似医学的典型技艺也算作 *epistêmê*：参看《尼各马可伦理学》1138b26—32。

肯定想要允许针对可感知物的恒知。(他对表象的理论没有那么清晰，研究也较少；但是，他将表象归为 *hupolêpsis* [信念、判断] 这个更宽泛的类的一种，而 *hupolêpsis* 与 belief 明显有许多共同点，这也许说明他的表象概念不一定承担信念的角色，解读者们也因此更倾向于把它理解为某种更具体的状态。)[1]

至于亚里士多德说不同对象论被广泛接受，我们有一些独立的证据。让我们关注与柏拉图同时代的伊索克拉底的一个论证。对于政治事务或任何实践问题（“我们应该做什么或说什么”）不存在任何恒知，因为，在个体情况变化很大的领域中，能否成功取决于找到“合适的契机”(*kairos*)，因而只存在更好或更差的表象：

> 人性决定，我们不可能获得能让我们知道（*eideimen*）应该做什么或说什么的恒知；因此，在其他方面，我认为能够根据自己的表象来确定大多数情况下的最优选的人是有智慧的，我也认为能够从事能最快地获得那种智慧的研究的人是哲学家。(伊索克拉底，《言辞》[*Antidosis*] 271；cf. 184)

伊索克拉底的形而上学当然与柏拉图的不同，但他也认为恒知的领域是严格划定的，剩下的偶然的领域属于表象。然而，对伊索克拉底哲学，没有“两个世界”的争论。这不仅仅是因为他没有那么出名，而且也因为他明确地把恒知理解为一种与日常知识不同的特定状态，类似于专家知识。(他的表象概念可以说也和日常信念

[1] 参看 Moss and Schwab，2019。

不同：它指的是成熟的理论。)[1]

很明显，就恒知的限制而言，亚里士多德正确地认为，他自己的不同对象论并不极端。另外，这种观点对希腊人有长时间的吸引力：我们注意到，在三个世纪之后，哈利卡纳索斯的狄奥尼索斯（Dionysius of Halicarnassis）声称从未有人定义了对合适的契机的技艺（*technê*），因为它“只能整体上被恒知掌握，表象则不能”。[2]

在自称追随柏拉图的柏拉图主义者那里，不同对象的认识论也很普遍。

第一代柏拉图主义者就已然如此。色诺克拉底是公元前 4 世纪末期柏拉图学园的首领，据说他把整个现实世界分为三种对象：恒知的对象、表象的对象和感知的对象（塞克斯都·恩披里柯，《驳博学家》[*Adversus Mathematicos*] 7.147—149）。我们没有足够的材料来了解他的观点的细节，因而无法专门排除他持一种温和的重叠论。但也没有任何材料暗示这种解读。

或者，让我们关注中期柏拉图主义者普鲁塔克。上文我们看到，他区分了不变、不可感知的可理知物（*noêton*）和变化、可感知的可表象物（*doxaston*），并声称巴门尼德和柏拉图都有这个观点（《驳柯洛特斯》13）。他在别的地方也辩护了这个观点：例如，在《论伊西斯和奥西里斯》(*De Iside et Osiride*) 383c—d，他对比了“纯粹而单一的可理知物”和“混合且多样的可表象物”。普鲁塔克学者认为，这段文本显示出彻底的不同对象论：

---

〔1〕 对 *doxa* 的这种观点，参看 Poulakos，2001。

〔2〕 οὐδ᾽ ὅλως ἐπιστήμῃ θηρατός ἐστιν ὁ καιρὸς ἀλλὰ δόξῃ，*De Compositione Verborum* 45.17.

如某位学者所说，普鲁塔克认识论的一个“基本前提”是“感知……只带来对永远变化的世界的意见（δόξα）；另一方面，真正的知识或理知仅限定于理念世界”（Sierksma-Agteres，2015；对比 Boys-Stones，1997 和 Scott，1987）。[1] 普鲁塔克提出的看上去甚至不是温和的重叠论：他没有说我们可以在一种衍生或残缺的意义上有对可感知物的理知；他说的单单是我们不可能有对可感知物的任何理知。

至于新柏拉图主义者，他们复杂而精细的认识论非常明显地想要区分最高认知类别的对象和表象的对象。普罗克洛不仅声称柏拉图在《理想国》和《蒂迈欧》中持不同对象的认识论，他本人也赞同这种观点：参看上文的引文以及《〈蒂迈欧〉评注》中对《蒂迈欧》28a 的全部讨论。[2] 普罗提诺告诉我们，“表象这个名称适用于”对可感知物的研究，而“对可理知物的恒知是真正的恒知，它从理解到理性灵魂，不思考任何可感知物”（《九章集》V.9.7；参看 VI.9.3）。[3] 至于理解本身，它不仅仅是和可理知的理念**相关**，而是与其**同一**（特别参看《九章集》V.5.8）。这种认知类别和对象间的关系不可能更具排他性了。我们已经看到，有

---

〔1〕 Boys-Stones 论证，普鲁塔克遵循柏拉图，同样认为“感觉世界在本体论上依赖于神圣领域，这意味着前者可以被当作追寻对后者的知识的‘工具’，但它本身不是真正知识的对象……感觉世界**本质**上是不可知的……［与之对比的是］神圣领域，只有这里有真正的知识”（Boys-Stones，1997：228，230）。

〔2〕 关于这一点，参看 Lautner，2002：260—261。

〔3〕 Αἱ δὲ ἐπιστῆμαι ἐν ψυχῇ λογικῇ οὖσαι αἱ μὲν τῶν αἰσθητῶν—εἰ δεῖ ἐπιστήμας τούτων λέγειν，πρέπει δὲ αὐταῖς τὸ τῆς δόξης ὄνομα—ὕστεραι τῶν πραγμάτων οὖσαι εἰκόνες εἰσὶ τούτων· τῶν δὲ νοητῶν，αἳ δὴ καὶ ὄντως ἐπιστῆμαι，παρὰ νοῦ εἰς λογικὴν ψυχὴν ἐλθοῦσαι αἰσθητὸν μὲν οὐδὲν νοοῦσι.

些重叠论者论证，柏拉图的最高认知类别在典型情况下与理念相关，但在非典型情况下和可感知物相关；或者本质上与理念相关，但在衍生或残缺的意义上和可感知物相关。但是，普罗提诺的观点不允许这种解读：任何事物，即使在非典型、衍生或残缺的意义上，也不可能与和自己之外的事物同一。因此，不可能存在对可感知物的理解。

因此，柏拉图的追随者们不仅认为他持不同对象论，他们自己也提出了类似观点。他们把现实分为不同的层级，并且与不同的认知类别联系起来。在这一点上，他们没有关注驱动重叠解读的那些担忧。

不仅如此，他们关于认知类别的特定理论和现代的知识和信念的概念相当不同。例如，在普罗提诺那里，理知或理解与可理知对象直接同一，而表象只是被动的接受（《九章集》V.5.1.63—66）。

而且，并非只有柏拉图主义者才认同这种观点。经过修改，中世纪的恒知理论延续了将最高认知类别限定于可理知物的观点；它的影响也贯穿整个现代早期：阿奎那、斯宾诺莎、莱布尼兹、洛克、笛卡尔等人在他们的哲学系统中，都明确地把最高认知类别限定于必然真理。[1] 把表象限定于可感知物的观点比较少见，但休谟明显是一个例外：他支持彻底的不同对象论，将知识限定于必然真理（即“观念间的关系”），信念仅限于另外的偶然事物（即“事实

〔1〕洛克的“感觉知识”（sensitive knowledge）概念可能是一个例外，但他对科学的观点符合上述描述。对斯宾诺莎、莱布尼兹和笛卡尔的引用以及对这种解读的辩护，参看 Carriero，2013。关于从亚里士多德到休谟的发展，参看 Morris and Brown，2001，第 5 节；关于从亚里士多德到现代早期的 *Scientia* 概念的整体进路，参看 Pasnau，2017，第 2 节。

问题”)。[1]

总结来说，根据一个悠久的哲学传统，高等的认知类别——理解（*nous*）、恒知（*epistêmê* 和 *scientia*）、科学知识（scientific knwoledge）、知识（knowledge）——与低等的认知类别——表象（*doxa* 和 *opinio*）、意见（opinion）、信念（belief）——截然不同。其中的一个核心观点是，高等认知只限定于一种特殊的对象；没有那么普遍但仍然很重要的观点是，低等认知也限定于它的对象，因此两种对象不存在重叠。

这个简略的历史回顾想说明的是，对于柏拉图的读者而言，无论是与他同时期的还是直到最近的，看到柏拉图根据对象来区分恒知和表象都是非常自然的。因此，高等和低等认知类别的对象明显重叠的观点的确在当代才盛行；那么，假设柏拉图也认同这种观点的想法就十分可疑。事实上，本节中的论证能够说明一种可能性。相比于当代对知识和信念的理解，柏拉图的恒知和表象概念与本章节调查过的一些认知状态更加相似：相比于我们的观点，柏拉图的认识论和亚里士多德或休谟的更为相似。

5. 新的出发点

直到 1960 年前后，学者们才逐渐达成共识，认为柏拉图认识论的不同对象解读存在显著的问题。在那之前，它是默认解读，通常不需要论证就被接受。许多哲学家自己也有相似的观点。之后突

---

〔1〕 关于休谟的区分（有时也被贬低地称为“休谟的分叉”），特别参看《人性论》I.iii.1。他的不同对象论也许比亚里士多德的，或者我归于柏拉图的更加微妙；分析它们之间的对比将会非常有趣。其中一点是，虽然休谟明确区分知识和信念的对象，但他对相应动词的使用非常不严格。因此问题就是，他到底允许怎样的重叠。

然发生了转变：曾经十分普遍，而且几乎被毫无疑问地归于柏拉图的观点，现在被看作有悖常规的。不同对象的认识论毫无希望的这个想法，完全是当代才有的观点；觉得柏拉图不可能持此观点的想法与历史严重不符。

我们也能找到这种转变的一个重要推动力。近年来，柏拉图认识论占主导地位的解读开始于一个假设，那就是恒知和表象和我们称作知识和信念的东西大体相同；主导解读用我们对知识和信念的观点来约束对柏拉图的解读，并因此达成结论：不同对象解读是荒谬的。可是，我们已经看到的证据说明（第 5 章和第 8 章中有更多证据），许多学者毫无疑问地接受不同对象解读，他们所使用的认知类别与当代的知识和信念概念相当不同。那么或许在两千年间，并非没有人注意到据对象来区分知识和信念的怪异；事实上，那些学者认为柏拉图研究的是别的东西。[1]

更早的解读者对柏拉图的恒知和表象的解释在正确的方向上吗？我将论证，他们在很多方面是正确的。然而，我们仍需提出一种理解柏拉图认识论的系统性策略。本章的内容说明，我们有足够的理由扭转现在处于主导的方法：我们不应该从我们自己的认识论出发，而是应该预设不同对象解读，用它指导我们对柏拉图的表象和恒知的本质的研究。这就是本书的计划。

---

〔1〕或者更准确地说，柏拉图研究的东西与现在对知识和信念的理解迥异；因此，即使它们是相同的概念，当代的直觉仍然是一种误导。请回顾“引言”中的注意事项：根据某些概念等同性的理论或某些知识和信念的理论，更早的解读者讨论的就是知识和信念，但他们的解释和现在大多数哲学家的解释非常不同；根据别的理论，他们所讨论的是别的东西。我将在 5.4 和 8.4 再次谈到这个问题。

参考文献：

J. Adam (1902), *The* Republic *of Plato*, 2 volumes, Cambridge.

J. Annas (1981), *An Introduction to Plato's* Republic, Oxford.

D. M. Armstrong (1973), *Belief, Truth and Knowledge*, Cambridge.

D. Baltzly (1997), "Knowledge and Belief in *Republic* V," *Archiv für Geschichte der Philosophie*, 79: 239–272.

J. Barnes (1980), reply to M. Burnyeat, "Socrates and the Jury: Paradoxes in Plato's Distinction between Knowledge and True Belief," *Proceedings of the Aristotelian Society*, suppl. vol.54: 193–206.

H. Benson (2000), *Socratic Wisdom: The Model of Knowledge in Plato's Early Dialogues*, New York.

B. Bosanquet (1895), *A Companion to Plato's* Republic *for English Readers*, London.

A. Boylu (2011), "The Powers Argument in Plato's *Republic*," *History of Philosophy Quarterly*, 28: 107–124.

G. Boys-Stones (1997), "Plutarch on the Probable Principle of Cold: Epistemology and the *De Primo Frigido*," *Classical Quarterly*, 47: 227–238.

L. Brown (1994), "The Verb 'to Be' in Greek Philosophy," in S. Everson ed., *Language*, Cambridge, 212–236.

M. Burnyeat (1980), "Socrates and the Jury: Paradoxes in Plato's Distinction between Knowledge and True Belief," *Proceedings of the Aristotelian Society*, suppl. vol.54: 173–191.

T. Butler (2007), "On Today's Two Worlds Interpretation: Knowledge and True Belief in Plato," *Southern Journal of Philosophy*, 45: 31–56.

A. Carpenter (2012–13), "Judging Strives to Be Knowing," in L. Brisson and N. Notomi (eds.), *Plato's* Republic: *Proceedings of the IXth Symposium Platonicum*, Sankt Augustin.

J. Carriero (2013), "Epistemology Past and Present," *Proceedings of the Aristotelian Society*, 113: 175–200.

F. M. Cornford (1937), *Plato's Cosmology: The* Timaeus *of Plato*, London.

F. M. Cornford (1941), *The* Republic *of Plato*, Oxford.

I. M. Crombie (1962), *An Examination of Plato's Doctrines*, 2 volumes, London.

R. C. Cross and A. D. Woozley (1964), *Plato's* Republic: *A Philosophical Commentary*, London.

J. Dillon trans. and ed. (1993), *Alcinous: The Handbook of Platonism*, Oxford.

S. Everson ed. (1990), *Epistemology*, Cambridge.

G. Fine (1978), "Knowledge and Belief in *Republic* V," *Archiv für Geschichte der Philosophie*, 60: 121–139.

G. Fine (1990), "Knowledge and Belief in *Republic* V–VII," in S. Everson ed., *Epistemology*, Cambridge, 85–115.

G. Fine (2004), "Knowledge and True Belief in the *Meno*," *Oxford Studies in Ancient Philosophy*, 27: 41–81.

G. Fine (2010), "Aristotle's Two Worlds: Knowledge and Belief in *Posterior Analytics* 1.33," *Proceedings of the Aristotelian Society*, 110: 323–346.

G. Fine (2016), "The 'Two Worlds' Theory in the *Phaedo*," *British Journal for the History of Philosophy*, 24: 557–572.

D. Gallop (1975), *Plato*: Phaedo, Oxford.

E. Gettier (1963), "Is Justified True Belief Knowledge?," *Analysis*, 23: 121–123.

L. P. Gerson (2003), *Knowing Persons: A Study in Plato*, Oxford.

L. P. Gerson (2009), *Ancient Epistemology*, Cambridge.

F. Gonzalez (1996), "Propositions or Objects? A Critique of Gail Fine on Knowledge and Belief in *Republic* V," *Phronesis*, 51: 245–275.

J. C. B. Gosling (1968), "*Doxa* and *Dunamis* in Plato's *Republic*," *Phronesis*, 13: 119–130.

N. Gulley (1962), *Plato's Theory of Knowledge*, London.

R. Hackforth (1945), *Plato's Examination of Pleasure: A Translation of the* Philebus, *with Introduction and Commentary*, Cambridge.

V. Harte (2018), "Knowing and Believing in *Republic* V," in V. Harte and R. Woolf eds., *Rereading Ancient Philosophy: Old Chestnuts and*

Sacred Cows, Cambridge, 141–162.

T. Johansen (2012), *The Powers of Aristotle's Soul*, Oxford.

B. Jowett (1908), *The* Republic *of Plato*, Oxford.

B. Jowett and L. Campbell (1894), *Plato's* Republic, Oxford.

C. Kahn (1996), *Plato and the Socratic Dialogue*, Cambridge.

R. Kamtekar (2009), "The Powers of Plato's Tripartite Psychology," *Proceedings of the Boston Area Colloquium in Ancient Philosophy*, 24: 127–150.

P. Lautner (2002), "The Distinction between *Phantasia* and *Doxa* in Proclus' *In Timaeum*," *Classical Quarterly*, 52: 257–269.

H. G. Liddell and R. Scott (1940), *A Greek-English Lexicon*, revised H. S. Jones, Oxford.

J. Lyons (1963), *Structural Semantics*, Oxford.

J. Moline (1981), *Plato's Theory of Understanding*, Madison, WI.

J. E. Moravcsik (1979), "Understanding and Knowledge in Plato's Philosophy," *Neue Hefte für Philosophie*, 15/16: 53–69.

W. E. Morris and C. R. Brown (2016), "David Hume," in E. N. Zalta ed., *The Stanford Encyclopedia of Philosophy* (Spring).

J. Moss and W. Schwab (2019), "The Birth of Belief," *Journal of the History of Philosophy*, 57: 1–32.

N. R. Murphy (1951), *The Interpretation of Plato's* Republic, Oxford.

A. Nehamas (1985), "Meno's Paradox and Socrates as Teacher," *Oxford Studies in Ancient Philosophy*, 3: 1–30.

J. Palmer (1999), *Plato's Reception of Parmenides*, Oxford.

R. Pasnau (2013), "Epistemology Idealized," *Mind*, 488: 987–1021.

R. Pasnau (2017), *After Certainty: A History of Our Epistemic Ideals and Illusions*, Oxford.

T. Poulakos (2001), "Isocrates' Use of *Doxa*," *Philosophy and Rhetoric*, 34: 61–78.

C. J. Rowe (2012), *Plato: The* Republic, London.

C. Rowett (2018), *Knowledge and Truth in Plato: Stepping Past the Shadow of Socrates*, Oxford.

D. Scott (1987), "Platonic Anamnesis Revisited," *Classical Quarterly*,

37: 346–366.

D. Sedley (1996), "Three Platonist Interpretations of the *Theaetetus*," in C. Gill and M. M. McCabe eds., *Form and Argument in Late Plato*, 79–103.

D. Sedley (2007), "Philosophy, the Forms, and the Art of Ruling," in G. R. F. Ferrari ed., *The Cambridge Companion to Plato's* Republic, Cambridge, 256–283.

P. Shorey (1930), *Plato*: *The* Republic, Cambridge.

W. Schwab (2015), "Explanation in Epistemology of the *Meno*," *Oxford Studies in Ancient Philosophy*, 48: 1–36.

W. Schwab (2016), "Understanding *Epistêmê* in Plato's *Republic*," *Oxford Studies in Ancient Philosophy*, 51: 41–85.

N. D. Smith (2000), "Plato on Knowledge as a Power," *Journal of the History of Philosophy*, 38: 145–168.

N. D. Smith (2012), "Plato on the Power of Ignorance," *Oxford Studies in Ancient Philosophy*, suppl. vol.: 51–73.

N. D. Smith (2019), *Summoning Knowledge in Plato's* Republic, Oxford.

B. Snell (1924), *Die Ausdrücke für den Begriff des Wissens in der vorplatonischen Philosophie*, Berlin.

M. Stokes (1992), "Plato and the Sightlovers of the *Republic*," *Apeiron*, 25: 103–132.

J. Sprute (1962), *Der Begriff der Doxa in der platonischen Philosophie*, Gottingen.

J. Szaif (2007), "*Doxa* and *Epistêmê* as Modes of Acquaintance in *Republic* V," *Etudes Platoniciennes*, 4: 253–272.

A. Taylor (1926), *Plato*, *The Man and His Work*, London.

C. C. W. Taylor (2008), "Plato's Epistemology," in G. Fine ed., *The Oxford Handbook of Plato*, Oxford, 165–190.

G. Vlastos (1981), "Degrees of Reality in Plato," in *Platonic Studies*, 2nd edition, Princeton, NJ, 73–74.

G. Vlastos (1985), "Socrates' Disavowal of Knowledge," *Philosophical Quarterly*, 35: 1–31.

K. Vogt (2012), *Belief and Truth*: *A Skeptic Reading of Plato*, Oxford.

N. White（1992），“Plato's Metaphysical Epistemology，” in R. Kraut ed.，*The Cambridge Companion to Plato*，Cambridge，277–310.

N. Wolterstorff（1996），*John Locke on the Ethics of Belief*，Cambridge，219–221.

P. Woodruff（1990），“Plato's Early Theory of Knowledge，” in S. Everson ed.，*Epistemology*，Cambridge，60–84.

R. Woolf（2013），“Plato and the Norms of Thought，” *Mind*，122：171–216.

E. Zeller（1920），*Grundriss der Geschichte der griechischen Philosophie*，Leipzig.

斯多亚主义认识论〔1〕

R. J. Hankinson〔2〕 张鹏举〔3〕 译注

〔1〕本文译自Hankinson，R. J.，“Stoic Epistemology”，in Inwood，B.（ed.），*The Cambridge Companion to the Stoics*，Cambridge：Cambridge University Press，2003，pp.59-84。本文的写作主题是介绍斯多亚派的认识论：“理解性印象”（*katalēptikē phantasia*）构成认识的标准，以此获得关于事物的知识，并由之造就“圣贤”（认识上不持有意见、行为上正确无误的理想人格），或者普通人也可借此朝着圣贤的理想境界“精进”。首先，他讨论了斯多亚派认识论的核心概念“理解性印象”，包括什么是“印象”，为什么说某种印象是“理解性的”，以及它构不构成知识的标准等问题。再者，由于斯多亚派的这一认识论概念内涵的“独断性”，学园派怀疑论予以猛烈的抨击。汉金森教授梳理了双方的正论和驳论（主要是斯多亚派的芝诺和克律西波与学园派怀疑论的阿尔克西劳和卡尔涅亚德之间的论战）。问题是，“理解性印象”能不能分有对象的“特性”（*idiōmata*），从而具有可以辨识的“特征”（*idiōma*）？同时，接受这些印象的“个体”能不能将其识别出来，并绝对不受欺骗？面对怀疑派的驳斥，斯多亚派不断地修正自己的真理观，甚至做出了某种意义上的“妥协”：“理解性印象是真理的标准，仅当对它没有阻碍（*enstēma*）时”。最后，汉金森教授考察了斯多亚派内部关于“理解性印象”的分歧，指出其要害在于斯多亚派是否在“理解性印象”之外寻求标准，甚至诉诸理性。回过头来，我们应当如何阐释他们的真理标准，是采用“符合论”，还是接受“融贯论”？无论如何，汉金森教授指出，斯多亚派和怀疑派经过漫长的论战后，二者的理论界限愈发模糊。一方面，斯多亚派在“理解性印象”上不断让步；另一方面，学园派的菲洛和安提奥库逐渐接受了斯多亚派的认识论。

〔2〕汉金森（R. J. Hankinson），著名古希腊哲学专家，得克萨斯大学奥斯汀分校哲学和古典学教授。他著有《古希腊思想中的原因和解释》（*Cause and Explanation in Ancient Greek Thought*，Oxford：Oxford University Press，2001），以及其他大量有关希腊哲学和科学问题的著述。

〔3〕张鹏举，西南大学外国哲学博士生，主要研究希腊化时代哲学。

【参考文献体例说明】

为方便读者检索，正文和注释中出现的主要古代文献（包括相关原文辑录）一律采用缩写。缩写文献名称后面的卷号一般用罗马数字标明，段落号用阿拉伯数字表明。例如，DL VII 135，即第欧根尼·拉尔修:《名哲言行录》，第 VII 卷，第 135 段，又如 SVF 2.580，即冯·阿尼姆编:《早期斯多亚派残篇》，第 2 章，第 580 段。同一文献自然空格，不同文献之间用分号。例如，DL VII 135，=SVF 2.580；Plutarch，*St. rep.* 1049f，1056c =SVF 2.937；cf. 2.931，2.1076。

主要缩写说明如下：

DL	Diogenes Laertius, *Vitae Philosophorum*（第欧根尼·拉尔修:《名哲言行录》）
LS	A. A. Long and D. N. Sedley eds., *The Hellenistic Philosophers*（A. A. 朗 和 D. N. 塞德利编:《希腊化哲学家》）
M	Sextus Epiricus, *Adversus Mathematicos*（塞克斯都·恩披里柯:《反学问家》）
PH	Sextus Epiricus, *Pyrrhoniae Hypotyposes*（塞克斯都·恩披里柯:《皮浪学说概要》）
SVF	H. von Arnim ed., *Stoicorum Veterum Fragmenta*（冯·阿尼姆编:《早期斯多亚派残篇》）
Acad.	Cicero, *Academica*（西塞罗:《论学园派》）

Ben.	Seneca, *De Beneficiis*（塞涅卡:《论恩惠》）
Col.	Plutarch, *Adversus Colotem*（普鲁塔克:《驳克罗特斯》）
Comm. not.	Plutarch, *De Communibus Notitiis Adversus Stoicos*（普鲁塔克:《论共同概念》）
Ecl.	Stobaeus, *Anthologium*（*Eclogae*）（斯托拜乌斯:《牧歌》）
Ep.	Seneca, *Ad Lucilium Epistulae Morales*（塞涅卡:《道德书简》）
Fat.	Alexander Aphrodisiensis, *De Fato*（亚历山大·阿弗罗狄塞斯:《论命运》）
Fin.	Cicero, *De Finibus Bonorum et Malorum*（西塞罗:《论目的》）
Pl.	Aëtius, *Placita*（埃提乌斯:《原则》）
Re.	Lucretius, *De Rerum Natura*（卢克莱修:《物性论》）
Sign.	Philodemus, *De Signis*（菲洛德穆:《论标记》）
St. rep.	Plutarch, *De Stoicorum Repugnatiis*（普鲁塔克:《论斯多亚派的自驳》）

斯多亚派的“圣贤”从不犯错。在他们看来，世界由天命精心安排而成，其中的“定数”等同于命运，也继而等同于宙斯的意志（DL VII 135，=SVF 2.580；*St. rep.* 1049f，1056c =SVF 2.937；cf. 2.931，2.1076）。圣贤依据它安顿自己的生活，让自己的意志与宙斯的意志同一，顺应自然而生活，从而达致生命的平和——他们孜

孜以求的“*eurhoia biou*”（DL VII 87，=SVF 3.4；*Fin.* III 31，IV 14-15，=SVF 3.15，3.13；cf. 3.4-9，3.12-16）。[1]

一目了然的是，如果圣贤不仅仅是无法造就的、标杆式的理想人物（这“如果”是一个大前提），那么斯多亚派便需要充分的理由，以强有力的认识论来支持这种设定，说明它在实践上绝无偏差，事实上亦可行。同时，即使圣贤仅被假设为理想中的人物，斯多亚派也疑惑，如此的超凡脱俗之人即道德上的觉者是否存在（*M* IX 133，=54D LS；Alexander，*Fat.* 199.16，=SVF 3.658，=61N LS）。并且，因为理想要照进现实，而不仅仅是一个遥远的期盼，那么这个理想至少可以接近；斯多亚派也确实相当重视“*prokopē*”这一概念，[2] 即道德和认知上的精进（*Ecl.* V 906.18-907.5，=SVF 3.510，=59I LS）。

话说回来，如果我们试图相信如此这般地接近理想是可能的，那么我们事实上就要相信自己能深化并完善对世界的理解，用真知取代先前的谬见。纵使这一目标与圣贤的境界相比存在差距，但这仍然需要认识论上的严格论证，以巩固那些定然会让斯多亚派遭到怀疑派诘难的种种观点。本章旨在追溯斯多亚派认识论的缘起，评估其是否可靠，并寻觅其遭受怀疑派抨击之后的发展轨迹。

努美尼（Numenius）是公元1世纪的柏拉图主义者（记载

---

〔1〕“*eurhoia biou*”（the smooth flow of life）中的“*eurhoia*”来自“*euroēo*”，即“水流顺畅”。这里比喻为生命或生活像水一般流淌，表现出一种“平和”状态。——译者注

〔2〕“*prokopē*”（progress）本义为“（在旅途中）前进”，引申为“进步、改善、成就”。斯多亚派认为，圣贤是智慧和道德的模范，在认识上必须持有“知识”，在道德上拥有完整的“德性”。相比之下，普通大众远不及他，但却可以通过不断的训练和实践“接近”圣贤。他们将这一过程称为“*prokopē*”，即“精进”。——译者注

于优西比乌斯［Eusebius］的《福音初阶》［*Preparation for the Gospel*，后写作“*Pr. ev.*”］：XIV 6.13，=68G LS），他写道：“理解性印象（*katalēptikē phantasia*）的学说及其命名，是他（芝诺［Zeno of Citium］，斯多亚派的创始人）第一个制定的，该学说在雅典备受重视。”

然而，“理解性印象”（cataleptic impression）的准确定义是什么？[1]根据第欧根尼·拉尔修（Diogenes Laertius）的说法，斯多亚派主张：

---

〔1〕我更倾向于直接移用“*katalēptikē phantasia*”中的“*katalēptikē*”，而不将其转译为其他词语。“*katalēptikē*”是由“*katalambanein*”这一动词转化而来的形容词，后者表示“把握”或“紧握”，意为印象把握真实的事物。由此，一些学者主张将该术语译为“graspable impression”（可把握的印象）。但是，这似乎误解了其蕴含的因果意义——不是我们可以把握这种印象，而是我们“凭借”它得以把握其他事物。如果要求不太严格，“grasping”（把握性）或许更好。“*katalambanein*”也指“逮捕”（apprehend），就是“逮捕罪犯”中的意思。如此一来，该术语就表示“apprehensive impression”（领会性印象）。不过，这就太不符合英语的习惯了，而且在词义上暴露出“胆怯”（poltroonery）。LS 译之为“cognitive impression”（认知性印象），但语意有些过头，带有其并未含有的“内在性”（internality）。无论如何，不管我们怎样处理，它都是一个词义丰富的术语——其多种定义都要牢记在心。确实，“impression”（印象）也许是对“*phantasia*”的过度翻译，按字面意思，它可译为“appearance”（表象），但这个术语又为现代广泛使用。【斯多亚派认识论的核心术语“*katalēptikē phantasia*”表示这样一种认识状态：它是知识的标准，因为他由存在的事物而来，并与之相符；它如此“清楚明白”以至于人们不得不予以“赞同”（一种判断），人们借由它便可认识该事物。因此，这种特殊的印象蕴含的“一体两面”的特征。一方面，这种认识过程完全是“直接的”：把握了它，也就认识了对象；另一方面，虽然人面对事物的时候是接受的一方，但人的感官能力（并非理性能力）仍参与其中。就是说，人不是被动地“捕获”这种印象，还有一些主动的意味。将“*katalēptikē phantasia*”译为“理解性印象”是一种暂时妥协之举。“理解”常与理性相联系，但该印象本质上是感性直观，这种译法便将“理解”作了宽泛的处理。至于“印象”亦不能完全传递其“一体两面”的特征，因而“表象”似乎更为恰当。但是，为了照顾本文的称谓仍将其译为“印象”。——译者注】

有两类印象，一类是理解性的，另一类是非理解性的；他们认为，理解性的印象乃事物的标准，它来自某种存在的事物，与该事物本身相符，并戳记和印刻（*enapesphragismenēn kai enapomemagmenēn*）于我们心中。[1] 非理解性的印象要么来自不存在的事物，即使来自存在的事物也不与其相符；它既不清楚（*enargēs*），也不明显。（文献 1：DL VII 46，=SVF 2.53，=40C LS；cf. DL VII 49-51，=SVF 2.52，55，61，=39A LS；*M* VII 248，=SVF 2.65，=40E LS）

因此，斯多亚派不像伊壁鸠鲁派众所周知的那样宣称所有的知觉（perceptions）都是真的（DL X 31-32，=16B LS；*Re.* IV 469-521，=16A LS；*M* VII 206-210，=16E LS），无论这观点到底意味了什么。[2] 如此，理解性的印象则满足以下条件（CI）：

CI1：它源自某种存在的对象；

CI2：它准确地复刻该对象；

[1] 这两个复合被动分词的字面含义不容忽视。“*en*”（在……中）和“*apo*”（来自，源自）作为完成式分词的前缀，该分词表示“印刻”或“戳记”，“印压”或“擦挂”。上述两个介词组合在任何情况下都表示“影响”的内在位置及其外在原因。

[2] 关于该学说的讨论及其解读，参见 A. A. Long and D. N. Sedley，*The Hellenistic Philosophers*，Cambridge：Cambridge University Press，1987，I，pp.83-86；C. C. W. Taylor，“All Perceptions are True”，in J. Barnes，M. F. Burnyeat and M. Schofield（eds.），*Doubt and Dogmatism*，Oxford：Oxford University Press，1980，pp.105-124；S. Everson，“Epicurus on the Truth of the Senses”，in S. Everson（ed.），*Epistemology. Cambridge Companions to Ancient Thought I*，Cambridge：Cambridge University Press，1990，pp.161-183。

CI3：它在感觉中“戳记和印刻”。[1]

总的说来，CI1—3表示了芝诺对“理解性印象”的第一个定义（D1）。正如CI1所示，“许多印象从不存在之物处涌现而来，例如疯子的印象，那么这些印象则是没有理解可言的”（*M* VII 249，=SVF 2.65，=40E LS）。至于CI2，“即使一些印象来自存在的事物，但是它们却是这样：不能复刻那个对象，譬如失心疯的俄瑞斯忒斯”（同上）。[2] 在CI3中，斯多亚派认为，“它精巧地戳记了对象的特性（*idiōmata*）”（同上），即“如此所示之对象的种种特有性质都被精巧地戳记下来”（*M* VII 250，=SVF 2.65，=40E

〔1〕值得强调的是，并非所有的印象都是感觉印象：一些印象的内容完全归于理智（DL VII 51，=SVF 2.61，=39A LS），例如关于“神”的概念；此外，另一些文本以条件从句的形式给予我们某种印象内容，如“如果现在是白天，太阳就没有悬在空中”（这是不具说服力的印象）；还有不可判定的印象，如“星星的总数是偶数”（*M* VII 243-244，=SVF 2.65，=39G LS）。不过，鉴于斯多亚派的经验论，感觉印象则最为重要。【塞克斯都区分了四类印象：“印象中某些是可信的，某些是不可信的，某些既可信又不可信，某些既不可信又不是不可信”（*M* VII 243）。此处的“可信的”就是“有说服力的”。——译者注】

〔2〕俄瑞斯忒斯（Orestes）以为自己的姐姐厄勒克特拉（Electra）是怂恿他向自己的母亲报仇的复仇女神，参见欧里庇得斯（Euripides）的《俄瑞斯忒斯》（*Orestes*）256-264。这一事例常用于认识论的讨论：*M* VII 244-245，VII 259，VIII 57，VIII 63，VIII 67。【俄瑞斯忒斯的母亲克吕泰涅斯特拉（Clytemnestra）为复仇杀死了自己的丈夫阿伽门农。俄瑞斯忒斯为报杀父之仇而同姐姐厄勒克特拉弑母。但是，他却因此饱受内心的折磨，以至于发疯，并受到复仇女神的纠缠。俄瑞斯忒斯后在阿波罗的指引下来到雅典，并在阿瑞斯山接受智慧女神雅典娜领导下的众神审判。其时，他因发疯而误以为厄勒克特拉是复仇女神。塞克斯都认为，他此时获得的印象是“既是真的又是假的”。“真”是指该印象确实来自真实存在的厄勒克特拉，“假”指该印象并非来自它所显现的对象，即复仇女神。问题是，这种来自真实存在的印象却会“显得不像”这个对象，竟表现出其他对象。塞克斯都便以此否认斯多亚派所谓的“理解性印象”（完全复刻了对象的印象）的存在。——译者注】

LS）——这正是一丝不苟的工匠所希望的。

不过，印象这个概念本身仍然需要进一步被阐明。CI3 以某种方式明确了印象的产生方式，并与纯粹的幻象（*phantasma*）区别开来。根据迪奥克利兹（Diocles of Magnesia）所言，幻象是"思想的虚构，类于梦中之物"（DL VII 50，=SVF 2.55，=39A［3］LS）。它也是想象（*phantastikon*）的产物，是"空洞的吸引，没有印象源头（*phantaston*）的灵魂的感受（*pathos*）"〔1〕（*Pl.* IV 12.4，=SVF 2.54，=39B LS）。因此，印象与幻象相对，它是外部对象以由之而来的适当样式印刻在感知主体中的（即满足 CI1 和 CI3）。确实，像埃提乌斯（Aëtius）说的，印象"显示自身及其产生者"。但是，当然并非所有的印象都满足 CI2，因而并非所有的印象都具有理解性。

第欧根尼给印象下了与 CI3 的含义一致的定义：

> 印刻（*tupōsis*）于灵魂上，其名大概取自印压在蜡上的印迹。（文献 2：DL VII 45；cf. VII 50，=SVF 2.55，=39A［3］LS；以及"文献 4"）

但是，该影像（image）究竟如何按字面意思那样获得，其本身在斯多亚派内部也众说纷纭。芝诺以及之后的克莱安塞

〔1〕特别注意，"*phantasia*"（impression）是"印象"或"表象"。"*phantasma*"（figment）指"幻象"，是"*phantastikon*"（imagination）即"想象"的结果。因此，后者没有所谓的"*phantaston*"（impressor）即"施加印象的源头"，是空洞的，也是虚假的。此外，"*pathos*"本义是"遭受、触动"，它常被怀疑派表示"感觉"，如 *PH* I 13，23。——译者注

（Cleanthes）就照表面的意思来解释（没有受到柏拉图《泰阿泰德篇》[*Theaetetus*：191c-195a] 中“蜡块的模型”影响的疑惑）。不过，克律西波（Chrysippus）则提出异议，其理由是一蜡块最多可以显现出一种印象。任何后续的印象都会毁坏原来的印象，并致使印象的积累变得不可能，也会有损于记忆和技艺（*technē*，斯多亚派将其定义为“连贯地操作印象的体系”：*M* I 75，II 10，VII 109 等）。由此，他青睐中立的（也不能有助于解释的）术语“更替”（*heteroiōsis*）[1]（*M* VII 230，=SVF 1.58；VII 227-230，VII 372-373，=SVF 2.56）。

然而，克律西波坚持认为，我们仍然可以明确发现获取多种印象是重要的。这是因为，斯多亚派在解释概念形成时确实将印象的积累视为重中之重：

> 斯多亚派称：人一出生便拥有自己灵魂中的中枢（*hēgemonikon*）功能，[2] 就像纸张以备书写。他在这张纸上题写（*enapographetai*）[3] 自己的每一个概念（*ennoiai*）。题写在上边的第一类概念就是由感官而来的东西。他感知到像“白色”一类的东西，当这些东西消失的时候，他存有关于它

〔1〕“*heteroiōsis*”（alteration），译为“更替”。克律西波认为，不同的印象不能同时作用于人们的灵魂，因而它们只能是“更替”，“正像空气，当许多人同时说话时，它在同一时刻接受了不可胜数的和千差万别的撞击，直接经历了诸多更替，因此灵魂的中枢在获得诸多印象时也经受了某种类似的更替”（*M* VII 231）。——译者注

〔2〕“*hēgemonikon*”，即灵魂的“中枢”“支配性原则”“统治本原”。斯多亚派认为，人的灵魂具有八种功能，即五种感官、生育、语言和“中枢”。其中，“中枢”具有支配能力，可以将其他官能联系在一起。——译者注

〔3〕再次注意“en”和“apo”的复合前缀，该词译为“由……题写于……”（writing-on-out of）。

们的记忆。并且，当许多同类记忆浮现的时候，我们说自己拥有了经验（*empeiria*），因为经验就是大量类似的印象。至于概念，有些是通过上述方式自然产生的，没有意识的参与，而另一些则是我们故意和刻意创造的。仅有后者才被称作概念，而前者被称作前识（*prolēpseis*）……[1]概念（*ennoēma*）是理智生物心灵中的影像（*phantasma*）；[2]因为当影像进入理智灵魂之时被称作概念，其获名于心灵（*nous*）。由此，进入非理智生物中的东西仅仅是影像；而那些进入我们之中，也进入神之中的东西则总体说来是影像，具体说来是概念。（文献 3：*Pl.* IV 11.1-6，=SVF 2.83，=39E LS；cf. *Acad.* II 20-22，II 30-31）

这份记载在一些方面清楚地回应了在亚里士多德的《后分析篇》(*Analytica Posteriora*) II 19 和《形而上学》(*Metaphysica*) I 1 中关于概念形成的简要解释，即知觉引起记忆，构成（人的）经验，最后幸运地形成技艺能力和知识（相较于斯多亚派将“*technē*”定义为“连贯地操作印象的体系”）。其中阐述了“前识”（伊壁鸠鲁派也大致在类似意义上使用该术语：DL X 33，=17D LS）的大体内容，赋予其清晰的概念特征。

此外，该观点继承自亚里士多德，也为经验论者所赞同

[1] “*prolēpseis*”译作“前识”，以示其与“概念”的差别；它是一种自然形成的日常经验，因而也可译为“常识”。——译者注

[2] 注意，埃提乌斯在此并未将“影像”视为虚构之物，就像他在后面的引文（*Pl.* IV 12.1-5）那样做的，或如迪奥克利兹所为：DL VII 50。

（新生儿没有柏拉图的天赋观念，有的却是洛克所谓的“白板”［*tabula rasa*］）。同时，我认为，在因果问题上也是如此。概念并非得自归纳推理的理性过程，相反，它正产生于知觉印象的适当聚集：

> 概念是一种印象，且印象就是在灵魂上的印迹……他们（即斯多亚派）将概念定义为一种积累起来的思想，将记忆定义为稳定恒常的印迹，而确定知识性的理解（*epistēmai*）具有完全不变的和坚实的性质。（文献 4：*Comm. not.* 47，1084f-1085a，=SVF 2.847，=39F LS；cf. *Acad.* I 41，=SVF 1.60-61；II 145，=SVF 1.66，=41A LS）

更进一步的概念形成机制衍生出来，同样是经验论的调式（如经验论者休谟的《人类理解论》［*Enquiry Concerning Human Understanding*］的第二部分）：

> 我们构想事物，有的依据相异关系（*periptōsis*），有的依据相同关系（*homoiotēs*），有的依据相似关系（*analogia*），有的依据替换关系（*metathesis*），有的依据构成关系（*sunthesis*），有的依据对立关系（*enantiōsis*）。[1]（文献 5：DL VII 53，=SVF 2.87，=39D LS；cf. *M* VIII 58-60）

〔1〕 这些术语对应的英文分别是“confrontation”“similarity”“analogy”“transposition”“composition”和“opposition”。——译者注

这也源自迪奥克利兹，后继的观点不过是新瓶装老酒。我们依据相异关系构想感觉对象；相同关系让我们以苏格拉底的相同的印象形成关于他的影像；相似关系则有助于我们增减印象以形成概念，也便于我们参照而直接考察相似的球体构想出地球的中心。替换关系能让我们想象"长在胸膛上的眼睛"，构成关系则让我们想出半人马兽的古怪形象，对立关系则让我们想到类似死亡的概念（DL VII 53，=SVF 2.87，=39D LS）。并且，甚至这还不胜枚举：

> 此外，一些事物依据"替换关系"（*metabasis*）被构想，如"含义"（*lekta*）和"地点"；[1] 善与恶则自然而然地构想出来（*phusikōs*）；[2] 有的依据"缺乏关系"（*sterēsis*）构想，如

---

〔1〕斯多亚派区分了"言者"（things which signify）即"语言"和"所言"（things which are signified）即"思想"或"含义"。这里似乎说，"言者"和"所言"之间是"替换关系"。——译者注

〔2〕这一点与斯多亚派的内在概念形成机制最为契合；他们的心灵中的东西就是"亲缘"（*oikeiōsis*，appropriation）的概念，即生物追求利己之物的自然而本能的驱动力：参见 Brunschwig，J.（ed.），"The Cradle Argument in Epicureanism and Stoicism"，in Schofield，M.，and G. Striker（eds.），*The Norms of Nature*：*Studies in Hellenistic Ethics*，Cambridge：Cambridge University Press/Paris：Editions de la Maison des Sciences de L'Homme，1986，pp.113-144；Hankinson，R. J.，"Natural Criteria and the Transparency of Judgment：Philo，Antiochus，and Galen on epistemological justification"，in Inwood，B.，and J. Mansfeld（eds.），*Assent and Argument*：*Studies in Cicero's Academic Books*，Leiden：Brill，1997，pp.191-192，198。【"亲缘"（*oikeiōsis*）是斯多亚派道德实践学说中的重要术语。该词本义是"从属于……，与……相关"，此处表示灵魂的"中枢"所具有一种"内驱力"，即趋利避害的本能。严格说，它指人与利益天然具有的一种亲近或接近关系。在斯多亚派看来，人之本性与世界之自然相符就是人的德性，就是"善"；反之，就是"恶"。至于既非善又非恶的"中性事物"，其中也存在与人之本性更相适宜的事物。可见，"亲缘"不仅表示与"善"同一性，也表示与某些"中性事物"的接近关系。进一步说，"圣贤"完全与"善"一致，普通民众在日常生活中便可对"中性事物"做出适宜选择，即"审慎"（*phronesis*）。——译者注】

"笨拙"。（文献 6：DL VII53，=SVF 2.87，=39D LS）

除此之外，塞克斯都将下述经验论者的座右铭归于这种概念的形成机制："每次构想（*noēsis*）要么来自知觉（*aisthēsis*），要么就没有知觉，就是说它要么来自施加感受之物，要么就没有自施加感受之物"（*M* VIII 56，=SVF 2.88），即"不在感觉之中，便不在理解之中"（*nil in intellectu quod non prius in sensibus*）。这也显然引申（或许重新解读）了亚里士多德的格言：思考要么是想象（*phantasia*），要么没有想象什么都不是（《论灵魂》[*De Anima*] I 1，403a8-9；III 7，431a16-17）；亚里士多德所谓的"想象"并非斯多亚派的某种"印象"，但比这种借用（和新解）更能切中要点。

因此，理解性印象还不能算作知识。事实上，芝诺

> 他把我刚才提到的"领悟"（comprehension，西塞罗[Cicero]借此表达希腊语的 *katalēpsis*）置于知识与无知之间，认为它既非正确也非错误，而称它仅仅是可信的。基于此，他认为感觉也是值得相信的，因为如我以上所述，他认为由感官所领悟到的东西是真的，是可靠的，这并非是由于它把握了事物的所有特性，而是它不会省略任何为它所觉察的东西；另外还因为自然赋予它作为知识的准则和起点，由之事物的概念相继在心灵上打上印记，从中不仅确立了出发点，而且还开启了发现理性真理的康庄大道。另一方面，芝诺把错误、鲁莽、无知、意见、假想，一言以蔽之，把一切有悖于坚定而

恒常赞同的东西排除于德性和智慧之外。[1]（文献7：*Acad.* I 42，=SVF 1.60，=41B LS）

他们（即斯多亚派）称有三种相互关联的事物，知识、意见，以及介于二者之间的领悟；知识是确切而坚实的领悟，不能由理性所更改；意见是虚弱的（且错误的）赞同，[2]而领悟则介乎其中，是对理解性印象的赞同。据这些人所说，理解性印象就是真的印象，如此这般而不会为假的印象。（文献8：*M* VII 150-152，=41C LS）

对理解性印象的赞同或者“领悟”并非知识，它必须更为稳固且有条理（参见上述“文献4”；芝诺将印象比作摊开的手，将赞同比作略微收缩的手掌，将领悟比作攥紧的拳头，而将知识比作另一只手紧紧地抱住这拳头：*Acad.* II 145，=SVF 1.66，=41A LS）。但是，它也好过“意见”，即他们所谓的“对不可领悟之物的赞同”（*M* VII 156），圣贤永远不会容许的不真之论（*Ecl.* II 111.18-112.8，=41G LS；并参见下面的“文献10”）。确实，正如“文献7”所示，意见和无知没有实在的界限。意见也许会是真的，仅可成真还远不够好，但至少对于那些自命不凡的人来讲，其行为也因此有了可靠的道德基础。

---

〔1〕此书相关译文均改译自［古罗马］西塞罗：《论学园派》，崔延强、张鹏举译，中国人民大学出版社2023年版。——译者注

〔2〕圆括号中的词几乎确定是抄书人的讹误：参见Maconi，H.，“Nova non philosophandi philosophia”，*Oxford Studies in Ancient Philosophy*，1998，6，p.240 n. 26；Hankinson，R. J.，*The Sceptics*，London：Routledge，1998，Ch. V，n. 13。

印象必须得到赞同，才能成为“内驱力”（这类印象包含对事物的评估）或领悟的来源。据西塞罗记载，这种强调“赞同”作用的主张为芝诺所首创：[1]

> 对于一些东西，这些东西是印象，它们按其本性由感官所获得；他补充道，心灵对印象赞同，并认为赞同归属于我们自身，且是我们自我意愿的结果。[2]（文献 9：*Acad.* I 40，=SVF 1.61，=40B LS）

理解性印象仅仅显得值得被赞同，而是否接受它有被赞同的资格则取决于心灵。

然而，这种“资格”究竟是什么？如果理解性印象是（无论如何在某些方面是；之后却在学派内部有所分歧：DL VII 54，=SVF 2.105，=40A LS）斯多亚派的真理标准，那么或许有人会觉得我们最好能意识到这确实如此。乍看起来，这并非像看上去那样，仅仅称理解性印象满足了 CI1—3 便够了，因为它要成为标准，认知者必须知道自己在认知。但是，这种保证从何而来？“文献 1”中的最后一句话表明，理解性印象具有清楚明白的特征。但这“清楚明白”并不比笛卡尔（Descartes）口中的“清楚明白”（更为人所知，也更含含糊糊，源自此处）更清楚，更明白。

---

〔1〕“赞同”在斯多亚派的实践理论中也至关重要：参见 Inwood，B.，*Ethics and Human Action in Early Stoicism*，Oxford：Oxford University Press，1985。

〔2〕汉金森对此句做了意译，实际原文是“他把这些由感官获得的印象与心灵的赞同，这种自主自愿的活动结合起来”。——译者注

怀疑论的观点便相应地提了出来：如果清楚明白是这类印象的内在特征，那么我们又有什么理由认为单凭这些现象性的特征，就从中发现了真理（即它满足了 CI1—3）？或者，要是这些表述指的是某些关于印象起源的客观的、外在的事实（它确实以适当的方式源自真实的客体），那么我们如何能识别出印象具有这些特征？在“文献 8”中的最后一句话暗示了一种可能的答案：理解性印象是如此这般以至于不会出错的（CI4）。但是，这不过是重新置换了难题：我们怎么知道 CI4 在哪种情况下得到了满足？

如此，毫不意外的是，学园派怀疑论者阿尔克西劳（Arcesilaus，约公元前 315—前 240 年）当时开辟了一道路，发展出一套摧毁大量独断信念的武器；CI4 可能是斯多亚派提出来用以对抗怀疑派抨击的第一步。

阿尔克西劳在公元前 272 年成为柏拉图学园的掌门人，但毫无疑问，他变相地使用了其前辈苏格拉底的驳论“伎俩”。虽然他试图反对任何肯定性的信条（这其实是他的策略，即主张对于任何命题 *p*，他都会论证非 *p* 成立：DL IV 37；*Index Academicus* 20.2-4；*Fin.* II 2，V 10，=68J-K LS），[1] 但是，文献表明他热衷于针对斯多亚主义，或许是因为斯多亚派提供了最富哲学意味的引人着魔的信条（我们不必接受努美尼的观点，即阿尔克西劳批判芝诺是出于嫉妒其盛名——盛名本身就足以挑起争端）。

之后两百年间，斯多亚派和学园派的哲学宿命紧密地缠绕在一

〔1〕到底是阿尔克西劳，还是之后的怀疑论学园派在承认“普遍驳斥”（如阿尔克西劳）的情况下还提出了一些肯定性的学说，我在此不纠缠于斯；我倾向于认为他们都这么做了（参见 Hankinson，1998，Chs. V & VI，及其后续篇目）。

起。克律西波（Chrysippus，约公元前280—前205年）力图辩护并恢复斯多亚派的学说，该学说曾因怀疑派的批驳而残破不堪。“若没有克律西波，斯多亚派也将不存”，这句话常挂在之后的斯多亚派嘴边（DL VII 183，=SVF 2.6）。并且，卡尔涅亚德（Carneades）采信了这种说法，还对其做了适当的调整：“如果没有克律西波，那么也没有我。”（DL IV 62）本章接下来的大部分内容试图梳理他们相互论辩，彼此依存的历史。

至于阿尔克西劳，西塞罗记载：

> （1）我们假设他会问芝诺，如果智慧之人不能理解任何东西，并且他又具备不持有任何意见的品性，这会发生什么？[1]（2）芝诺必定会说，智慧之人一定不会持有任何意见，因为存在着能被理解的东西。（3）阿尔克西劳问，这是什么？印象，他毫无疑问会这样回答。（4）那么，什么样的印象？芝诺会把它界定为一种来自其所是，并按其所是的样子压印、印刻、塑形出的印象。（5）接下来，阿尔克西劳继续问，真的印象是否会与假的一样。对此，芝诺会相当敏锐地看到，如果一个印象来自其所是，以至于还会有一个和它一样的，来自非其所是的印象，那么没有任何印象是可理解的。（6）阿尔克西劳同意对定义的这个补充，因为如果真实印象所具有的特征也为假的印象所有，那么无论印象或真或假，都无法理解了。（7）但是，他却扣住此点，进一步论证

〔1〕这里的“智慧之人”即前文提到的斯多亚派的“圣贤”。——译者注

不存在一个来自真实事物的印象会如此这般，以至于不会有一个和它一样的、来自虚假事物的印象。（文献 10：*Acad.* II 77，=SVF 1.59，=40D LS）

塞克斯都继续补充：

（1）他们继续说“这类印象不会来自非存在的事物”，因为学园派没有像斯多亚派那样设想：我们不能发现方方面面都与此印象相同的其他印象。（2）因为斯多亚派断言他们拥有理解性的印象，像能工巧匠一样抓住事物的客观差别，因为这类印象自有与其他印象不同的特征，譬如带角的蛇有与其他蛇不同的特征。（3）然而，学园派主张，我们可以找到虚假的印象，它与理解性的印象难以区分（*aparallaktos*）。（文献 11：*M* VII 252，=SVF 2.65，=40E LS；cf. *M* VII 152，VII 163，VII 248，VII 416，VII 426）

因此，遭受阿尔克西劳的诘难之后，芝诺修正了定义 D1，补充了一个新条件 CI5，即“此类印象不可能来自非存在的事物”（cf. DL VII 50），这就大致上明确了 CI4。阿尔克西劳的挑战清清楚楚：即使我们因论证之故承认有满足条件 CI1—3 的印象，对于任何满足 CI1—3 的印象 *I*，只要可能存在外观上与之不能区分的其他印象 *I′*，而后者不满足该定义（它来自其他对象，或者并不来自任何对象，仅仅是虚构），那么斯多亚派对理解性印象的定义就不能成为标准。我们只考察印象本身，绝不会知道它是否满足这些条件。[1]

西塞罗扮演学园派怀疑论者总结道：

> 有四个前提可以得出无物可理解的结论，它是本争论唯一的主题：[A](1)存在着虚假印象；(2)虚假印象是不可理解的；(3)当两个印象没有任何差别时，一个可理解一个不可理解是不可能的；(4)没有任何一个来自感觉的真实印象不伴有一个与之完全没有差别却不可理解的印象。这四点前提，每个人都承认其中(2)和(3)；伊壁鸠鲁不承认(1)，但你们(即斯多亚派)，我们当下的对手，会同意的；因此争论完全集中在(4)。(文献 12：*Acad.* II 83，=40J LS[part]；cf. II 40-41)

[A]是学园派的论证。伊壁鸠鲁派拒绝 A(1)，也进而拒绝剩下的所有论证。斯多亚派接受 A(1)—(3)，但拒绝 A(4)。不过，他们何以如此？

学园派论证 A(4)的策略是举例子：有无数的事例证明，人们受到欺骗，以为自己看到双胞胎中的这个，而事实上看到的是另一个；没有人可以分辨两个几乎相同的鸡蛋(*M* VII 409-410；*Acad.* II 20，II 5-6，II 58-59，II 84-86)。但是，如果实事就是如此，再考虑下面这种真实印象形成的特殊情况——我看见双胞胎中的一个(比如说是恺撒)，并且赞同这就是恺撒的印象(该印象的产生准确无误)。但是，我仅凭观察印象来辨识真假，这印象也很

[1] 此议题及后续议题在 Hankinson，1997，pp.168-183 有详细论述。

可能是波卢斯（这当然可能，我不知道恺撒有个一模一样的双胞胎兄弟；确实，正是在这种情况下，我可能贸然相信他就是恺撒）；因而 A（4）得以证实。正如西塞罗指出的，“没有明显的标志能将真实印象与虚假印象区分”（*Acad.* II 84；cf. II 33-34）。

斯多亚派回击：“你否认事物之间在本质上具有相似程度的差别。”（*Acad.* II 84）[1] 随之而来的便是斯多亚派的莱布尼兹式的形而上学，认为没有两个完全相同的事物（可参见 *Comm. not.* 1077c-e，=28O LS），[2] 并且设想印象亦复如是。此外，众所周知，理解性印象据说是“精巧地复现对象的特性（*idiōmata*）”的印象（*M* VII 248，250，=SVF 2.65，=40E LS）。

然则，学园派却不为所动：

> 我们姑且承认这种相似性确实不存在；但是，我们的各种印象很可能有相似之处；如此，相似性欺骗了感官——并且要是某种相似性欺骗了感官，那么一切都变得可疑起来了；这是因为，如果没有认出某人的标准，那么即使你看到的这个人确实就是你以为见到的人，你还是不会依据这种“标示”（nota）

〔1〕此处的原文是怀疑论学园派所言的“你（即斯多亚派）否认事物之间在本质上具有相似性”，而汉金森将其调整为斯多亚派的观点，即承认印象之间的差别，以此作为分辨事物的“标志”。——译者注

〔2〕其理由大致是，事物的特性决定了该事物的“身份”。因此，如果性质相同的属性在不同的时空基质中都成为事实，那么同一种事物就会存在于不同的地方了——这是荒唐的。普鲁塔克带着轻蔑的口吻称，承认不同却不可识别的东西不存在比否认引出这种结论的形而上学更难。【飞鸟有其作为的“飞鸟”的特性，游鱼亦复如是。但是，飞鸟的特性不会存在于游鱼之中。否则，飞鸟就既会在空中翱翔，又会在水里沉浮了。至于普鲁塔克的说法，“不同却不可识别的东西”指怀疑派的观点，“结论”指斯多亚派所谓的“没有两个完全相同的事物”。——译者注】

判断——你却称，我们凭此标示应该可以避开相似的虚假印象。[1]（文献 13：*Acad.* II 84，=40J LS［part］）

塞克斯都在 *M* VII 402-435 反驳了斯多亚派的"标准"，先是指明"在清晰和强烈的特征（*idiōma*）方面"，我们能发现虚假印象与真实印象没有区别，并且"在戳记和印刻上"（即它们的内部形象：在笛卡尔的语境下，它们没有差别），我们也可以发现虚假印象与真实印象没有不同。

但是，斯多亚派对此回应，理解性印象确实具有辨识真假的性质，即对象的"特性"（*idiōmata*）（*M* VII 250-251）；对象的"特性"直接引起了理解性印象相应的"特征"（*idiōma*）（*M* VII 252）。由此，理解性印象得以确立是由于它所反映之对象的本质；反过来，该对象的理解性印象也必然分有它的内容。[2]

然而，斯多亚派同其论敌之间的争议乃是两个不同的印象是否或者如何分有对象的内容。这样，更为精确的论证就变得必要了。让我们将印象视为某次发生的知觉事件——如此定义，是因为所有的印象都是"独特的"（*sui generis*），并且没有印象会重现。

〔1〕请对比"*sēmeion*"（标记），斯多亚派以之标明"非显明的"（*adēla*）的事物（与"自明的"［*prodēla*］事物相对）。这是因为，斯多亚派主张印象之间有所差异，"明显的事物"自然而然地呈现在我们面前，而"不明显的事物"则需"标记"。但是，怀疑派却反对这种区分，因为印象就其本性而言无法辨识。——译者注

〔2〕我并非认为，该印象将事物的内在本质如其所是地直接呈现到你的面前——毕竟该印象本身只再现那些"触碰到"它的东西。但是，因为这些东西【即"对象的内容"——译者注】就是那些事物，所以它们呈现了事物的本质。例如，由于事物的本质的个性【即"特性"——译者注】，它对斯多亚派而言就会以印象的形式展现出唯一的现象。【请注意，对象的"*idiōmata*"译为"特性"，即特有的性质；印象的"*idiōma*"译为"特征"，即对"特性"的表征。——译者注】

不过，同类的印象一定会重现——此学派的内部争端就是这种重现如何以及在何种情况下发生。现在，我们认为印象 *I* 的“自有内容”即 *C1* 具有复现的结构。[1] 我们便可以说印象的集合 *S*，即 $\{I_1, I_2, I_3, \cdots, I_n\}$——其中所有印象 I_i 的自有内容 *C1* 是不可辨识的——是相同印象的集合。

这里，斯多亚派和怀疑派针锋相对：印象集合 *S* 中的分享自有内容的同类印象（*I*）竟然可能不是同一对象的印象吗？如果答案是“可能”，那么怀疑派就有理了；如果是“不可能”，那么斯多亚派便可保存实力他日再战。不过，就算答案是否定的，怀疑派仍然可以反驳道：关键不是有没有像 *S* 这样的集合，其中的印象就其自有内容而言不可辨识；相反，问题的症结在于可不可能存在集合 S^*，其中的印象不能为那些拥有印象的个体所分辨——如果这种集合存在，那么斯多亚派仍会陷入困境（*Acad.* II 85，=40J LS，以及“文献 8”）。

不过，斯多亚派会答复：摆出这些怀疑派的例子也不能将他们驳倒。世界上有很多傻子、蠢人都拥有像 S^* 一样的印象集合；只不过正好表明他们所有的印象没有一个（或者至少该集合中的印象没有一个）是可理解的。斯多亚派毕竟不要求每个人都拥有辨明真假的技能——而只能在认知上不断精进。

---

〔1〕我是如此认为的：既然内容最好不要简单地被印象的现象学表征所划定，否则我们对你在明亮的午间的印象会不同于对你在昏暗的夜间的印象；既然我们在印象的领域难以到达精确，我索性保持它的模糊特征；（我认为）至少在这种情况下，精确不是“清楚”的必要条件。关于做出相似区分的现代论证，参见 Goldman，A.，“Discrimination and Perceptual Knowledge”，*Journal of Philosophy*，73.20，1977，pp.771-791。

到这里显得双方僵持不下。怀疑派（无论怎样，哪怕为了论证）毕竟承认 A（4）；并且它似乎得到有力的论证。设想每一个真实印象必定有一个与之相似而无法区分的虚假印象，这真的可能吗？确实，要是我头脑清醒，并且在大白天，却想象我此刻获得的印象不可能来自面前的电脑，这简直是胡闹。如果确实可能，而仅仅指出存在一些欺骗感官的例子还是不够；相反，必须指明我们所有人都一定会被任何印象欺骗。[1] 怀疑派似乎要借此拒斥斯多亚派的主张，后者认为“某些”印象没有类似的虚假印象。

另一方面，斯多亚派还应向我们解释主体如何能够如此这般地认出作为标准的理解性印象。他们称主体在这种情况下可以保证自己的印象满足 CI1—5，既然主体自身的确定性不能成为正确无误的指南，那么这种说法显然还不够充分；很多人会肯定那些实则为假的事物。不过，要是存在一种特殊的“自有确定性”，[2] 那么斯多亚派就要向我们解释它是什么，说明我们在持有它的时候，如何无误地将其识别出来。

值得一提的是，斯多亚派不必宣称没有人在辨别印象的可理解状态时会犯错；他们也不必主张（事实上，他们也确实没有：见“文献 15”）任何持有理解性印象的人不能将其识别，并予以赞同。

---

〔1〕请注意，并非所有人都绝对会受到任何事物的欺骗。例如，◇（x）（p）（若 x 设想 p，则 ¬p）。怀疑派不需要那种普遍错觉的极强可能性来提出自己的主张。相反，任何人都可能会都到任何事的欺骗，即 （∃x）（∃p） ◇（x 设想 p 和 ¬p）；但是这一主张仍然强硬，也许过于强硬以至于根本上显得似是而非。

〔2〕“自有确定性”（internal certainty）指理解性印象具有的一种区别于其他印象的“特征”，即由对象的“特性”而来的“自有内容”，故而译为“自有确定性”，以加强这些概念的联系。——译者注

这里有一个至关重要的区别，我们通常在怀疑派的论证中将其忽略：（1）你会错误地设想自己处于某种状态 *C*，而本没有处在此状态，这是一回事；而（2）当你处在 *C* 中，你却会错误地设想自己没有身处其中，这又是另一回事。因为至少就 *C* 的一些意味而言，（1）似乎明显可能，但（2）明显（或者就论证而言）不可能。至少，情况（1）中的状态有时——或许甚至经常——出现，这一事实本身并不顺理成章地表明情况（2）也一定有可能发生。请考虑将“头脑清醒”替换掉 *C*：我错误地设想自己头脑清醒，而实际上并非清醒（即我在睡梦中），这不能表明我可以错误地设想自己头脑不清醒，而自己本是清醒的。斯多亚派所需要的是，找到一些例子证明我们可以拥有，认出并赞同理解性印象，而且“这些”例子不能让怀疑有可乘之机。

正是由于这个理由，学园派力图说明满足 CI5 的印象一定不存在。为此，他们运用了某种类型的例证，这也成为后世的知识论争论中的惯用手段。斯多亚派强调清楚明白的印象具有激动感官的力量（它们具有休谟所谓的力量和生动性，你也可以这么理解），但是学园派却漠然视之：

> 因此，如果印象在一定程度上是可理解的，它们引导我们对其予以赞同，并随之做出相应的行为，既然虚假印象也如其所示，那么我们必须说非理解性印象与理解性印象不可区分（*aparallaktoi*）。进而，英雄（如赫拉克勒斯）获取了来自他孩子的印象，该印象实则来自欧律斯透斯（Eurystheas）的孩子，因为他们好像也以相同的方式为箭所伤（他们确实都受箭

伤）。[1] 因此，二者同样地触动了赫拉克勒斯，那么我们就得相信此印象不能与其他印象区分开来。（文献 14：*M* VII 405-407；cf. *M* VIII 67，*Acad.* II 38，II 90；*Col.* 1121e，1122c）

塞克斯都在此处讨论赫拉克勒斯疯癫的例子：他将自己的孩子误认成自己敌人欧律斯透斯的孩子而施以毒手。塞克斯都指明（在此处几乎肯定，也像在其他地方一样运用了源自学园派的论证），赫拉克勒斯的（虚假的，也因而是非理解性的）印象——他面前的孩子是其敌人的——就其自有的或激动感官的特征而言完全不能与他关于箭伤的清楚明白的印象区分开来；而其中的印象，有些是虚假的。因此，虽然他或许持有欧律斯透斯孩子的真实印象，仍不能拥有满足 CI5 的印象；由此，他也不能持有任何事物的理解性印象。

斯多亚派就此回应：虽然赫拉克勒斯也许设想自己的印象就是可理解的，但是它却不是可理解的；并且每一个看起来像是理解性印象的印象就一定是，这也并非他们学派的主张。于是，双方的论辩仍处在胶着状态。事实上，学园派一定主张这种印象不论有多“好”，也会出错；而斯多亚派会坚称凡是欺骗性的印象，一旦我们仔细考察，就可以发现它们与真正的“*katalēpsis*”（理解性）相比在清楚明白的特征上有所欠缺。我们很难了解究竟哪一方能够自圆其说。

对此，我们可以看看一种另一种可能成立的观点，它由弗莱德

〔1〕括号内的内容是 Heintz 的合理补充，即“*hōs toxōn*”。【参见 Heintz，W.，*Studien zu Sextus Empiricus*，Halle：M. Niemeyer，1932。——译者注】

（Frede）在 1983 年发表的一篇颇具影响的论文中提出。[1] 在他看来，区分理解性印象不在于它有一些绝对正确的自有特征，从而我们借此将其本来面目识别出来；相反，关键是，标记它的是其“起源”的“因果性”，它正是借助这种因果性而展现出特别能激动感官的力量。

这种观点是，某些印象以恰当的方式产生，正因如此，它们易于受到我们的赞同：“情况可能是这样：区分理解性印象的标志是因果性，而不是凭内省就可把握到的现象学特征”（Frede，1983，1985）。因此，条件 CI5 表明了这种“因果性”（如西塞罗所谓的“标记”[nota]：参见“文献 13”）；并且他指出“文献 14”的第一句话表示了这种因果性，并有类似的文段（参见“文献 17”）。

这种解读的问题是，要是它是正确的，那么学园派怀疑论便无从谈起了。[2] 卢库鲁斯（Lucullus）作为西塞罗的《论学园派》（*Academica*）中的一位发言人，支持安提奥库的斯多亚式的认识论。他反复强调，为了解释我们具有认识世界的能力，我们必定知道各个事实，也清楚我们自己知道（*Acad.* II 23-26，II 27-29，II 30-32，II 33-36，II 37-39）。此外，标准就可能成为这种东西，我们实际上拥有它，却意识不到自己拥有。尽管这不是对斯多亚派的致命一击，但它至少冲击了他们的智慧概念，甚至动摇了他们所谓

〔1〕 Frede，M.，“Stoics and Skeptics on Clear and Distinct Impressions”，in Burnyeat，M. F.（ed.），*The Skeptical Tradition*，Berkeley：University of California Press，1983，pp.65-93. Repr. in Frede，M.，*Essays in Ancient Philosophy*，Minneapolis：University of Minnesota Press，1987，pp.151-176. ——译者注

〔2〕 并且，如 Annas，J.，“Stoic Epistemology” in Everson，1990，p.195，n. 25 所指出的，如果确实如此，“那么就很难理解为何斯多亚派和怀疑派的争论会持续这么长时间”。

的人们可以接近智慧的信念。

我们后边会返回来讨论上述观点。不过，无论我们怎样思考“因果性”的建议，我们都清楚斯多亚派被迫采纳了其他策略来回击怀疑论：

> 之前的斯多亚派宣称，理解性印象是真理的标准；有鉴于此，新近的斯多亚派则补充了一个条件，即“仅当没有阻碍（*enstēma*）”。因为理解性印象一产生，它会由于外在的情况变得难以置信（*apistos*）。（文献 15：*M* VII 253-254，=40K LS；cf. 17）

对此，在方法论上恰当的例证是有关阿德墨托斯（Admetus）的故事，赫拉克勒斯将他的妻子阿尔刻提斯（Alcestis）从地府中带回到他身边，还有墨涅拉俄斯（Menelaus）在普鲁吐斯（Proteus）的房里邂逅海伦（Helen）本人，其先他已辞别海伦的魅影——他对此信以为真——而登船驶离。他们都得到足以成为理解性印象的印象（*M* VII 254-255，=40K LS），但他们却都不相信，这是因为他们没有充分的理由去相信：

> 阿德墨托斯思忖阿尔刻提斯已经亡故，不会死而复生，而某种幽灵确实时时刻刻游荡着；墨涅拉俄斯反思自己已经离别海伦，又在重重护卫下登船；自己在法洛斯（Pharos）见到的人不是海伦，而是超自然的魅影，这不可能（*apithanon*）。（文献 16：*M* VII 256，=40K LS；cf. *M* VII 180；*PH* I 228）

斯多亚派的回应很简单：

> 理解性印象并非在任何条件下都是真理的标准，除非它没有受到阻碍。因为在后一种情况下，它清楚而明显，正如他们所说，它会揪着我们的头发迫使我们予以赞同。（文献 17：*M* VII 257；cf.“文献 8”）

换言之，我们不能意识到理解性印象是可理解的，这并非由于印象自身存在缺陷（它仍满足条件 CI1—5），而是我们所接受的其他事例如此这般，以至于让我们拒绝来自感官的明显证据。

塞克斯都在 *M* VII 424（=40L LS）中称，据斯多亚派的观点，有五个条件“伴随”那些可以赞同的印象，即感官、感知对象、环境、习俗和智力；如果它们中有一个无效，那么下面的情况就不会成立，即“因而某人认为，理解性印象并非在任何情况下都是标准，除非它没有受到阻碍”。

不过，我们要清楚该标准发挥作用，就得知道上述条件确实伴随其中：怀疑派用相似印象来反对，那么我们如何能够知道呢？墨涅拉俄斯的例子在此尤其“*à propos*”（贴切），因为他担心受骗，误将非理解性印象当作理解性的印象，或者将理解性印象误作非理解性印象。他一开始将海伦的虚假印象当作真的印象来接受，错误是怎么发生的？他大概不是因为神志失常或者感官失调（尽管他受骗了），出错的仅仅是这个对象（因其物理的特征），它不是真正的对象。毫不意外，塞克斯都抱怨道：理解性印象和真实对象，这两个概念是互为定义的，我们不能单独地接受其中任何一个（*M* VII 426）。

然而，大致如阿尔刻提斯的例子表明的，我们怀有其他坚定的信念，于是不可能赞同现有的印象。同时，有文献表明，印象让我们予以赞同，确实是通过它与其他印象或信念的联系引发的。这里，该标准关乎实践，而在实践上明显不可行，其中问题是：斯多亚派坚信我们通过适当的实践和运用能够成为更好的认知者，这是正确的吗？（cf. *Acad.* II 20，II 56-58，II 86）

重要的是，斯多亚派仍相信真理。很有趣，学园派的卡尔涅亚德利用阿尔刻提斯的例子发展出一套关于“可信性”的认识论。〔1〕印象只能是可信的（即“*prima facie*”［有说服力的］）；印象是可信的，且经过验证的（*diexōdeumenai*）；或者，印象是可信的、经过验证的，且无可动摇的（*aperispastoi*）。印象得到验证，可以通过与其他感觉模式的报告相比较（例如，触摸某物是不是像它看起来的那样坚实），也可以进一步改进原始印象所处的条件（譬如，拿近一点，把灯打开）（*M* VII 158-175，=69DE LS；*PH* I 227-229）。因而，卡尔涅亚德所允许的就是，恰当验证后的确定无误而连贯一致的“说服力”成为认识和行为的有效指引；〔2〕他所反对的就

---

〔1〕至于是他本人确实如此主张，还是这仅仅是他与斯多亚派论战的一种论辩术，这已经超出了本文所要讨论的范围，尽管我支持前一种解释：Hankinson，1998，Chs. V & VI；Hankinson（forthcoming），“Academics and Pyrrhonists”，in C. Shields（ed.），*The Blackwell Guide to Hellenistic Philosophy*。相反的观点，参见 Allen，J. “Academic Probablism and Stoic Epistemology”，*Classical Quarterly*，pp.44，85-113；Allen，J.，“Carneadean Argument”，in Inwood，B.，and J. Mansfeld（eds.），*Assent and Argument*：*Studies in Cicero's Academic Books*，Leiden：Brill，1997，pp.217-256。

〔2〕同理，这是他自己的观点，还是在论辩中代表斯多亚派的观点，存疑。

是，诉诸有关真理的形而上学的基础，以为凭此就足以获得知识的做法。

到目前为止，我们关注了理解性印象，认为它就是斯多亚派的真理标准。但是，第欧根尼的文本却证明该学派内部就真理标准的问题也存在分歧：

> 他们称，理解性印象是真理的标准……；克律西波在其《论自然》（*Physics*）的第二卷这般说，安提帕特（Antipater）和阿波罗多洛（Apollodorus）也这样认为。波埃修（Boethus）承认更多的标准：智力、感觉、欲望和知识性理解。并且，克律西波在其《论理性》（*On Reason*）的第一卷提出了自相矛盾的观点：感觉和前识是标准（前识就是自然而然形成的关于总体的概念）。一些先前的斯多亚派还将正确的理性（*orthos logos*）视为标准，例如波西多纽（Posidonius）在其《论标准》（*On the Criterion*）中所言。（文献 18：DL VII 54，=SVF 2.105，1.631 =40A LS，=Fr 42 EK）

这份简短的文段引起了热烈的讨论，[1]但此文段究竟多大程度上可靠这点并不清楚。不过，由此得到的结论很可能是，这个可追溯至克律西波的真理标准，针对其性质的问题至少在该学派内部存

〔1〕参见，如 Pohlenz，M.，“Zenon und Chrysipp”，*Nachrichten der Akademie der Wissenschaften in Göttingen*，1.2，1938，pp.173-210；Annas，J.，“Truth and Knowledge”，in Barnes et al.，1980，pp.84-104；Kidd，I.G.，“*Orthos Logos* as a Criterion of Truth in the Stoa”，in Huby，P.，and G. Neal（eds.），*The Criterion of Truth*，Liverpool：Liverpool University Press，1989。

在一些争论；并且要是注意到波西多纽在最末一句提到的事情，真理的标准或许还可往前追溯。[1]

他们在“标准”概念本身上众说纷纭，这让情况变得更为复杂。塞克斯都划分了“标准”的三种含义（判断者、手段和依据），[2] 进而指出关于它们存在各种独断争论，因而此概念变得不可理解（*PH* II 18-79）。在 *M* VII 29 中，他先区分出两种广义上的标准（行为标准和真理标准）；他接着将后者细分为三类（普遍标准、特殊或专门标准，以及个体标准：*M* VII 31-33）；根据他在 *PH* II 21（*M* VII 34-37）的分类，其中最后一种标准被视为“理性标准”；*M* VII 的其余部分与破坏性的标准学说有关。

然而，“文献 18”表明两件事。第一，一些斯多亚派无论如何都似乎以这样或那样的方式承认理智是真理的标准。感觉和理智在某种意义上同为标准，这一观点变得普遍起来；[3] 并且，西塞罗在《论学园派》中介绍安提奥库的斯多亚式的认识论时，该观点也显得尤为突出。不过，就经验论的范式而言，理智并非单独作为标

〔1〕参见 Kidd，1989，pp.143-145。该文论述波西多纽将正确理性标准归于“之前的斯多亚派”的观点是错的。

〔2〕塞克斯都用三个介词短语来表示“标准”的三重意义：“*to huph hou*”（被什么）、“*to di hou*”（由什么）和“*to kath ho*”（根据什么）。它们分别指判断的主体，如人或动物，即“判断者”；判断的手段，如感官或心灵，即“手段、工具”；判断的“根据、机制”，如印象的运用（*prosbole*）。例如，“人”凭“感官”感知“印象”（*PH* II 16；*M* VII 33-37）。——译者注

〔3〕塞克斯都（*M* VII 217 218）追溯此观点至漫步学派，特别是泰奥弗拉斯托斯（Theophrastus）。虽然这一做法备受争议，但我同意 Long 的观点：没有明确的理由证明这种理论溯源，参见 Long，A. A.，“Socrates in Hellenistic Philosophy”，*Classical Quarterly*，1988，38，p.199，n. 59. Repr. in Long，A. A.，*Stoic Studies*，Cambridge：Cambridge University Press，1996，pp.1-34。

准：相反，它靠感官提供的材料起作用（*Acad.* II 19-20，II 31，II 43-44，II 45）。

这便将我们带入第二件事。克律西波引进了“前识”，以作为进一步的标准。但是，前识事实上是先于具体理论的，甚至先于具体陈述的，有关全体的“自然而然的”概念化（例如，“白色”或“动物”）：它们“自然而然地产生……没有意识参与其中”（参见“文献 3”）。关键是，至少对克律西波而言，先是该标准生效，其后才有我们可以对源自它的概念做出的各种理性分析。这就显得奇怪了，因为“文献 18”表明其他斯多亚派认为理性起了更为基础的作用。

然而，这场争论说到底不过是关于标准概念之合理限度的分歧。它应当限于某种基础性的事物，其余的知识结构以它为基石构建起来吗？或者，它的范围可以延伸，囊括整个知识形成机制，宏伟的知识大厦由此拔地而起吗？正如我们从塞克斯都那里获悉的，古希腊的标准概念充满弹性，可以适用于上述两种功能；并且，如果某人采纳了斯多亚派的总体观点，那么为了根据对印象和前识的推理和抽象而达成关于事物的最终理解，此人运思的才智最好保持适宜的秩序：

> 心灵使用感官，创造出几乎是第二感官的系统技艺（*artes*），它加强哲学本身的结构以指明德性之所在，而德性让我们的整个生活始终如一。（文献 19：*Acad.* II 31）

虽然这里的发言者是安提奥库的代表卢库鲁斯，但也没有理由质疑这同样是当时斯多亚派的观点。

然则，“标准”确实还有另一种功能，心灵或理性可以在理解性印象上实现。一旦仅当接受它没有强大的阻碍时，你接受它作为真理的标准（参见“文献 15”“文献 17”），那么心灵活动便会展开，将备选印象的自有内容与其他印象作比较，也与其他承认的条件作对比。当然，正如事例所表明的，这一活动有时会指引我们拒绝那些事实上可理解的印象，因为我们受到了其他信念的误导。不过，这一过程或许经常会让我们一开始就排除那种事实上不可理解的印象，因为它与我们所承认的其他条件不一致，这样设想也是合理的。

如果这一观点成立，那么我们就可以试着设想：后面的斯多亚派吸取了怀疑派诘难的教训之后，无论如何都会力图将一套心智内容（信念、印象、记忆、概念）当成某种意义上的标准。安纳斯（Annas，1980）称之为关于斯多亚派标准的“融贯观”，她为此检索了斯多亚派的文本，并将之与其所谓的（她不大乐意如此命名）“符合观”对立；符合观就是，个体的理解性印象因其直接呈现真实事物，故而本身就是标准。

安纳斯认为，“符合”一词在这里用得不大准确；并且，值得强调的是，斯多亚派（像所有的古人一样）坚信真理的符合论：仅当命题反映事件的真实状况时才为真。在斯多亚派那里，也在其他任何一位古代理论家那里，我们都找不到线索表明，融贯本身对真理是充分的（确实是建构性的）。同理，他们充其量可能同意知识的融贯论，或许是证实的融贯论——不过，这类理论确实与真理的符合论兼容。

但是，斯多亚派真的主张这类理论吗？几乎没有证据或没有直接证据说明他们如此主张。支持这种观点的一派，他们根据的是斯多亚派形而上学的总体特征，即特别强调天意的决定论，并且相信万物和谐地相互关联在一起。当然，斯多亚派的圣贤让自己的本性与全体的自然结构完美契合，仅仅欲求那些顺从事物不可逃避的规则才能实现的东西（因而符合宙斯的意志，即命运本身），因此他所能实现的就是理解（我们身处的）自然的总体结构。

但是，上述特征本身并不能证实斯多亚派在解释知识、理解或证实时采纳了融贯观，而仅仅说明对事物的总体理解，即"*epistēmē*"（知识），就是所谓的"手紧握拳头"，至少在总体上是相互融贯的。

有人也在此援用斯多亚派对概念的说明，将其作为这种最佳解释的一种参考，旨在把我们从现象事实引向他们隐匿的解释（*PH* II 142，II 169-170，II 179）。[1] 世界是这样的，它会引导勤奋而老练的探究者依据逻辑上无懈可击的推理，从明显的事实中发现事件不可觉察的状态，只要现象如其所是。这就是"*sēmeion endeiktikon*"（指示性记号）的认识论。[2] 毫不意外，它也是在

[1] 对此，参见Barnes，J.，"Proof Destroyed"，in Barnes et al.，1980，pp.161-181；Brunschwig，J.，"Proof Defined"，in Barnes et al.，1980，pp.125-160。

[2] "指示性"（*endeiktika*）记号标记在本性上非显明的事物。塞克斯都称：它"通过其特殊的本性和结构来标记（*sēmainei*）以之为记号的东西"，"指示性记号是有效条件句中能够推出后件的，作为真前件的一个命题"（*PH* II 101）。斯多亚派遭到怀疑派的驳斥之后，引入了"记号"（*sēmeion*），似乎是用以辅助人们区分各种印象。由此，理解性印象发挥"标准"的作用不单单依靠自身，而是标准和记号相互协助进行的（特别是，指示性记号的推理功能）。对此，一些学者借以佐证"融贯论"。——译者注

怀疑派激烈而持续的攻击中出现的（*PH* II 97-133；*M* VIII 141-299）。[1]

例如，斯多亚派论证，流汗这件明显的事实就足以表明皮肤上布满了看不见的毛孔（*PH* II 140；*M* VIII 306；DL IX 89）；该推断所依据的是这样一条公理：任何物体都不能穿透坚实的物体（*M* VIII 309）。不过，这样一来，为了做出恰当的推论，我们就得引用世界的物理图景的其他方面（在此例中，该命题据信由“先在的”［*a priori*］理由得出）；但却不能说，它们彼此连结在一起的状态正好证明了它们为真。

不过，另一处文本须得在此考虑：

> 斯法埃鲁斯（Sphaerus）是克莱安塞的弟子克律西波的同仁，他的举动不可谓不聪明：他受国王托勒密（King Ptolemy）的召集前往亚历山大。一到那儿，他出席了一场晚宴。席间，有几只蜡制的鸟。当他伸手抓鸟的时候，国王便提醒他将虚假的事物信以为真了。但是，他却机敏地回答，自己没有认定它们就真的是鸟，而是以为它们是鸟这件事很合理（*eulogon*）；因为理解性印象不同于合理的印象，前者绝无谬误，而合理的印象则可能出错。（文献 20：

〔1〕埃奈西德谟（Aenesidemus）在学园派（菲洛和安提奥库领导）独断倾向愈演愈烈的情况下不大情愿地重申皮浪主义，并用其“八大论式”中的一种论式反驳兜售“因果解释”的人（*PH* I 180-186）。他称，没有什么现象可必然引出唯一的解释（*PH* I 181），预演了迪昂（Duhem）和奎因（Quine）的证据的“亚决定性”理论。【所谓“亚决定性”是指，虽然科学研究中相同的经验数据或证据可以构造出不同的理论或假说，但该证据却不能“完全地”决定这些理论或假说中何者是唯一正确的。——译者注】

Athenaeus，VIII 354e，=SVF 1.624；cf. DL VII 177，=SVF 1.625，=40A LS）[1]

如“文献 20”所表明的，斯法埃鲁斯是早期斯多亚派：这是支持波西多纽主张的唯一文本——他主张，早期斯多亚派将正确理性用作部分的标准（参见“文献 18”）。这个故事在古代晚期众所周知，尽管我们自然不能保证它是准确的。不过，虽然这类故事在某种意义上显然是子虚乌有的，但就它们可以说明哲学观点而论，往往值得信赖（消除一些门户之见后）。因此，我打算有所保留地认可，“文献 20”的确指明了斯多亚派真正的策略。

乍一看，退而接受“合理的”标准似乎是缴械投降，而不是战略撤退；这看起来确实放弃了这类观点：任何（第一序列的）印象其本身就是标准性的、自证为真的、可认同的。这里，它可类比于斯多亚派在实践领域上的处境，他们遭遇了阿尔克西劳的辩驳——既然斯多亚派认为圣贤不持有任何意见，并且理解性印象不可获得，或者说它无论如何都不能完全正确地显示自身，那么圣贤就应当存疑（*M* VII 151-157，=41C LS）。

斯多亚派部分回应说，以期在未来通达圣贤之境的全部欲望、冲动和信念都限于心智的“*hupexairesis*”（训条）当中（*Ecl.* II

〔1〕该陈述与第欧根尼的说法十分接近，足以说明它们的来源是相同的。然而，在第欧根尼的版本中，出现在斯法埃鲁斯面前的东西不是鸟，而是蜡制石榴；当然，这不会造成明显的差异。【参见阿忒纳乌斯（Athenaeus）的《欢宴的智者》（*The Learned Banqueters*）。——译者注】

115.5-9，=SVF 3.564，=65W LS；*Ben.* IV 34，=SVF 2.565）：我想到集市上去，仅当神意欲如此。[1] 同样，他们在人的行为领域也使用“合理”（*eulogon*）这个概念。菲洛德穆（Philodemus）在介绍卡尔涅亚德同时代的斯多亚派第欧根尼（Diogenes of Babylon）时，如此说：

> 对于这些以及源自经验的事物，我们根据其合理性相信它们就足够了，就像我们在夏季航行时相信自己可以安全抵达目的地。（文献 21：*Sign.* 7.32-38，=42J LS）

唯有圣贤任何时候都可凭借准确的理解获得真知，其行为也是“正确无误的”（*katorthōmata*）。相反，那些仅能有所精进的人会做出“适合的行为”（*kathēkonta*），指的是“生活中的这样一些事情，一旦顺理成章地做了，便有合理的证实”[2]（*Ecl.* II 85.13-86.4，=SVF 3.494，=59A LS；cf. DL VII 107，=SVF 3.493）。

阿尔克西劳也运用具有“事后”（*ex post facto*）合理证实特征的标准，来解释对任何事情都存疑的人如何在这种情况下生活，以

〔1〕“训条”（*hupexairesis*）的问题艰难而富争议，参见 Inwood，B.，*Ethics and Human Action in Early Stoicism*，Oxford：Oxford University Press，1985，pp.119-126，165-175，210-215；Brennan，T.，“Reservation in Stoic Ethics”，*Archiv für Geschichte der Philosophie*，2000，82（2），pp.149-177；Brunschwig，J.（forthcoming），«Sur deux notions de l’éthique stoïcienne：de la ‹reserve› au ‹renversement›»，in Romeyer Dherbey，G.（dir.），and J.-B. Gourinat（ed.）（forthcoming），*Les Stoïciens*，Paris：Vrin。【“*hupexairesis*”，即“存留条件”，译为“训条”。斯多亚派要求人们在道德实践上向“圣贤”看齐，于是制定了一种“训诫”，以此衡量自己行为的后果。——译者注】

〔2〕“证实”或者是“辩护”（defence），即“*apologia*”。

便避开“无为论证”（*apraxia*）（*M* VII 158，=69BLS）。[1] 有趣的是，他将合理行为描述为“正确无误的”（*katorthōmata*），而斯多亚派用该术语表示圣贤的至善行为，此行为无需任何辩护。“正确行为”（*katorthōma*）有可能在阿尔克西劳的论证中不带有斯多亚派的专属含义。[2] 但是，阿尔克西劳如此措辞，可能有意指明：就事物的本性而言，这类合理的行为是我们所能完成的最好的行为，它在日常生活中也足够了。[3]

不管怎样，如此，斯多亚派显然会根据显得合理的标准行事，也清楚这种行为最后会是徒劳，或者会引起与虚假相连的信念。作为一个称职的斯多亚派，他会心平气和地接受这个后果——至少世界本身不会因此变得不同。在斯多亚派的世界中没有后悔的余地（cf. *Ben.* IV 34，=SVF 3.565）。

“文献 20”的另一个特点值得注意。斯法埃鲁斯不赞同“这些东西是鸟”的印象；但是，据称他认可自己赞同一些事情，即这些东西是真鸟很合理。既然他如此赞同，那么上述内容（“认为这些东西是鸟很合理”）就必定具有理解性印象的性质：它满足了条件 CI1—5，并且将自己的本质没有保留地呈现出来了（尽管如此，我们真的可以称它表现对象了吗？）。不过，这“嵌含的”内容当然会

---

〔1〕关于“无为论证”，即论证怀疑派因其不持有信念则无力行动，参见 *Col.* 1122a-f，=69A LS；另见 Hankinson，1998，pp.87-89。参见 Frede，D.，“Stoic Determinism”，Ch.5，in Inwood，B.（ed.），*The Cambridge Companion to the Stoics*，Cambridge：Cambridge University Press，2003，pp.201-205。

〔2〕参见 Ioppolo，A. M.，“Il concetto di ‘eulogon’ nella filosofia di Arcesilao”，in Giannantoni，G.（ed.），*Lo Scetticismo Antico*，Naples：Bibliopolis，1981，pp.147-151。

〔3〕另见 Maconi，H.，“Nova non philosophandi philosophia”，*Oxford Studies in Ancient Philosophy*，6，1988，pp.231-253；Hankinson，1998，pp.86-91。

出错，其实确实是错的。

我们很容易认为这种退而求其次的做法具有欺骗的性质，觉得这不过是达到绝对正确的廉价手段。此外，斯多亚派做出的让步越多，就越难将他们与怀疑派区分开来。在卡尔涅亚德之后，由菲洛和安提奥库领导下的学园，在强硬派埃奈西德谟看来，他们的理论基调变得过于独断。学园派在公元前80年间的某时不再是一个探究性学派，这并非意外。[1]那时，菲洛提出了新的认识论（*Acad.* II 18），而安提奥库予以激烈的批驳。

这里并不是在评价菲洛的认识论创新：但从西塞罗的文本中可知，菲洛明显拒绝了斯多亚派的理解性标准，而又坚称知识是可能的。[2]正是这一点让安提奥库感到震惊，他认为只有接受斯多亚派的标准，知识才能得到保证。这反过来表明，该标准在他所处的时代仍是斯多亚派的通行学说。

当然，问题是，这个学说如今怎样解释。安提奥库仍坚持CI1—5所有条件；菲洛排斥CI5，却主张我们仍可认识事物。安提奥库论证道，除非理解性印象存在，否则技艺和知识将失去确定性，而它们显然具有确定性。的确，他讲述了一种自然化的认识论。斯多亚派习惯于求诸所有创造物的天然本能，因为他们的

---

〔1〕关于学园派的后期历史，主要参阅Glucker，J.，*Antiochus and the Late Academy. Hypomnemata 56*，Göttingen：Vandenhoek und Ruprecht，1978；Barnes，J.，"Antiochus of Ascalon"，in Griffin，M. T.，and J. Barnes（eds.），*Philosophia Togata*，Oxford：Oxford University Press，1989，pp.51-96。

〔2〕参见Barnes，1989；Hankinson，1997，pp.183-196；1998，pp.116-120；Striker，G.，"Academics Fighting Academics"，in Inwood and Mansfeld，1997，pp.257-276；Brittain，C.，*Philo of Larissa：the Last of the Academic Sceptics*，Oxford：Oxford University Press，2001。

自我保存就表明了世界的天命结构，即“*oikeiōsis*”（亲缘），就是寻找事实上适合自身特质的东西（cf. DL VII 85-86；*Ep.* 121.6-15；Hierocles *Elements of Ethics*，1.34-2.9）。[1] 安提奥库本人论述道（*Acad.* II 24-25），为了行动，我们需要理解性印象，否则我们将不能依据那符合我们本性的“*hormai*”（内驱力）而开始行动：

> 启动我们内驱力的东西必须先为我们所感觉，而且必须被相信，如果印象之对象与虚假的东西无法分辨，那么这一切就不可能发生；如果心灵不理解印象之对象究竟合乎自然还是悖于自然，那它何以启动以形成欲求？（文献 22：*Acad.* II 25）

求诸自然的做法也启发了安提奥库这位改良者，他将伦理学进行了大刀阔斧的斯多亚式的改造，就此可参考西塞罗的 *Fin.* V 9-74（参见 V 24-26，V 27，V 31，V 33，V 34-37，V 39-40，V 41-43，V 44，V 46-47，V 55，V 58-59，V 61，V 66）。在 V 36 处，感官受到颂扬，它是感知其对象的自然能力，不过

> 自然……以其持续的需求来完善心灵，就像它对身体所做的那样：因为它用适宜感知事物的感官塑造身体，而感官很少需要或者不需要验证的协助。（文献 23：*Fin.* V 59）

所有这些观点同样可以在漫步学派的传统那里找到归宿；不

---

〔1〕 即希洛克勒斯（Hierocles）的《伦理学要义》（*Elements of Ethics*）。——译者注

过，正如我们先前看到的（参见“文献 3”），它们受惠于传统的斯多亚派认识论。

这一认识图景在《论学园派》中得到强化：感觉如我们所愿地可靠（*Acad.* II 19，该观点之后遭到西塞罗的反驳：*Acad.* II 81-82），并且它可以通过运用变得更敏锐（*Acad.* II 20）。感觉生发出共同概念（*koinai ennoiai*），即普遍概念，我们借此让世界变得井然有序（*Acad.* II 21-22）。感觉先从特殊事例中抽象出普遍性质，如白色和甜味；接着，将它们结合起来，造出实体的名词性概念，如人和马；最后，由此达致它们的真实定义，这就是所有知识探究的过程（参见“文献 3”和“文献 4”）。但是，

> 假如存在着错误的概念（你似乎用这个“notitias”来表示“*ennoia*”）——那么，要是我们的概念是错误的，或是由无法与虚假印象区分开来的印象印在我们心灵上的，我们如何对待它们？我们又如何看出什么东西与当前的某物是一致的或是不一致的？（文献 24：*Acad.* II 22）

记忆也会随之崩塌，全部知识都会瓦解（*Acad.* II 22）。

因此，我们的自然能力必定要求我们拥有理解性印象。这是安提奥库的观点，也大致类似于同时代的斯多亚派的观点。该观点与怀疑派的驳论相对立，而怀疑派主张我们会将非理解性印象误认为理解性印象，甚至更危险的是，会将理解性印象误认为非理解性的（参见“文献 16”和“文献 17”）。还有一种情况是，当所有的情况都顺利，并且那些印象的理解性都显而易见：那么，我们会依据它

们认识事物，也知道自己在这么做。

这恰好是菲洛所否认的。如果我说的没错，那么他认可我们能认识事物，也同意认识某事对我们而言就是（a）相信它，因为（b）它是真的；就是（c）坚持对它的理解性关系。但仅此而已。这些印象不需要——确实不需要——如此满足 CI5。息息相关的便是（a）—（c）在何种程度上得到满足：我们绝不会确知这些印象就是如此。因此，菲洛是外在主义者，也是可靠论者。努美尼写道：

> 随着时间消逝，他的“存疑”（*epochē*）开始淡去，这是日常生活的结果。他不再执着于自己关于这些事的信念，但其经验的清楚（*enargeia*）而一致（*homologia*）的特征却萦绕在他心中。（文献 25：*Pr. ev.* XIV 9.2）

尽管努美尼反对他的态度跃然纸上，但这证据却足够清楚。感性经验的稳定性给菲洛留下了深刻的印象，即经验具有的普遍的、互证的倾向（*homologia*）；他由此倾向于认为自己的有些——也许相当多，抑或绝大多数——感觉印象是真实的，并且满足形成知识的条件（a）—（c）。当然，他永远不会知道其中哪一个是真的——这一点才惹怒了安提奥库。他认为，仅当我们能够绝对保证一些印象揭示了真理，我们才有资格宣称获得了知识。我接受后一观点，它将不可变动的关键特征赋予斯多亚派的理解性印象——甚至在遭受怀疑派最猛烈的攻击时，他们都不会抛弃的这种印象。

青年学者论坛

触摸星辰：布鲁诺的宇宙隐喻与爱之戏剧

郝琛宠[1]

摘要：

《论英雄的热情》是布鲁诺诗性力量的顶峰，是内向冷静的哲人思绪下的暗流涌动，体现了他将对自然的理论思索引向生命之爱的最终旨趣。布鲁诺精心设计的爱之戏剧呈现出理智与意志、形式与物质彼此交织的张力，而引领观众走向沉思、企望崇高的恰恰是感受的肆意挥霍与心灵形态的变化多端，他需要首先面对身处内在性世界中的无望，丝毫不以对太一的“直观”为获得内心平静的担保。由此，自然哲学和宇宙论对布鲁诺的意义在于，将人类意识与世界的关系定义为对生活世界的超越——将世界与世界本身拉开距离，看到被折叠在世界表象中的深度。

关键词：

布鲁诺；《论英雄的热情》；爱情；宇宙

热情的人自诩拥有栎树的力量和强度，就像那位英雄在他

[1] 郝琛宠，复旦大学哲学硕士。

独一无二的凤凰面前始终如一……因为正如植物的根系与地脉交织在一起，他通过感情和努力扎根于此的星辰，给了他坚定的力量。

——布鲁诺《论英雄的热情》

然而我们的目光首先被投向了上界的诸神，而且通过直观活动达到了对那最圣洁的存在的分有……朋友，慢慢降临的夜幕和寂寥闪耀的星光在催促我们了。让我们离开此地吧。

——谢林《布鲁诺》

1905年11月，胡戈·冯·霍夫曼斯塔尔在他的遗稿中写下：这个聪明的孩子。有人问他："你能触摸一颗星星吗？"他说，"是的"，于是弯下腰，触摸大地。

——布鲁门伯格《星辰的悉数性》

布鲁诺，是狄尔泰笔下维苏威火山和地中海的儿子，他的性格"就像这片土地上的紫外线和燃烧的气海一样炽热，仿佛掌管着茂盛植被的自然之力，呈现出喜怒无常的反差"。[1] 这类心灵的特质，如果用布鲁诺本人提到过的一个词概括，那便是"火焰般的忧郁"（据说这种性格擅长记忆）。我们在他驳斥亚里士多德学说的滔滔雄辩中，在他关于宇宙构造和神性本原的艰涩文字中，尤其是在每篇

〔1〕 Wilhelm Dilthey, *Gesammelte Schriften*, Band II: *Weltanschauung und Analyse des Menschen seit Renaissance und Reformation*, Leipzig und Berlin: Verlag von B. G. Teubner, S. 298.

对话正式开始前的题诗和客人们的戏谑口吻中已多少有所领略。而这种比丢勒和路德的忧郁（Melancholie）少一分愠怒、多一丝漠然的英雄气概，经过一系列理论著作的铺垫，终于在《论英雄的热情》中完美爆发。《论英雄的热情》是布鲁诺诗性力量的顶峰，是内向冷静的哲人思绪下的暗流涌动，也可说是他一切思考的最终旨趣。有些人会把这种旨趣归入伦理学，以便与他前期自然科学方面的兴趣形成对照，或构成补充。关于布鲁诺是否提出了一种伦理学的问题，我们会在文章最后略加讨论。首先要指出的是，大多数人对布鲁诺的第一印象恐怕都不是布洛赫所说的“**吟唱宇宙无限性的恋歌诗人**（Minnesänger）”，[1] 而是那个坚持科学真理、反抗强权的殉道者。笔者儿时在纪录片《宇宙时空之旅》（动画版）中初次见到布鲁诺时的想法也大致类似：这个人无非就是哥白尼日心说的（略显天真的）宣传者和新自然科学的先行者嘛。当然，这个念头背后还潜伏着孩童的预感与犹疑：果真如此简单吗？

多年以后我再次拾起这个问题，但却是以更广义的方式自问：文艺复兴时期乃至整个近代早期的思想劳作，就其多元的创作动机、看似混杂的表达方式和广泛的（大多是无心的）影响而言，在多大程度上必须与科学史和思想史的叙述挂钩？或许从我们坐拥的长时段历史出发，这样辨识和拟定一个“中间阶段”的身份归属，会让我们轻而易举地感受到它的切己性，不断确认时代的某种总体特征（“现代性”……）的支配地位，但我们也会因此渐渐丧失对另一种切己性的感知，而这种自由的自身感知本来是布鲁诺决定与

---

〔1〕 Ernst Bloch, *Vorlesungen zur Philosophie der Renaissance*, Frankfurt am Main: Suhrkamp Verlag, 1972, S. 24.

下这些可能“注定不会被意大利人阅读”的寓言、卮言时所凭借的以太，是《论英雄的热情》中生命之爱的真义，是一种与时空无涉的静默标记，它让朝向崇高的凝视望穿四时的流转，让爱的炽热火花“迸溅向星辰”(zu den Sternen stieben)。[1]

一、爱情与狩猎

像当时其他深受新柏拉图主义影响的哲人那样，布鲁诺坚持将他所谈论的“爱”朝向对超越世界表象的神或“太一”的追求。《论英雄的热情》中丰富的爱情感受只有在专注于这个唯一的目标时方能呈现，这与《论原因、本原与太一》中所述**自然哲学的任务**是一致的，即**找到最根本的原因和本原**（并与之结合），而非巨细靡遗地说明所有的原因和本原。[2] 这种爱情理念似乎与我们期待听到的那种具体个体间的恋爱关系格格不入。因为我们首先注意到，对神的爱一开始就排除了时间性和身体性的情欲，其次，对万物本原的爱既然承接了自然哲学的道路，那么它便无异于一种纯然理智的认识过程。实际上，布鲁诺并未将爱情的本真性束之高阁，变成哲人的专利，内向的密契体验或反思，抑或天选之人的荣福直观，而是理解为举凡现实的、琐碎的爱情体验皆必然遭遇的“绝对时刻”：必定存在这样一些时刻，爱情中主体与客体之间的不对称性充分暴露出来，拆除了一切人为设置的中介，使双方的关系极端化为一个

〔1〕 Giordano Bruno，*Von den heroischen Leidenschaft*，Übers u. hrsg. von Christiane Bacmeister，Hamburg：Meiner，1989，S. 99.

〔2〕 布鲁诺：《论原因、本原与太一》，汤侠声译，商务印书馆 1984 年版，第 39 页。

由强度和力量主导的领域。

这也意味着构成时间性和身体性之实存基础、维系着爱情感受和氛围的共同生活世界被悬置起来，因而也是一个濒临“创世”的时刻（对创世情形的模拟）：世界在暧昧、混沌、紧张、退缩的情形中回退到有待被创造的原初时刻，爱人彼此的一举一动决定了世界呈现的样貌（形式），在塑造出世界各个富有意义的局部的同时也在不断从这些构造中抽离，并从整体上揭示世界的虚无。布鲁诺在《论英雄的热情》中既谈论太一之爱，也不避讳自然意义上的人间情爱——这两者之间并无鸿沟，因为**凭借理智把握到的观念性直接就体现在自身感受之中，在认识论中充当原则的“世界的象征化”同样发生在爱情体验中，无论是理智主导的认识活动，还是意欲主导的实践活动，都统一于那个可以触摸到绝对时刻的原初行动领域**。在这个隐喻化和戏剧化的领域，思维与感受、理智与意志不一不异，它们的力量在相互衔接的循环运动中得到增强和扩充。

在这里，面对面直观到被爱者的渴望被浓缩为**主体—客体**的关系图式，这一图式贯穿了所有关系范畴，形成了一个可以分割的量级。布鲁诺首先强调理智对于爱情的重要性，将这里讨论的爱区别于单纯为欲求所驱使的爱。人们之所以将爱称为完全非理性的，并非出于其自身的缘故，而是因为它往往使主体成为它，并以这种方式出现在这些爱的主体中。对于富于理智、善于思考的人来说，爱提升了他的悟性，净化了他的思想，引导他走向美德与英勇。而在其他人那里，爱表现得愚蠢，它扰乱了他们的整个情感世界，使他们纵情放荡，因为它发现那些人的精神、灵魂和身体处在很糟糕的状态。[1]不过，前一种情况下看似由理智控制的情感反而意味着更剧烈的动荡，因为它以更深切的反思将主体—客体的关系图式引入了自身，不断触碰和试探着那种诱人的异己性，可以说完全为这份将他引向陌生之在的爱情所掌控，随波浮沉而又冷眼旁观：

> 对我这个打着爱的崇高旗帜的人来说，希望是冰冷的，意愿是滚烫的：在同一时刻，我颤抖着，冻结成冰；燃烧着，烧得火光冲天；成了哑巴，却以狂热的呼喊填满苍穹；任火花自心中迸溅，任泪水自眼眸滴落。我虽生而死，既笑且悲：这水是活的，火是不灭的，因为我的眼眸乃忒提斯[2]的居处，我的心是武尔坎[3]的所在。我爱着对方，恨着自己，然而当我展翅翱翔，我的客体便倏然石化；当我降落大地，它便努力向天空飞去。只要我不停歇，它就始终在逃避。我呼唤，它不作答：我越是寻找，它越是向我隐藏。[4]

对象的逃逸触发了感受中无法消解的矛盾，布鲁诺由此承认一切事物皆由对立面构成，痛苦与快乐的依存是爱情的常态。关键在于，**在矛盾感受中被撕扯的主体一方通过将以上种种情绪视为戏剧般的情态，融入了无限广阔的主体性（主体—客体）中**。在布鲁诺

〔1〕 Giordano Bruno，*Von den heroischen Leidenschaft*，S. 34.

〔2〕 忒提斯（Thetis），希腊神话中的海中仙女。

〔3〕 武尔坎（Vulkan），罗马神话中的火神。

〔4〕 Giordano Bruno，*Von den heroischen Leidenschaft*，S. 39.

看来，这个与矛盾一起运动、在冲突中喷薄而出的主体性，就体现为“英雄的热情”——这不再是一种偶发的情感，而是从喜怒哀乐、虑叹变熱中沉淀下来的直观，它处于对立面之重合的一点，拥有两极对立所划定的无限全体而不拘囿于一方。[1]因此，布鲁诺展示了这场追逐的结局：充满热情的英雄，由于接受了神性之美与神性之善的显像，借着理智的羽翼和理智所引导的意志，向神上升，把低级主体的形式抛在脑后。[2]

布鲁诺将爱比作一场热情的追逐，显然受到了**库萨的尼古拉**的影响。库萨在其晚期作品《狩猎智慧》(*De venatione sapientiae / Die Jagd nach der Weisheit*)中就将对智慧的本能追求称作“狩猎”(venatione / Jagd)：“我们本性中的一种天赋的欲求导致我们不仅努力追求知识，而且努力追求智慧并希望拥有它……哲学家只不过是智慧的猎手，每个人都根据他与生俱来的逻辑来探寻他的智慧。”[3]与此不同的是，布鲁诺将这个譬喻与阿克泰翁(Aktaion)的神话联系起来，造成了一种悖论性的局面。猎人阿克泰翁穿过森林，目睹了狩猎女神狄安娜沐浴的场景，于是被变成一头鹿，最后被自己带来的猎狗反噬。在这个故事里，阿克泰翁代表理智。理智的活动先于意志的活动，所以它

---

〔1〕此处的“热情”一词在德译本中大概有三种译法，分别是 Begeisterung、Leidenschaft 和 Affekt，后两种含有较强的被动性意味，突出情感的激发，这种被动性对于理解此处的“爱”尤为关键，但并不究竟。

〔2〕Giordano Bruno，*Von den heroischen Leidenschaft*，S. 63.

〔3〕Nikolaus von Kues，„Die Jagd nach der Weisheit“，*Philosophisch-theologische Schriften*，Band 1，Hrsg. Leo Gabriel，übersetzt und kommentiert von Dietlind und Wilhelm Dupré，Wien：Verlag Herder，1989，S. 5-12.

在把握神性之美的时刻实则是在追求神的智慧。但意志比理智更有力、更有效，对于大众而言，爱的冲动也比理智更普遍。从理智的角度看，专注于智慧的“猎人”把所理解的事物转变为自己的存在，即“以自己的方式并根据自己的掌握能力形成了可理解的显像”；〔1〕另一方面，意志的活动促成了猎人—猎物这个循环的自我消解，提升到一个比理解活动与可理解性的相符更高的层次。

布鲁诺的独创性在于，他从神话中看到了肯定性的认识阶序的意义。**猎人变成猎物并不意味着他不光彩的结局，而是一种新的精神状态的开始，这种精神状态使他能够直接直观地看到神性。**〔2〕换言之，凭借对个别事物的认识来寻找神性的认识者，以理智的本质直观的方式返回到了自身。他首先通过理智的活动将认知对象转化为精神，然后通过意志的活动将精神转化为认知对象。布鲁诺把理智仅仅归因于先行的定向功能。相反，认知过程的实际推动力则被转移到意志行为中。由于意志行为的自然属性，认知者丧失了自主性，其观看的目光被牵引而投向上界的至高者。与库萨那里的情形类似，布鲁诺也将人类或有限者的“观看”（Sehen）融入神性“观照”（Schau）的统一性中，但却比前者更为激进地将这一提升过程中自主性崛起复又失落的过程完全划归为人类感受的界域。

---

〔1〕 Giordano Bruno，*Von den heroischen Leidenschaft*，S. 66.

〔2〕 Ferdinand Fellmann，„Giordano Bruno und die Anfänge des modernen Denkens“，In：*Die Pluralität der Welten*，*Aspekte der Renaissance in der Romania*，Hrsg. Wolf-Dieter Stempel und Karlheinz Stierle，Wilhelm Fink Verlag，S. 458-459.

二、大地的星辉：物质论题

经过上述对理智与意志关系的简要梳理，我们仅仅得到了一个模棱两可的结论：在布鲁诺所描绘的太一之爱中，理智与意志互为隐喻，二者的相互推动纵然有一定的次序，但终究无法澄清哪一方占据主导。譬如《论英雄的热情》开篇部分写道：

> 在这个**世界剧场**里，在我们意识的这个舞台上，还有何种悲喜剧，何种场景，能比使这么多的人物变得深思熟虑、沉静忧郁、坚贞不渝、忠实可靠，变成其对象的倾慕者、守护者、追随者和奴隶的**戏剧**更值得我们报以同情和欢笑的呢……（自然）以一种纯粹的外表，一道阴影，一种幻想的产物，一种梦想，喀耳刻仅仅用来繁衍后代的魔法药水，通过美的表象来诱惑我们……在甜蜜向我们招手的地方等待着的是苦涩的痛楚。〔1〕

这种对自然表象之“非真”的排斥不禁让人联想到《论原因、本原与太一》进入哲学讨论前所作的界定，即从自然属性出发并不能认识第一本原和第一原因，前者只是后者的印迹。也就是说，太一与世界的区分奠定了布鲁诺自然哲学的内在张力，也构成了其爱情学说的出发点。那么，**这种理论设定以及随之而来的一系列宇宙论观**

〔1〕 Giordano Bruno，*Von den heroischen Leidenschaft*，S. 3.

点以怎样的方式充当了为人类行动“定向”的前提呢？或者，前者仅仅是后者自觉地设定的一个契机？

布鲁门伯格在《星辰的悉数性》（*Die Vollzähligkeit der Sterne*）中引用的一个段落对我们有所启发，这一节题为“触摸星辰”（Sternberührung）。根据他的记述，人们在诗人霍夫曼斯塔尔的遗稿中读到了关于一个“聪明的孩子”的故事。有人问这个孩子：“你能触摸一颗星星吗？”他答说，“是的”，于是弯下腰，触摸大地。正如布鲁门伯格在随后的评论所说的那样，令人诧异的不是“触摸”的举动背后隐藏的某种认识，比如“地球也是一颗星星”，或基于现代启蒙精神的宇宙无限性学说，而是伸手触摸的行动本身，这一行动打破了我们周遭亲熟的“生活世界”与陌异世界的壁垒，与任何科学共识和常识无关。因此，布鲁门伯格补充说，如果这个孩子说“不能”，并向不可及的星星敞开怀抱，那么他同样接近真理。[1]

同样，指导行动的哲思与表现人类认识进展的宇宙论之间的这种“无关涉性”（并非否定性的排斥）或“无差别”（漠不相关），在布鲁诺自然哲学中被反复强调。比如，第一本原和原因的无限高超与庄严要**透过**无限的空间来宣扬。进一步说，为了回应开始提出的上帝 / 太一与世界 / 万物的关系（绝对者与其印迹、实体与属性的关系）问题，布鲁诺区分了本原（Prinzip）与原因（Ursache）：当把上帝称作第一本原和第一原因时，我们是从不同角度来看同一个事物。而谈到自然中的本原和原因时，我们是从不同角度看不同的

---

〔1〕 Hans Blumenberg，Die Vollzähligkeit der Sterne，Frankfun am Main：Suhrkamp Verlag，S. 36-37.

事物。**本原**以内在的方式促进事物的构成并存留于结果中，**原因**则以外在的方式促进事物的产生并存在于成分之外。[1] 物体的外在形式和显像给我们的精神带来的“热情”，并非出自纯物质的特性，而是必然与象征性的生命本原和灵魂本原（世界灵魂）有关。

世界灵魂乃是宇宙以及万物的起形成作用的形式本原，是**万物中的**太一。正是在这一点上，布鲁诺与**亚里士多德**的灵魂学说发生了关键的分歧：后者对形式 / 灵魂的区分是就具体事物的作用而言的，并不适用于形式的原初意义。而布鲁诺坚持本原的统摄作用，认为世界灵魂能够推动物质的物理运动，但同样构成了万物的本质。根据对形式 / 灵魂的划分，布鲁诺也区分了物质的不同层次。物质可分为“技艺物质”（已被自然赋予形式）与“自然物质”（处于形式流转背后，无形式）。后者要用感官肉眼来看，前者要用理性的眼睛，即通过理智直观来观看。[2] 若加以总结，则（1）**理智**作为“形式的给予者”给出万物的存在，（2）**灵魂**作为“形式的源泉”在自身中创生万物，（3）**物质**则作为“形式的接受者”来制造和形成万物。

如果从本原的角度考察，先前按照是否具有形式来划分的两种物质，实可还原为物质作为“可能性”的意义与作为“基质”的意义。积极的可能性使基质能够具有形式，消极的可能性则意味着基质在接受形式的同时仍然保持为基质。可以看出，这两种可能性只是同一种情况的两个侧面，它们可以统一为“绝对的可能性”（也

[1] 布鲁诺:《论原因、本原与太一》，第 42—43 页。
[2] 布鲁诺:《论原因、本原与太一》，第 71—72 页。

是绝对的现实性），即**可能性与现实性的一致**。[1] 这个最绝对的现实性/可能性，只能通过否定的途径被理智所把握，布鲁诺称之为"物质的根据"，也即"永恒的物质"——在永恒的事物中，物质总是被肯定为具有单一的现实形式的单一东西。与之相反，在变异的事物中，物质总是包含着或者一个或者另一个现实形式。[2] 因此，我们可以笼统地说，布鲁诺倾向于认为物质本身是包含和孕育形式的，但这种"包含"不是指现实的形式能够连续地从物质本原中、从世界的内在性中生发出来，而是对产生形式的能力进行抑制和保存，从而与已经实现之形式的完满性相重合。这一学说印证了爱情中"忧郁的热情"，不是热情的宣泄，而是对热情的节制。当然，**在布鲁诺精心设计的爱之戏剧中，引领观众走向沉思、企望崇高的恰恰是感受的肆意挥霍与心灵形态的变化多端，他需要首先面对身处内在性世界中的无望，而丝毫不以对太一的"直观"为获得内心平静的担保：**

> 这关涉一种英雄的热情……他并不处在节制和中庸的状态，相反，他的灵魂处于极端对立的冲突中。他在冰冷的希望中战栗，在炽热的欲望中燃烧。他因欲望而尖叫，因恐惧而沉默。对对方的爱的火花从内心迸发，自怜的泪水从眼眸中喷涌而出。他死在别人的笑声中，活在自己的抱怨里（就像一个不再属于自己的人），爱别人，恨自己。因为（自然哲学家说）

〔1〕 布鲁诺：《论原因、本原与太一》，第82—84页。

〔2〕 布鲁诺：《论原因、本原与太一》，第102页。

物质恨它现在的形式，就像它爱它尚未拥有的形式一样。[1]

“潜能的压抑”是布鲁诺哲学真正的核心范畴，也是联结理智与意志的枢纽。被压抑在其权能范围内的潜能，与形式的完满性所带来的荣耀交织在一起。我们在**阿奎那**那里看到过非常类似的表达，即上帝从他本性的完满性中创造出原初质料，而原初质料奠定了世界相对于上帝的独立性，即具有某种以特定的阶序逐步发展的正当性，所以我们对此世因果序列的追溯可以很合理地回到上帝与世界之间的某个居间领域——它依附于世界但不同于世界表象，同时也直接体现着上帝的权能。不同的是，布鲁诺并未像阿奎那那样将对上帝与世界的张力的处理分为创世之前的规划与创世、启示等后续过程的实施以及最后的完成，而是将这一莫大的张力统统压缩到太一与世界相互涵摄这个唯一的“实事”之中。从中似乎很容易产生这样的看法：上帝在一次性的创世行动中已然竭尽了自己的生产力，[2]从此一劳永逸地内在于世界之中——但实际上布鲁诺的看法更接近于，创世行动不再是一次性的，而是在时间的循环中不断发生。关于这种循环时间观与空间无限性学说的关系，本文限于篇幅暂不展开。总之，布鲁诺对人类所居住的大地（“大地母亲”）的崇敬，并不是因为在无限宇宙背景的映衬下，大地焕发出超越性的光辉。毋宁说，**大地的星辉是从其内部和深处发出的，是狄尔泰所概括的那种世界之美的荣**

〔1〕 Giordano Bruno, *Von den heroischen Leidenschaft*, S. 42-43.

〔2〕 这是布鲁门伯格在《现代的正当性》一书中的提法。参看 Hans Blumenberg, *The Legitimacy of the Modern Age*, trans. Robert M. Wallace, The MIT Press, pp.551-564。

耀（Schönheitsherrlichkeit der Welt）。[1]

三、深处，而非深渊

布鲁诺那里认识与爱、理论与实践之间纠缠关系的症结在于，如何安置世界的内在性与其中必然包含的、与之交相辉映的他异性。这种思维框架虽然总是无法完全准确地体现布鲁诺自然哲学的细节和全貌，但毕竟切中了它的问题方向。于是，我们似乎可以得到一条从布鲁诺延伸到谢林（晚期）的思想史谱系，由此将布鲁诺这里的世界他异性看成极端意义上的“深渊”（Abgrund）、无根据（Ungrund），等等。与《论英雄的热情》中的说法相比，这种观点显得过于冒进和贫乏：

> 我确信，大自然把这种美摆在我眼前，并赋予我一种内在的感受，为我开启一种**更深更大的美**，它想把我从这里转移到具有更完满之显像的崇高和卓越之下。[2]

超越之美隐藏在表象世界的深处（Tiefe），当心灵的目光循着感受的驱使辨认出与寻常所见全然异样的东西时，世界本身并不因此变得陌生，变成毫无确定性的异乡，反而向心灵敞开它的生命般的丰富性（Lebensfülle）。而**自然哲学和宇宙论对布鲁诺的意义正**

〔1〕 Wilhelm Dilthey, *Gesammelte Schriften*, Band II, *Weltanschauung und Analyse des Menschen seit Renaissance und Reformation*, S. 297.

〔2〕 Giordano Bruno, *Von den heroischen Leidenschaft*, S. 127.

在于，将人类意识与世界的关系定义为对（生活）世界的超越。因此，与当时自然科学所造就的“表层世界”相反，布鲁诺的哲学立足于深层的、有深度的世界。[1]这也是主体性所造就但并不与周遭世界相对的内在世界：布鲁诺尽管将世界的无限性作为背景，但他笔下英雄的孤独并不是由于主体与事物的内在距离而产生，而恰恰是由于他与事物的关系比与其他人更强烈——他更能扎根于他所在的星辰，“正如植物的根系与地脉交织在一起”。

如果说布鲁诺的《论英雄的热情》体现了与其他作品不同的伦理旨趣，那么**它首先不是去构造一个舒适宜人且自足的内在世界，**而是从对这一点的体会出发，超越生活世界，超越一切能够坍缩为伦理旨趣的东西。其次，**这种“超越”不如说是将世界与世界本身拉开距离，看到被折叠在世界表象中的深度**。就像在《小王子》所描绘的世界图景中，人们已经不再把星星看成与生命息息相关的灵性存在，从而与宇宙整体的生命周期联系起来。在这个放弃了图像之象征意义的世界中，飞行员在与小王子相识后发现了一些未曾注意过的关联：

> 使沙漠更加美丽的，小王子说，就是在某个地方，藏着一口井（Ce qui embellit le désert，dit le petit prince，c’est qu’il cache un puits quelque part）……

蛇腹中的大象，纸箱里的羊，星球上的玫瑰花，沙漠里的井，

〔1〕 Ferdinand Fellmann，„Giordano Bruno und die Anfänge des modernen Denkens“，In：*Die Pluralität der Welten. Aspekte der Renaissance in der Romania*，S. 469.

黑夜中的星光，或世界某处的秘密——我们虽然无法用肉眼看到，但它却始终在看着我们。如果意识到这一点，我们就会知道它就在“那里”。这个“那里”是纯粹的方位，是小王子故事的离心宇宙背景中自我定向的符号。最后，小王子的离去并不旨在唤起一种遥不可及的渴望，而是使地球这颗星辰变成可以安居的场所。

综上，笔者十分赞同费尔曼在《论英雄的热情》导言中所说的：“只把布鲁诺作为哥白尼和伽利略的补充以及库萨的对照，那仅仅是读了半个布鲁诺。”[1]我们不仅应该划分思想史与哲学的边界，而且应该为前者向后者的转变提供策略。在布鲁诺哲学的研究方面，要做到这一点不能通过承认自然科学等某一门学科对哲学的直接推动作用，而要通过斩断这个戈尔迪之结，注目于哲学的“自身沉思”（Selbstbesinnung）、“自我回思”（Sich-Entsinnen）或“玄思”（Grübelei）的意义，并将这种方法与为自然科学提供抓手和契机的世界观部分区别开来。

〔1〕 Giordano Bruno，*Von den heroischen Leidenschaft*，„Einleitung“，VII.

古今之间的细节:《理想国》开篇再考察

裴浩然[1]

摘要:

《理想国》被视为柏拉图最重要的著作之一，其开篇首句受到了贯穿古今的关注与强调。然而，该句当真包含了如此丰厚的意蕴吗？本文旨在梳理古代与现代对《理想国》开篇首句的关注和考察，展示这些关注的具体内容、思路及历史发生缘由，并试图回答：这些关注是内在而真实的吗？其中古代部分着重考察修辞学家，现代部分着重考察沃格林的解读。

关键词:

柏拉图；理想国；修辞学；沃格林

前言

当作者试图言说某种普遍之物，他往往希望将自己的痕迹隐藏得足够深，以至于他可以宣称：在场的是真实，而非

〔1〕 裴浩然，四川大学哲学系外国哲学专业研究生。

某些个别的意见。普遍和个别的对峙在柏拉图这里如此剧烈，他甚至采取了极为激进的写作方案——三十六部对话录中，他的恩师、兄长和雅典僭主由他摆弄，而柏拉图自己却出场寥寥。

也许柏拉图会暗自像《会饮》中的苏格拉底那样，满意地对读者宣告：你们无法驳倒的不是我，而是真实。然而，文本的宿命似乎并不如他所愿。因为他或许真正期待着“他出生，他劳作，他死去”这样的墓志铭，人们却不断地要从字里行间拼凑出一个柏拉图来。历代学者们不断猜测着，柏拉图本人是否和对话录中呈现的苏格拉底完全相反？是否愈早的对话录呈现出真实的苏格拉底，而愈晚的对话录则呈现出真实的柏拉图？一方面，作为作者，柏拉图极力在文本当中隐藏自己；另一方面，或者出于形象需要，或者出于解读文本的必要，柏拉图又被不断搭建出来。这种张力在如下事实中达到顶峰：人们认为，在十卷本《理想国》首句的寥寥数词中，柏拉图已经埋下了某些复杂的思虑，甚至他到死前都在修改这句话。[1]

要想真实地面对文本，似乎不需要寻求这一张力的彻底解决。相反，文本始终处在双重的真实性之下，一方面是文本发生的历史真实，一方面是文本内在的哲学真实。前者可以通过考据工作而接近，后者则通过哲学分析而展开。在这个基础上，本文试图重新考察对《理想国》开篇第一句话跨越古今的独特关注。

---

〔1〕 刘小枫：《柏拉图笔下的佩莱坞港——〈王制〉开场绎读》，《社会科学研究》，2010（02）：15—24。

一、古代对《理想国》开篇的关注

1.《理想国》开篇（327a1—4）翻译及语法分析

根据 Slings 校勘本,《理想国》首句为：

> Κατέβην χθὲς εἰς Πειραιᾶ μετὰ Γλαύκωνος τοῦ Ἀρίστωνος προσευξόμενός τε τῇ θεῷ καὶ ἅμα τὴν ἑορτὴν βουλόμενος θεάσασθαι τίνα τρόπον ποιήσουσιν ἅτε νῦν πρῶτον ἄγοντες.〔1〕

κατέβην 为 καταβαίνω 第一人称单数过去式，由 κατά（向下）和 βαίνω（走）组成，意为“向下走”；καταβαίνω 后加 εἰς 和第四格，即走到的地点——比埃雷夫斯港。μετὰ 与属格搭配，表示“与……”；这里接的属格为 Γλαύκωνος τοῦ Ἀρίστωνος，即阿里斯通之子格劳孔。προσευξόμενός τε τῇ θεῷ 为动词“祈祷”的将来式分词结构，表准备做某事，τῇ θεῷ 是阴性的“神”，即向女神祈祷。καὶ ἅμα 为“以及同时……”。与 προσευξόμενός 并列的是 βουλόμενος θεάσασθαι，即“想要看看”。看的对象是 τὴν ἑορτὴν τίνα τρόπον ποιήσουσιν，即节庆将如何举办。ἅτε 加分词表原因，πρῶτον 为“第一次”，ἄγοντες 为 ἄγω 分词形式，意为“举办”。

因此，译文整理如下：

---

〔1〕 根据 Slings（2003），该句在抄本系统中并无异文。

我下行至比埃雷夫斯港是在昨日，与阿里斯通之子格劳孔一道，要去祭拜女神，同时想看看节庆将如何举办，因为现下是庆典的首次举行。

是否文本的开端，也同时就是在文本中哲学的开端？理想国的标题与副标题标示出了整部对话录的主题："πολιτεῖαι ἤ περὶ δικαίου"或"πολιτείας ἤ περὶ δικαίου"，即"理想国（政制），或论正义"。[1]理想国开篇第一句话仅仅表达了戏剧发生的时间、地点、事由和参与的部分人物。标题和副标题指明的论题还没有发生和展开。然而，就是这样一个"无关紧要"的句子，在古代和现代却始终受到学者的独特关注。这些关注指向什么，又是如何发生的？我们先从古代的一则轶事开始：柏拉图对《理想国》首句的反复修改。

2. 柏拉图是否生前仍在修改《理想国》首句？

这里是三份较为经典的古代证词：

（1）哈利卡尔纳索斯的狄奥尼修斯（Dionysius of Halicarnassus）：
Dionys. Hal. de comp. verb. p. 208（Reiske）

Ὁ δὲ Πλάτων，τοὺς ἑαυτοῦ διαλόγους κτενίζων καὶ

〔1〕通常认为，副标题"或论正义"是由罗马皇帝提比略（Tiberius）的政治顾问特拉叙洛斯（Thrasyllus）加上的。实际上，部分副标题可能早于特拉叙洛斯，他的工作主要是整编了对话录，并给一些对话补上了副标题（见 Harold Tarrant 为 Continuum Companion 所写的"The Platonic Corpus and Manuscript Tradition"一节）。然而，尽管这些副标题是后人所加，它对于文本仍然具有内在的意义。因为柏拉图并不像亚里士多德那样，通过分科来确定每部作品的讨论方法和对象，例如《物理学》《形而上学》。相反，柏拉图的对话录总是针对具体的问题和主题而展开的。因此，副标题实际上起到了指示和点明文本议题的尝试作用，当标题是人名时这点更为明显。

βοστρυχίζων, καὶ πάντα τρόπον ἀναπλέκων, οὐ διέλιπεν ὀγδοήκοντα γεγονὼς ἔτη. Πᾶσι γὰρ δή που τοῖς φιλολόγοις γνώριμα τὰ περὶ τῆς φιλοπονίας τἀνδρὸς ἱστορούμενα, τά τ᾽ ἄλλα, καὶ δὴ καὶ τὰ περὶ τὴν δέλτον ἣν τελευτήσαντος αὐτοῦ λέγουσιν εὑρεθῆναι ποικίλως μετακειμένην τὴν ἀρχὴν τῆς πολιτείας ἔχουσαν τήνδε "κατέβην χθὲς εἰς Πειραιᾶ μετὰ Γλαύκωνος τοῦ Ἀρίστωνος."

柏拉图在八十岁时也没有停下，仍整编和梳理着他的对话录，并用各种方式修改。当然，所有语文学家（φιλο-λόγος）都熟悉他爱劳苦（φιλο-πονία）的故事，尤其是关于，在柏拉图去世后，发现蜡版（δέλτον）上写着《理想国》开头："Κατέβην χθὲς εἰς Πειραιᾶ μετὰ Γλαύκωνος τοῦ Ἀρίστωνος"。

（2）**昆体良（Quintilian）**：Quint.，*Inst.* 8，6，64（II 476，5-6 W.）

Nec aliud potest sermonem facere numerosum quam opportuna ordinis per mutatio；neque alio ceris Platonis inventa sunt quattuor illa verba，quibus id illo pulcherrimo operum id Piraeeum se descendisse significat，plurimis modis scripta.

另外，只有巧妙地变更字词顺序，才能使得文本更富韵律；正是因此，柏拉图在其卓著中的"我下到比埃雷夫斯港"这四个词语，被发现以许多种顺序写在蜡版上，仅仅是因为他想让韵律尽可能美。

（3）**第欧根尼·拉尔修《名哲言行录》**：Lartius，3.37

Εὐφορίων δὲ καὶ Παναίτιος εἰρήκασι πολλάκις ἐστραμμένην εὑρῆσθαι τὴν ἀρχὴν τῆς Πολιτείας.

尤弗里翁和帕纳修斯说，《理想国》的开头被发现修改了多次。

这些文本都明确以同样的字符顺序引用了《理想国》开篇的第一句话，说明几人看到的第一句文本与我们今天看到的完全一致。然而，三个说法都直接或间接地指向了同一件事，即柏拉图曾经试图修改这个开头。具体来说，狄奥尼修斯并没有直接提到“修改”这一情况，只是从一个间接的来源指出，在柏拉图去世后，人们可能发现了一个抄写着《理想国》开头八个词语的蜡版。昆体良提到的情况更为具体，他说存在一些蜡版，上面以不同顺序写着《理想国》开头的四个词语。拉尔修则给这一传言补上了出处，即两位修辞学家尤弗里翁和帕纳修斯。

当然，我们需要先区分“修改”和“修订”。就现代的书籍出版情形来看，一本书经过出版后有可能会再版，而不同版本之间往往包含着一些修订，例如康德的《纯粹理性批判》；当然也有书籍不是一次性写成出版，而是经过了不同的编者之手，因此可能存在着不同版本，每个版本都有可能经历修订，例如黑格尔的《逻辑学》。当然，无论是前者还是后者，它们都包含两个前提：明确的“出版”概念，以及修订后可能出现多个版本同时存世的情形。但柏拉图的文本与此完全不同，古希腊并没有一个明确的“出版”概念，我们并不知道《理想国》是否存在一个“公开出版”的过程，以及修订后再次“公开出版”的新版本面世。因此本文将使用“修改”，将出版概念暂且搁置，而是承认就《理想国》的第一句话而言，古代的版本与今天无异，但三位古代言者均认为存在一些“改动”发生的痕迹。

时代较早的狄奥尼修斯和昆体良都提到了“蜡版”（δέλτον/cera/wax tablet）的存在。这是古希腊时代不同于纸莎草的另一种书写工具，将蜡融在木板上冷却，并用坚硬锐利的东西在上面写字。柏拉图在《泰阿泰德》中将学习和记忆比作了蜡（κήρος）[1]，并且提到蜡上既可以压印，又可以将压印抹去。事实上，这正是蜡版不同于纸莎草的一大特点，它更易于删改，昆体良的文本也提到了这点。[2]尽管蜡版比纸莎草更正式一些，[3]但昆体良认为，柏拉图用它作草稿纸来思考《理想国》开头几个词汇的排列顺序应当是合理的。

同时，狄奥尼修斯讲“去世后”，似乎给人一种错觉，即柏拉图在临死前仍试着修改《理想国》的首句。[4]但这是一个极具误

---

〔1〕《泰阿泰德》191d—e。

〔2〕It is best to write on a wax tablet, where the manner of erasing is easiest ... the use of parchment delays the hand and weakens the force of thought, through the frequent carrying back of the hand when the reed pen is dipped.（Institutio Oratoria X 3.31）

〔3〕见 Kanayama，“Plato’s Wax Tablet”，in Kanayama（ed.），*Soul and Mind in Greek Thought. Psychological Issues in Plato and Aristotle*，Springer International Publishing AG，2018，pp.81-111。

〔4〕这一观点通常联系于西塞罗的另一个讲法：柏拉图“写着字死去”（scribens est mortuus）（见 Cic. Sen. 13），但这一说法可信度不高。关于柏拉图之死有一系列讲法，例如在睡梦中死去（Tertullian *De anima* 52.3）、在婚宴上死去（Diogenes Laertius 3.2），汇总性的讨论可见 Riginos，1976，pp.194-198。这些说法的共同之处在于，柏拉图在平静中去世，区别于苏格拉底饮鸩。目前的考证工作更倾向于，柏拉图在最后一日接见了一个迦勒底人，这位访客叫来了一位色雷斯女人为柏拉图演奏音乐，但柏拉图对演奏不太满意。见（转下页）

导性的看法，因为蜡版可以保存很长时间，甚至上百年。就狄奥尼修斯的意思来说，完全有可能只是在柏拉图离世后，这些蜡版才被发现。正因如此，Adam 和维拉莫威兹都认为，我们无法经由这些与蜡版相关的说法将《理想国》的写作日期确定下来。[1] 维拉莫威兹猜测这些蜡版一直保存在学园中，并且在尤弗里翁和帕纳修斯生活的年代仍然存在，因此如果拉尔修的引证确实来自这二者，那么很可能他们真的看到了这些抄有《理想国》开头的蜡版。但我们并不知道“开头”具体的范围是什么，以及是否真的如昆体良所说，其中一些蜡版调换了开头几个词汇的顺序。这些蜡版是不是证实了“修改”，这也很成问题。因为从狄奥尼修斯的证词来看，我们简单地把这一行为解读成柏拉图试图重新誊写一遍《理想国》，也并不冲突。

这三份证言透露给我们的信息是，很有可能在柏拉图死后，人们看到了一些抄写着《理想国》开篇的蜡版。但这些蜡版是不是为了提供一个不同于流行版本的《理想国》，我们并不知道。当然，我们或可以尝试追问，如果确实是发生过修改，这些修改可能的目的是什么？

3. 可能的修辞目的

狄奥尼修斯认为柏拉图的修改表明他爱劳作（φιλο-πονία）；昆体良的观点是，柏拉图数次修改是为了有一个尽可能好的韵律，这

（接上页）Wilamowitz，1920，Vol.1，pp.719-720；沃格林也采信了这一说法，见 Vögelin，1956，pp.321-322。Schall 同意这个说法，并对柏拉图之死有一段哲学性的解读，见 Schall，“The Death of Plato”，The American Scholar，Vol.65，No. 3，Summer 1996，pp.401-415。

〔1〕见 Adam，1902，p.1。

与狄奥尼修斯的看法并不矛盾；而拉尔修则没有表示柏拉图为何修改，但我们可以猜测，拉尔修的理解应该是负面的。因为《名哲言行录》中所引内容上下两句分别是说，有人指出《厄庇诺米斯篇》是伪作，另一人则指出《理想国》几乎全部内容都窃取自普罗泰戈拉的某部作品。

狄奥尼修斯的看法非常笼统，有太多事实可以支持柏拉图是一个“爱劳作”之人，例如三十六部对话录的鸿篇巨制在古代就难以复制，并且他没有提到柏拉图修改《理想国》开头的实际目的。因此我们主要考虑昆体良的看法，并且讨论他提出修辞目的是否可以看作柏拉图的真实目的。

古代针对这一句话做出讨论的不止昆体良，还有另一位修辞学家法勒戎的德米特留斯。德米特留斯分析《理想国》首句音节休止安排得当，但节律较为松散：

（4）法勒戎的德米特留斯《论风格》：Demetr.，Eloc. 205（164，13-14 R.R.）

Τὰ πολλὰ οὖν κώλοις τριμέτροις χρησόμεθα καὶ ἐνίοτε κόμμασιν，ὥσπερ ὁ μὲν Πλάτων φησί，ʽκατέβην χθὲς εἰς Πειραιᾶ μετὰ Γλαύκωνος：ʼ πυκναὶ γὰρ αἱ ἀνάπαυλαι καὶ ἀποθέσεις.

因此，我们应当在多数时候采用三音步的词语，并偶尔使用短语，正如柏拉图说“κατέβην χθὲς εἰς Πειραιᾶ μετὰ Γλαύκωνος”。有许多休止符和节奏。

（5）**法勒戎的德米特留斯《论风格》**：Demetr.，Eloc. 21（78，23-24 R.R.）

> Διαλογικὴ δέ ἐστι περίοδος ἡ ἔτι ἀνειμένη καὶ ἁπλουστέρα τῆς ἱστορικῆς，καὶ μόλις ἐμφαίνουσα，ὅτι περίοδός ἐστιν，ὥσπερ ἡ τοιάδε，"κατέβην χθὲς εἰς Πειραιᾶ" μέχρι τοῦ "ἅτε νῦν πρῶτον ἄγοντες." ἐπέρριπται γὰρ ἀλλήλοις τὰ κῶλα ἐφ' ἑτέρῳ ἕτερον，ὥσπερ ἐν τοῖς διαλελυμένοις λόγοις，καὶ ἀπολήξαντες μόλις ἂν ἐννοηθεῖμεν κατὰ τὸ τέλος，ὅτι τὸ λεγόμενον περίοδος ἦν.
>
> 对话录的节律（περίοδος/period）更松散，也比史诗体的节律更为简单。它几乎算不上节律。例如从"κατέβην χθὲς εἰς Πειραιᾶ"开始到"ἅτε νῦν πρῶτον ἄγοντες"这句话，这些词语一个接一个，风格并不连贯，我们读到最后时，很难意识到这形成了一节。

从两个选节中可以看到，德米特留斯是将这句话看作对话录文体的典型来讨论。修辞学家的批评可以看作有三个层次：选词、节律、整体的韵律。既然德米特留斯指出，这句话在第一点上做得非常好，第二点出于对话录这一特殊的文体形式，要求不高，那么昆体良进一步猜测，柏拉图曾经的这些蜡版是为了找到最好的韵律组合，似乎也是合理的。但这一说法的前提是，柏拉图那些蜡版上确实做了调换词语顺序的工作，而这一点我们并不清楚。因而，即使昆体良的猜测是可能的，这也仅仅是猜测而已。这除了说明古代的修辞学家很看重这句话，无法为柏拉图修改文本的目的提供论据。

4. 总结

为什么《理想国》开篇首句在古代受到了如此关注？我认为原因是两方面的：其一，可能确实存在一些抄写着这句话的蜡版。然而，柏拉图离世后留下的手稿和蜡版并不可能只此一份，为什么独它饱受青睐？我认为这与柏拉图的双重身份构建有关。不同于亚里士多德，柏拉图在哲学家的身份之余，他还是一位诗人和剧作家，尽管柏拉图的修辞究竟有多好，这份体验在今日早已无法追寻。古代修辞学家们需要更多的事迹（ἔργον）来讲述柏拉图的这一重身份。《理想国》的第一句就成了一个非常好的例子，因为它恰恰是最远离哲学的文本——整个对话录至此尚未提出和展开任何问题。在这样的字句上仍然字斟句酌，最显示出柏拉图修辞上的功底和爱劳作的形象。如果这个推断是成立的，那么古代对这一句话的关注恰恰不是在于柏拉图隐藏了多么精微的笔法，而是在于，这里正是哲学家柏拉图缺席的地方，从而修辞家柏拉图的形象得以确立。

然而，这些建构是真实的吗？在这里我想引用维拉莫威兹的话：

> 我们没有理由据此推断这些文件是在他最后的日子里产生的，更没有理由推断他会为之绞尽脑汁，思考 εἰς Πειραιᾶ χθὲς κατέβην 和 χθὲς κατέβην εἰς Πειραιᾶ 哪个听上去比他的 κατέβην χθὲς εἰς Πειραιᾶ 更好——尽管修辞学家们是这样总结的。[1]

---

[1] 维拉莫威兹的原文为：Wir haben keine Veranlassung，daraus zu entnehmen，daß die Papiere aus seinen letzten Tagen stammten，noch weniger，daß er sich darüber （转下页）

国内有学者对维拉莫威兹的同一段话做了不同解读：

> 19世纪末、20世纪初的古典语文学大师维拉莫威兹喜欢而且精于考据，他曾专门花力气严格考证过这段传说，得出的结果是真的。他还进一步推测，柏拉图对《王制》的开头改来改去，为的是要与《蒂迈欧》连接起来。〔1〕

这可能扭曲了维拉莫威兹的意思。首先，引文构筑出的“传说”实际是前述几段证词移花接木的结果：

> 哈利喀纳斯苏斯的狄俄尼索斯是博学的精通文体的语文学大师，他也讲过：柏拉图临死前还在琢磨《王制》的第一句话。
>
> 修辞学大师昆体良说得更加活灵活现：柏拉图死后，人们在他写作用的蜡版桌上发现了几种不同的《王制》开场手稿，修改都围绕着开篇第一句：κατέβην χθὲς εἰς Πειραιᾶ。〔2〕

前文已经分析过相同文本，事实上狄奥尼索斯并未强调“临死

（接上页）den Kopf zerbrochen hätte，ob εἰς Πειραιᾶ χθὲς κατέβην oder χθὲς κατέβην εἰς Πειραιᾶ besser klingt als sein κατέβην χθὲς εἰς Πειραιᾶ：so fassen es die Rhetoren（Dionys π. συνθ. ὀν. 25，133，Quintilian VIII，6，64）. 见 U.von Wilamowitz-Moellendorff, *Platon*，Vol.2，Berlin，1920，pp.257-258。

〔1〕刘小枫：《柏拉图笔下的佩莱坞港——〈王制〉开场绎读》，《社会科学研究》，2010（02）：15—24。

〔2〕同上。

前”“琢磨”，昆体良的叙述中“死后”“蜡板桌”等细节皆不存在。维拉莫威兹的态度则非常明确，他只赞同《理想国》的开头可能确实存在多个草稿，但没有证据指向这是柏拉图临死前写的。最后，如果认为柏拉图修改《理想国》的开头，是意在建立和《蒂迈欧》的联系，这个解释将忽视一系列重要事实。首先，没有任何文本证据能够支持两部对话录在戏剧上的直接联系，两部对话录的戏剧时间（本底斯节和泛雅典娜节）相差甚远，戏剧人物完全不同（《理想国》为格劳孔、阿德曼托斯、特拉叙马库斯等人，《蒂迈欧》为克里提亚、蒂迈欧、赫默克拉底和未出场的第四人）。《蒂迈欧》开篇与《理想国》的相似之处可能在于，在《蒂迈欧》的序幕部分，苏格拉底按要求复述了“前一日”的对话内容，这些内容看上去和《理想国》卷二、卷三的内容有一定重合。但实际上复述的计划仍与《理想国》存在着关键差异，最直接的例子就是，苏格拉底称自己的复述已经相当详尽，“没有遗漏任何重要的内容”（19a—b），但这些内容仅仅与《理想国》卷二、卷三的部分话题重合，剩下的内容均未提及。更可能的情况是，《蒂迈欧》中所谓的“前一日”，是苏格拉底在另一个地方与另外一些人再次讲起了《理想国》中的部分话题。[1]

二、现代对理想国开篇的解读

1.《理想国》从古代到现代

《理想国》一直是柏拉图非常重要的对话录，昆体良就称之为

〔1〕 见 Cornford，1935，pp.10-11。

"pulcherrimo operum"（卓著），但仅仅在现代，《理想国》才成为最重要的对话录和柏拉图哲学的拱顶石。[1] 这与现代学科方法论被确立起来后对《理想国》的重新解读息息相关，尤其是现代哲学和现代政治学的关注。于是《理想国》当中的问题不断被重构，逐渐确立起了崭新的"经典"意义。其中，沃格林较为特别地将关注点置于《理想国》首词"κατέβην"上。

沃格林的解读很难被看作现代解读的典范。当然，对现代学术来说，是否存在"典范"的读法本身就是一个问题。但我认为，沃格林的解读构成了现代解读中非常特殊的一例，它同时受到了极高的褒扬和不屑，[2] 这更说明了该解读特有的分析价值。

2. 对沃格林"读法"的质疑和辩护

对话录作为哲学文本，往往意味着对话结构和文学形式也能够服务于哲学表达。这也正是现代研究者们孜孜不倦地解读 μύθος 与 λόγος 之间关系的一大原因。事实上，要想将柏拉图文本彻底剥离为单纯的论证结构，或重组成笛卡尔以来的哲学论文写作形式，这会非常困难。因为作为作者的柏拉图隐藏在作为言说者的戏剧角色身后，我们并不清楚他的真实意图。因此，"读法"和"进路"就成了现代柏拉图研究非常基础且尤为关键的讨论。

沃格林的解读正是在这个意义上被斥为"随意的"，因为当他说"κατέβην"构成了一个象征符号并成为贯穿整部《理想国》的

---

〔1〕 在古代，《蒂迈欧》被认为是柏拉图最重要的著作。见 Dirk Baltzly 为 Proclus《〈理想国〉评注》写的"General Introduction"部分，Proclus，2018，pp.1-2。

〔2〕 见顾寿观译《理想国》（吴天岳校），校订者在首句下面注释："沃格林对该词有一段较为随意的发挥。"顾寿观，p.1。另见林国华文《沃格林的〈柏拉图〉》，该文认为，沃格林是"新柏拉图主义陈词滥调在现代的翻版"。

主题时，并没有告诉我们他是如何判断的。当然，任何文本的考据工作和对作者字里行间的笔法猜测都不会有利于他的解读，这点我们在本文第一节中已经有所揭示。如果要为沃格林做一些辩护的话，我会借用他在《新政治科学》中对于相干性和方法的讨论：科学是对实在之结构（相干性）的真理性阐述，方法论能够有助于相干性的判断。然而实证科学的一个危机是，方法并不能取代科学本身，从而成为判断相干性的唯一准则，因为方法论仅仅归纳了方法自身的相干。如果科学从属于方法论，那么这就带来科学自身的毁弃。〔1〕

因此，沃格林不太可能服从于一种既定的“读法”，认为柏拉图的意图，甚至哲学本身，只有经由这一读法才是可及的。但是沃格林并非要给出一种“随意”的解释，因为他真正朝向的，仍然是文本内部的真理性，以及文本背后实在事物自身的相干性。当然，沃格林面对的张力就在于，一方面，方法论有着取代相干性的危机；另一方面，不经由任何方法，科学仍然是不可能的。因此，关键就在于，沃格林将如何分析并展示作为研究对象的真理性。

3.“κατέβην”与“符号”

沃格林认为，在对《理想国》不断推进的探索中，同一个核心问题总是被反复提及。因此除去纵向发展的结构外，沃格林认为《理想国》在横向也构成了意义关联。这些关联揭示出的问题，是沃格林认为《理想国》最为核心的问题。于是他试图向我们揭示出这些反复存在的关联，并且证明这些关联既在哲学上构成了

〔1〕 见《新政治科学》导论，第10—13页。

对同一个问题的回应，也在文本结构上如此铺陈开来。他指出，这一揭示通过对文本“符号”的分析可以实现，而这个符号就是“κατέβην”。

对沃格林而言，“符号”不是本真的东西，而是被制造出来的自我彰显的工具。《理想国》作为一个文本结构被搭建起来之后，同时有一个意义结构被组建起来，这个意义结构包含了柏拉图的意图和文本背后的相干性。它是经由柏拉图的文本、语言，映射出的实在自身的结构。这些相干性对我们而言不是直接的，而是经由特定的符号向我们呈现。这些符号由意义结构自行生成，作者的表达可能影响符号的表达方式，但不影响符号对于意义结构的客观性。因而，这些符号成为我们的分析对象，成为我们经由文本结构抵达意义结构的通途。

“κατέβην”何以构成文本意义结构中反复出现的符号？实际上这并不复杂。苏格拉底拥有双重身份，一个是作为城邦公民的政治身份，一个是作为“自知其无知”的哲学家身份。前者欲求着敉平与同质，后者欲求着特殊与超越。这个结构在《会饮》中同样明显：阿里斯托芬的神话中，人们的爱欲指向彼此，构成了城邦生活的横向联结；狄俄提玛的神话中，爱欲垂直地指向美本身，构成了纵向的超越。柏拉图哲学对此岸的关注内在地穿透此岸，指向了一个在上的王国。于是“上和下”就成为柏拉图哲学中反复出现的符号，这在柏拉图的解释史中并不罕见。[1]

而对于《理想国》来说，上与下的结构更加特殊。因为这部对

---

〔1〕 就古代而言，柏拉图主义同样强调存在的纵向结构。就现代而言，图宾根学派则将柏拉图哲学重构为“向上的路”即认识论，和“向下的路”即存在论或本体论。

话不仅仅讲述了哲学的超越，关键在于教化问题。因此，除去“上下”的结构，“向下”这一概念也被反复提及。如果相对于生成领域，存在领域是“在上的”，那么不同于早期理念论的任务，即强调存在领域对生成领域的解释效用，《理想国》的实践倾向更要求灵魂能够在看到存在领域的必然知识之后“回到”生成领域，从而在教化和实践上让行动接受理性和知识的掌控。沃格林在此并没有直接依靠柏拉图主义式的超越与返回，而是为“下行”补上了另一维度，即与《奥德赛》的联系。这一工作使得沃格林对符号的分析在古典学上有了更多的支持。因为“κατέβην”一词本来就是《奥德赛》中非常重要的概念，它表示下行到冥府。这个关联能够将厄尔神话与开头联系起来，使得“κατέβην”进一步成为贯穿意义结构和文本结构的符号和主题。

4. 总结

经由上述讨论，笔者认为，沃格林的观点是可辩护的。但辩护的基础是，认同沃格林基于方法论批评提出的符号分析能够直面意义结构。根据这一方法，将“κατέβην”视为《理想国》的符号确实有可行之处。但沃格林的方法分析告诉我们，“符号”是意义结构自我彰显的，而不是作者主观置入的。一个明显的证据是，如果柏拉图意图使我们注意到“κατέβην”是特殊的、概念化了的，他完全可以更强调地使用这个词，但在十卷本中该词只出现了 8 次。因此，我们或许可以说，“κατέβην”作为文本意义结构的“符号”是合理的，但它同时作为《理想国》的首词却是偶然的。因而，本文对沃格林的辩护，前提是我们不认为沃格林诉诸的是柏拉图在《理想国》首句中已然埋下了复杂深刻的写作方法。如果经由后一种解读，那么沃格林确实是随意的。

就此而言，无论古代还是现代，对《理想国》首句的特别关注和分析，都很难说是内在的。这些分析一方面固定于各自时代的解释视阈，另一方面服务于具体解释者的论说目的，最终形成了层累的复杂化与建构工作。这某种意义上回指了尼采的批评：有时学者们挖掘出的，仅仅是自己埋进去的东西。实际上，就算我们坦然承认《理想国》首句仅仅说明了戏剧的时间、地点、人物，为我们搭建了一个戏剧发生的舞台，也并无损于《理想国》十卷本的浩瀚与精深。如果柏拉图真的在这句话中隐含了什么目的和意图，我想这一目的很可能仅仅是：希望读者跟随苏格拉底一同“走下去”，走进接下来的文本中，走进戏剧雅典和苏格拉底的生命，观看哲学在这一舞台上的真正展开。

参考文献：

Adam, A., *The Republic of Plato*, Cambridge: at the university press, 1902.

Cicero, *De Senectute*, *De Amicitia*, *De Divinatione*, trans. William Armistead Falconer, Cambridge: Harvard University Press, 1923.

Cornford, Francis Macdonald, *Plato's Cosmology*, Routledge: Hackett Publishing Company, 1935.

Demetrius of Phaleron, *Demetrius On style*, W. Rhys Roberts, Cambridge: Cambridge University Press, 1902.

Dionysius of Halicarnassus, *Dionysii Halicarnasei Quae Exstant*, *Volumen Sextum*, Ludwig Radermacher, Leipzig: Aedibus B.G. Teubneri, 1904.

——, *De Compositione Verborum*, edited with introduction, translation, notes glossary, and appendices by William Rhys Roberts, the Project Gutenberg ebook, 2015.

Gerald, A. Press (ed.), *The Continuum Companion to Plato*, Continuum International Publishing Group, 2012.

Kanayama (ed.), *Soul and Mind in Greek Thought. Psychological Issues in Plato and Aristotle*, Springer International Publishing AG, 2018.

Laertius, Diogenes, *Lives of Eminent Philosophers*, ed. R.D. Hicks, Cambridge: Harvard University Press, 1972.

拉尔修:《名哲言行录》,徐开来、溥林译,广西师范大学出版社2010年版。

Plato, *Plato: Complete Work*, Hackett Publishing Company, 1997.

Proclus, *Commentary on Plato's Republic*, translated with an introduction and notes by Dirk Baltzly, John F.Finamore, Graeme Miles, Cambridge: Cambridge University Press, 2018.

Quintilian, *Institutio Oratoria*, trans. Harold Edgeworth Butler. Cambridge: Harvard University Press, 1922.

Riginos, *Platonica: the Anecdotes Concerning the Life and Writings of Plato*, Leiden: Brill, 1976.

Slings, S.R., *Platonis Rempublicam*, Oxford: Oxford University Press, 2003.

——, *Critical Notes on Plato's Politeia*, Brill, 2005.

Vögelin, Eric, *Order and history III*, The collected works of Eric Voegelin, v.16, Baton Rouge: Louisiana State University Press, 1956-1987.

沃格林:《新政治科学》,段保良译,商务印书馆2020年版。

Wilamowitz-Moellendorff, U.von, *Platon, erster Band: Lieben und Werke*, Berlin: Weidmannsche Buchhandlung, 1920.

——, *Platon, zweiter Band: Beilagen und Textkritik*, Berlin: Weidmannsche Buchhandlung, 1920.

学派与学术传统

什么是柏拉图主义？[1]

Lloyd P. Gerson[2] 罗 勇[3] 译

一、问题

本文标题中提出的是一个历史问题。例如，我关注的“柏拉图主义”，主要不是现代哲学家们用来代表一种尚在讨论的特定理论的术语——一种通常被人们承认但可能没有人真正持有的理论。[4]我更关心的是在历史的基础上，理解和阐明这个在古代从其“创立者”开始到至少公元6世纪中期为止都十分重要的思想“学派”

〔1〕 本文原载于*Journal of the History of Philosophy*，43.3，2005，pp.253-276。

〔2〕 格尔森（Lloyd P. Gerson），多伦多大学哲学教授。著有《古代认识论》（*Ancient Epistemology*）、《从柏拉图到柏拉图主义》（*From Plato to Platonism*）；主编《剑桥晚期古代哲学史》（*The Cambridge History of Philosophy in Late Antiquity*）、《新剑桥普罗提诺指南》（*The New Cambridge Companion to Plotinus*）；译有普罗提诺的《九章集》（合译）。

〔3〕 罗勇，重庆大学人文社会科学高等研究院讲师。

〔4〕 蒯因（Willard van Orman Quine）和罗蒂（Richard Rorty）是我们很容易想起的两位杰出哲学家，他们都使用“柏拉图主义”这个标签来作为他们自己的哲学立场之发展的陪衬。我完全不认为“柏拉图主义”这个词的现代使用同历史现实毫无关联或只有空洞的关联。不过，正是因为有某种关联，尽管偶尔还是间接的，但在获得关于双方面的判断之前对这一历史现象有一个清晰的把握，这会是有益的。

（school）的核心立场。[1]毫无疑问，在800多年的时间里，柏拉图主义在古代世界都是主导的哲学立场。古代世界的所有哲学家都以柏拉图主义作为思考的起点，包括那些认为他们的首要任务是驳斥柏拉图主义的人，但或许伊壁鸠鲁主义是唯一的例外。基本上，柏拉图主义设定了古代哲学的议程。鉴于这一事实，准确理解柏拉图主义的本质对于古代哲学史学家而言显然是吸引人的。

如果我们规定柏拉图主义是所有自称的柏拉图主义者或柏拉图追随者的观点或观点集合，那我们就可以认为，我们能以相对简单和清晰的方式来应对确定柏拉图主义的性质这个任务。因此，我们可以采取一种纯粹现象学的方法：柏拉图主义就是相关时期的任何人确认为柏拉图主义的任何东西。[2]在确定谁是柏拉图主义者时也可以采用类似的方法。作为一种严格的历史方法，这并非不合理的开展方式。[3]然而，这种方法也有几个缺点。

---

〔1〕柏拉图主义在某种意义上实际被认为早于柏拉图的学说，这是一个令人惊讶的事实，我在下文将会处理。我在此关注的，用一个不当的贬义词来说，就是"异教的"柏拉图主义。因此，我不会谈及比如基督教柏拉图主义，除非是暗示或者假设这个说法表明了柏拉图主义的一种历史变种。

〔2〕根据J. Glucker，*Antiochus and the Late Academy*，Göttingen：Vandenhoeck und Ruprecht，1978，pp.206-225，哲学家们在公元2世纪开始自称为柏拉图主义者。比如，阿斯卡隆的安提俄库斯（Antiochus of Ascalon）就总被说成是一位学园成员。根据Glucker的看法，从"学园成员"到"柏拉图主义者"，其转变的出现乃由于学园实际上的终止，以及在一段沉静时期之后重新出现的对其奠基者哲学的关注。

〔3〕参见H. Dörrie and M. Baltes，*Der Platonismus in der Antike*：*Grundlagen*，*System*，*Entwicklung*，Stuttgart-Bad Cannstatt：Fromann-Holzboog，1987-2002，Vol.1，p.4："柏拉图主义被理解为这样一种哲学，其代表人物自称为Πλατωνικοί-*Platonici*。如此理解的柏拉图主义很快便拥有了一个哲学学派——αἵρεσις-*secta*的所有特征，这些特征与区分出其他学派（即斯多亚学派）的那些特征类似。"关于αἵρεσις在这个时期的含义，参见*Antiochus and the Late Academy*，pp.166-193。在讨论了大量的证据之后，Glucker总结说，αἵρεσις从来没有在机构或组织的意义上被用作"学派"，但总是被用作一种思考方式或一系列信念。

首先，直到公元前 2 世纪的某个时候才有自认为柏拉图主义者的哲学家，这一事实意味着，在某种程度上，可以说是专门用语（technicality）为基础，我们必须从我们对柏拉图主义的建构中排除许多哲学家的贡献，尽管他们在某种意义上显然是柏拉图及其哲学的追随者。因此被排除在外的哲学家名单将相当令人印象深刻，其包括了老学园成员，比如斯彪西波（大约公元前 410—前 339 年）和克塞诺克拉底（公元前 396/395—前 314/313 年），此外还有许多被年代错置地称作属于中期柏拉图主义的重要人物，比如阿斯卡隆的安提俄库斯（大约公元前 130—前 68 年）和努曼尼乌斯（Numenius，公元 2 世纪）。我从许多其他哲学家中挑选出这些哲学家，因为他们留下的作品——有时候很多，有时候又很少——对于历史地回答我的问题无疑起到了一定的作用。在这方面，新学园的怀疑论哲学家们，包括阿尔凯西劳（Arcesilaus，公元前 316/315—前 241/240 年），卡尔涅德斯（Carneades，公元前 214—前 129/128 年），克里托马库斯（Clitomachus，公元前 187/186—前 110/109 年）以及拉里萨的费隆（Philo of Larissa，公元前 158—前 84 年）尤其值得关注。[1] 因为 个严肃而复杂的问题是怀疑论

---

〔1〕“新学园”这个词显然至少要回溯至塞克斯都·恩披里柯。参见塞克斯都·恩披里柯：《皮浪学说概要》I 220，他在此处区分了卡尔涅德斯领导下的（新）学园和阿尔凯西劳领导下的（中期）学园。“中期柏拉图主义”这个词是相对现代的发明，此外还有“新柏拉图主义”。因此，令人困惑的是，中期柏拉图主义（大约公元前 80 年—公元 250 年）在新学园之后，包括了那些不自称为柏拉图主义者（尽管他们在某种意义上是柏拉图的学生）和自称为柏拉图主义者的哲学家。我们或许希望认为，如果柏拉图主义完全是由那些自称为柏拉图主义者的人来决定的，那么柏拉图主义和新柏拉图主义之间就不会有多么不同，因为绝大多数自称为柏拉图主义者的人实际上在今天被我们称为新柏拉图主义者。什么东西区分了新柏拉图主义和柏拉图主义，这个问题并不简单。把那些自称的新柏拉图主义者的学说理解为柏拉图主义的变种，（转下页）

是否反映了柏拉图主义的真实元素。[1] 仅仅因为新学园成员实际上没有称自己为柏拉图主义者而忽视这个问题，这似乎是不必要的刻板（scholastic）。

其次，在自称的柏拉图主义者中和在事实上的柏拉图主义者中，对于被认为构成了柏拉图主义的各种学说存在着严重的和实质性的分歧。如果我们向前推进到这个时代的末期，那些毫无疑问属于柏拉图统绪的人，例如普罗克洛斯（Proclus，公元 412—485 年）和辛普里丘（Simplicius，公元 480—560 年），为我们保留了和许多世纪以来的柏拉图主义者中有争议的立场相关的大量学述（doxographies），这些争论集中于或大或小的问题。像多里厄（Dörrie）这样的学者对这些争论非常熟悉并且坚持现象学的方法，会认为承认柏拉图主义内部的矛盾不会引起不便。例如，根据多里厄的观点，如下这些主张都属于真正的柏拉图主义：我们的整个灵

（接上页）这要准确得多。根本就不清楚是否存在着一些学说，将写作于公元 3 世纪到 6 世纪之间的哲学家们整体上区别于比如老学园成员，例如斯彪西波和克塞诺克拉底。参见 J. M. Dillon，*The Heirs of Plato. A Study of the Old Academy*（*347-274 BC*），Oxford：Oxford University Press，2003，特别是第 2—3 章关于老学园学说中的"新柏拉图主义"元素。在使得柏拉图的学说具有体系形式的过程中，或者更有争议的是说，在见证柏拉图亲自使之最终体系化的过程中，克塞诺克拉底的作用不应被低估。亦参 C. J. De Vogel，"On the Neoplatonic Character of Platonism and the Platonic Character of Neoplatonism"，*Mind*，62（1953），pp.43-64。一篇影响深远的文章（E. R. Dodds，"The *Parmenides* of Plato and the Origin of the Neoplatonic One"，*Classical Quarterly*，22［1923］，pp.129-142）试图把新柏拉图主义的这个核心观念追溯至柏拉图主义的中期柏拉图主义变种。

〔1〕塞克斯都・恩披里柯在《皮浪学说概要》I 221—235 中认为，新学园的倡导者，比如卡尔涅德斯，不是怀疑论者（226—232），而阿尔凯西劳则是怀疑论者（232—235）。到底是二者中有一个还是没有一个促进真正的柏拉图主义，这是个微妙的问题。塞克斯都倾向于怀疑柏拉图可以被认为是怀疑论者，正如塞克斯都本人对这个词的理解那样（225）。

魂是不朽的，或者灵魂只有一部分是不朽的；形式（Forms）在神圣理智之内，或者不在其内；宇宙实际上（literally）是在时间中被创造出来的，或者不是；恶应被确定为质料，或者应被确定为缺失（privation），或者都不是；等等。

我对这种方法的担忧仅仅在于它是肤浅的。因为在柏拉图主义者中，这些争论与柏拉图主义者和其他学派成员之间的那些争论有着根本的不同。就前者而言，存在着（或者因此我的目的是表明）一些普遍同意的原则（principles），这些有争议的立场正是以它们为基础而提出的。就后者而言，柏拉图主义者认为他们的对手在原则上是根本错误的。我认为，为了理解柏拉图主义，我们应该关注的正是这些原则。

当然，这些原则之一是柏拉图主义者是柏拉图哲学的追随者。这反过来又提出了一个大问题，即如何从“柏拉图说了什么”（what Plato says）出发进到“柏拉图的意思是什么”（what Plato means）。[1]柏拉图说了什么（或者更准确地说，柏拉图笔下的人物说了什么）与柏拉图的意思是什么之间的鸿沟可能是一个深渊。有可能跳进深渊之后就再也听不到任何东西了。然而，大多数古代哲学的研究者都认为有办法弥合这一鸿沟，也就是各种合理假设，它们使我们能够以对话中所说的话为基础来得出关于柏拉图的意思的结论（谨慎的或相反的）。但是，允许鸿沟的存在就等于承认存

[1] Gerald Press恰当取名并编辑的文集*Who Speaks for Plato*?（Lanham，Md.：Rowmann & Littlefield，2000）准确表达了这个问题。我目前的关注回避了如下事实：Press和其他人认为这个问题或许不可能明确回答。因为我认为，即便我们相信柏拉图不是柏拉图主义者，或者我们无法知道他究竟是不是柏拉图主义者，但我们也可以确定柏拉图主义的本质。

在着一种或一系列超出了对话所说的东西的哲学立场（它们的各部分可能一致也可能不一致）。例如可以从对话中建构出独一无二的（the）形式理论或一种（a）形式理论，但据我所知，没有一种关于形式的论述不去尝试至少从对话的原话（words）中概括或引出形式的含义。〔1〕

字面释义（paraphrasing of the literal）和学说构建之间的鸿沟就是柏拉图写下的东西和柏拉图主义之间的鸿沟。〔2〕我认为我们必须从一开始就认识到，柏拉图主义者关注前者，主要因为它是达到后者不可或缺的方法。〔3〕但这不是唯一的方法。几乎无需强调的是，从“柏拉图认为p”和“p必然包含q”的主张中，我们不

---

〔1〕 柏拉图在《斐德若》274c—277a和《书简七》341c—d的话表明了以书面语来引导进入柏拉图内心思想的不可靠，这毫无疑问增加了柏拉图必须被解释的合理性。参见下文注释21。亦参《书简二》314c。关于从老学园到新柏拉图主义者的柏拉图式解释中的困难和变化多端，一份非常有益的研究参见H. Tarrant，*Plato's First Interpreters*，Ithaca，N.Y.：Cornell University Press，2000。

〔2〕 P. Shorey，*What Plato Said*（Chicago：The University of Chicago Press，1933）绝佳地例证了一位学者尝试对在其对话中有什么进行论述时尽可能地可靠。但即便是Shorey也一再试图告诉我们柏拉图说这说那时的真实意思是什么。参见H.F. Cherniss，*The Riddle of the Early Academy*，New York：Russell & Russell，1945，第3章：“学园：正统、异端或哲学解释？”。

〔3〕 比如，普罗提诺（或许带有只是最轻微的反讽）认为，柏拉图既不是第一位“柏拉图主义者”也当然不是唯一的“柏拉图主义者”，而只不过是最受神启的“柏拉图主义者”。G. R. Boys-Stones，*Post-Hellenistic Philosophy. A Study of its Development from the Stoics to Origen*（Oxford：Oxford University Press，2001）主张，“柏拉图主义在根底上……认为柏拉图的哲学的独断的和权威的。”正如Boys-Stones继续认为的，这不意味着柏拉图的原话总在表面上被接受。柏拉图的真实意思必须得到解释。“柏拉图主义者可以坚持一个命题的真理，乃是因为柏拉图已经说过这个命题了，而且这或许甚至是在他们自己明白了为何这个命题真实之前。”柏拉图主义哲学首先涉及弄清楚柏拉图的意思是什么，以作为朝着知识进步的方法：由这个诠释过程（比如在普鲁塔克的《柏拉图问题》中）可能引发的真正的不确定性表明，这个过程在其概念上是相当坦诚的，并非为了在不顾及柏拉图的情况下得出一些学说而不诚实地挪用柏拉图（p.103）。

能推断出“柏拉图认为 q”。尽管如此，柏拉图主义者仍渴望通过解读柏拉图，尽可能地在他们对柏拉图主义的理解方面受到启发和培养。

我们可以说，古代的人们相当广泛地认为，柏拉图并不是第一个柏拉图主义者。亚里士多德告诉我们，柏拉图“在大多数事情上都追随意大利人（即毕达哥拉斯学派）”。[1] 普罗提诺告诉我们，柏拉图并不是第一个说出我们今天实际上广泛认为是“柏拉图主义”之元素的人，但他说得最好。[2] 由于柏拉图不是柏拉图主义的第一个并因此也不是唯一的柏拉图主义拥护者，于是认为柏拉图意谓（meant）了他碰巧没有明确说出来的东西，这在原则上一般认为是没问题的。换句话说，引出柏拉图所说的话的含义或真实意思，这是阐明和捍卫柏拉图主义这项计划的一部分。[3]

〔1〕参见《形而上学》A6，987a30。亚里士多德继续将柏拉图哲学的“特性”（τὰ ἴδια）归于他年轻时受到克拉底鲁（Cratylus）和苏格拉底的影响。第欧根尼·拉尔修：《名哲言行录》III 5—8 确认并更充分地阐述了这个论述。新柏拉图主义的一个常规（尽管多变）特征是结合柏拉图主义与毕达哥拉斯主义。关于柏拉图依靠毕达哥拉斯，参见扬布利柯（Iamblichus）：《毕达哥拉斯生平》（*On the Pythagorean Life*）74.18-21；94.18-22，以及 D. J. O'Meara，*Pythagoras Revived*：*Mathematics and Philosophy in Late Antiquity*，Oxford：Clarendon Press，1989，pp.91-111。

〔2〕参见《九章集》V 1.8.10—14：“因此，我们的这些陈述并非最近的或新的，相反是在很久以前就有的，尽管并不清晰。我们现在说的东西是那些人的解释，依赖于柏拉图本人的作品来证明这些是古代的观点。”普罗提诺在此提到了他自己的形而上学的一些基本原则。关于重新确立柏拉图作为柏拉图主义者之哲学权威的不同观点，参见 D. Sedley，“Plato's Auctoritas and the Rebirth of the Commentary Tradition”，in J. Barnes and M. Griffin（eds.），*Philosophia Togata II*，Oxford：Clarendon Press，1997，pp.110-129，以及 Boys-Stones，*Post-Hellenistic Philosophy*，第 6 章。

〔3〕普罗提诺：《九章集》VI 2.1.4—5，说他“尝试协调（ἀνάγειν）我的观点和柏拉图的观点”。普罗提诺希望他自己的观点与柏拉图的一致。参见 J. N. Findlay，*Plato*：*The Written and Unwritten Doctrines*，London：Routledge & Kegan. Paul，1974，p.377，他在描述普罗提诺的柏拉图主义时说：“这完全就是我们所达至的，如果我们（转下页）

试图揭示柏拉图原话受到启发的含义，这显然与拒绝毫无疑问地接受柏拉图的权威是一致的。比如，奥林匹奥多洛斯（Olympiodorus，公元510年之前—565年之后）在其《柏拉图〈高尔吉亚〉评注》（*Commentary on Plato's* Gorgias）中讲述了一个有启发的故事，他的老师阿莫尼乌斯（Ammonius，大约公元440年之前—517年之后）在指责一位以“柏拉图说过”（Plato said it）作为支持某种学说或其他学说的理由时回复说，首先，理由“并非柏拉图意味了什么”（οὐκ ἔφη μὲν οὕτως），其次，即便柏拉图意味了什么，这也不会因为柏拉图说过了就是正确的。[1] 阿莫尼乌斯的第一点和他的第二点一样重要：我们不能总是从表面来看待柏拉图的原话。我们解释它们，并且在对它们的解释中，我们必须通过论证来为它们进行辩护。

因此，在尝试理解什么是柏拉图主义时，我们必须认识到，在某种意义上，柏拉图主义比柏拉图范围更大。但我们还必须认识到，支持柏拉图表达了柏拉图主义的证据在一些重要方面被比如今一般认为的都更加宽泛。

当然，核心证据是柏拉图全集。正如第欧根尼·拉尔修所述，忒拉绪洛斯（Thrasyllus，殁于公元36年）将柏拉图的作品分成九

（接上页）思考柏拉图成文作品中那些重要的沉思性文段，愿意对直观思维（eidetic thinking）进行限制，这种意愿尚未出现在许多冒险解释柏拉图的经验论者、多元论者、一元论者、怀疑论者、形式逻辑学家、反神秘论者和纯粹的学者当中。”不管我们对 Findlay 的诠释学立场有什么保留看法，这实际上准确反映了柏拉图主义者自己的保留看法。

〔1〕 参见奥林匹奥多洛斯：《柏拉图〈高尔吉亚〉评注》41.9.10—13。他在这个文段中巧妙地引用了《斐多》91c1，苏格拉底在此敦促其对话者“少关心苏格拉底，多关心真理”。

个“四联剧”或四组。[1] 除此之外，他还附加了一些他认为是伪造的作品。今天，关于四联剧的划分是否肇始于忒拉绪洛斯的问题存在着巨大的争议。[2] 关于忒拉绪洛斯对真实的和伪造的材料的划分存在着更大的争议。从我们的角度来看，最重要的是，忒拉绪洛斯的方案为后来的柏拉图主义者确定了真正的柏拉图作品全集。[3]

九组四联剧中的 36 部作品包含了 35 篇对话和被算作一部作品的 13 封《书简》。不是所有这些作品在今天都被普遍认为是真作。在真实性受到怀疑的对话中，《阿尔喀比亚德》(前篇）对柏拉图主义者是最重要的对话，因为这篇对话显然是他们在哲学“课程”中首先阅读的。[4] 在真实性受到怀疑的书信中，《书简二》和《书简七》的哲学部分对柏拉图主义者无疑是最重要的。他们经常用这些《书简》来加强他们关于对话的解释。[5]

---

〔1〕参见第欧根尼·拉尔修:《名哲言行录》III 56。拉尔修在 III 61 接下来提到了文法家阿里斯托芬（大约公元前 257 年—前 180 年）早先显然基于戏剧的相似而将对话划分为三联剧。

〔2〕参见 H. Tarrant，*Thrasyllan Platonism*，Ithaca，N.Y.：Cornell University Press，1993，尤其是第 3—4 章，以及 J. Mansfeld，*Prolegomena*：*Questions to be Settled before the Study of an Author or a Text*，Leiden：E.J. Brill，1994，尤其是第 2 章。

〔3〕参见 J. M. Cooper，*Plato. Complete Works*，Indianapolis，Indiana：Hackett Publishing Co.，1997，本书包含了忒拉绪洛斯确定的所有真实的和伪造的材料。H. Tarrant，*Thrasyllan Platonism* 认为忒拉绪洛斯的对话划分反映了柏拉图主义的一种积极解释，而非对现存材料的纯粹中性的组织。根据 Tarrant 的看法，忒拉绪洛斯是后续各种柏拉图主义发展的关键人物。

〔4〕关于支持和反对《阿尔喀比亚德》之真实性的证据，参见 J. -F. Pradeau，*Alcibiade*，Paris：Flammarion，1999 和 N. Denyer，*Alcibiades*，Cambridge：Cambridge University Press，2001。关于新柏拉图主义者研究柏拉图对话的顺序，参见 I. Hadot，*Simplicius. Commentaire sur les Catégories*，Leiden：E.J. Brill，1990，pp.44-47。

〔5〕关于《书简》之真实性问题的介绍，参见 G. R. Morrow，*Plato's Epistles*，Indianapolis，Indiana：Bobbs-Merrill，1962。

除了全集中的作品外，还有亚里士多德对柏拉图“未成文学说”的报告。认为柏拉图有未成文学说，并且这些学说在任何方面都与对话中所说的不同，这是一个受到强烈甚至激烈争议的问题。[1] 毫无争议的是，我们这一时期所有自诩为柏拉图主义者的人都认真对待这些报告，即使并不总是从表面来看待它们。[2] 此

---

〔1〕参见 H. J. Krämer，*Arete bei Platon und Aristoteles*；*zum Wesen und zur Geschichte der platonischen Ontologie*，Heidelberg，C. Winter，1959；以及他后来的作品 *Platone e i fondamenti della metafisica*，Milano：Vita e pensiero，1989，英译本是 *Plato and the Foundations of Metaphysics*，Buffalo，N.Y.：SUNY，1990。还有 K. Gaiser，*Platons ungeschriebene Lehre. Studien zur systematischen und geschichtlichen Begründung der Wissenschaften in der Platonischen Schule*，Stuttgart：E. Klett，1963；T.A. Szlezák，*Platon und die Schriftlichkeit der Philosophie*：*Interpretationen zu den frühen und mittleren Dialogen*，Berlin/New York：Walter De Gruyter，1985，以及最后提到的这部作品的英文概要版，T. A. Szlezák，*Reading Plato*，New York：Routledge，1999。关于柏拉图拥有未成文学说并且亚里士多德准确地见证了这些学说，这种观点最著名的支持者是 H. F. Cherniss，*Aristotle's Criticism of Plato and the Academy*，Baltimore：The John Hopkins Press，1944 和 *The Riddle of the Early Academy*，New York：Russell & Russell，1945。为柏拉图的未成文学说进行辩护的新近全面研究是 M. -D. Richard，*L'enseignement oral de Platon*：*une nouvelle interpretation du platonisme*，Paris：Editions du Cerf，1986。参见 G. Vlastos，“Review of *Arete bei Platon und Aristoteles* by H. J. Krämer，” *Gnomon* 41（1963）：641-655，关于批评柏拉图具有未成文学说这一论题的重要论证。关于亚里士多德的提到或描述未成文学说的文段以及新柏拉图主义对这些文段的评注，一份便捷的收集和翻译可见于 Krämer，*Plato and the Foundations of Metaphysics*，pp.203-217，亦见于 Findlay，*Plato. The Written and Unwritten Doctrines*，pp.413-454。

〔2〕比如绪里阿努斯（Syrianus，？—大约公元 437 年）在其《亚里士多德〈形而上学〉评注》（*Commentary on Aristotle's* Metaphysics）中经常批评亚里士多德报道的柏拉图的未成文学说。他似乎是以柏拉图在《斐多》274c—277a 和《书简七》341c—d 中表达的对书写价值的怀疑为基础（前者无疑是真作，后者被多数柏拉图主义者认为是真作），关于未成文学说的证词的价值有可能被认为得到了提高。我认为这个立场要比如下两种立场更合理：要么因为《书简七》质疑了柏拉图作品的严肃性而对《书简七》的真实性不予考虑，要么认为《书简七》和《斐德若》中的该文段暗示了柏拉图的作品对于确定柏拉图的学说，也就是说对于确定什么是柏拉图主义没有证明价值。进一步的论证，参见 L. P. Gerson，“Plato Absconditus，” in *Who Speaks for Plato*，pp.201-210。

外，还有亚里士多德对对话中所表达的学说的解释。柏拉图主义者认为，我们知道这些学说，是因为亚里士多德了解“未成文学说”，以及他与柏拉图多年来的亲密接触。既然他们更关心柏拉图主义，而不是公开著作中所包含的材料，那么他们在此依赖亚里士多德是完全合理的，因为如果他们的兴趣主要是历史的或学术的，那或许就不会这样了。〔1〕

柏拉图主义者对亚里士多德的材料的使用是复杂的，因为他们通常认为亚里士多德不是反柏拉图主义者。更确切地说，他们认为亚里士多德的哲学与柏拉图的哲学是“一致的”（συμφωνία）。〔2〕正如辛普里丘所说，亚里士多德是可感世界的权威，柏拉图是可理知世界的权威。〔3〕他们之间的不同只是表面的，并且源于这样一个事实：柏拉图以从可理知世界中得出的原理为基础来审视可感世界，而亚里士多德则以相反的方式进行研

〔1〕参见比如波斐利（Porphyry）：《普罗提诺传》（*Life of Plotinus*），第14章，他在其中重述了普罗提诺做哲学的方法，特别是普罗提诺吸收了“主要的文本”，继之则是他处理以这些文本为基础的理论的“独特”（ἴδιος）和“不寻常”（ἐξηλλαγμένος）的方法。当在教室中阅读朗吉努斯（Longinus）的作品时，波斐利注意到了普罗提诺的评价：“朗吉努斯是学者，但根本不是哲学家。”（第19章）

〔2〕关于亚里士多德和柏拉图之间的一致这个观点，参见拙著 *Aristotle and Other Platonists*，Ithaca，N.Y.：Cornell University Press，2005。

〔3〕参见辛普里丘：《〈范畴篇〉评注》（*Commentary on the* Categories）6.19—7.33。厄里阿斯（Elias，或戴维［David］）：《〈范畴篇〉评注》123.7—12，说诠释者不仅必须表明亚里士多德与柏拉图一致，还必须表明亚里士多德和柏拉图是与他们自己一致的，也就是说，他们是自我一致的。有趣的是，此处暗中拒绝了柏拉图和亚里士多德在思想上的发展论。奥林匹奥多洛斯在其《柏拉图〈高尔吉亚〉评注》41.9中顺带说：“关于亚里士多德，我们必须首先指出，他绝没有不同意柏拉图，除了在表面上。其次，即便他确实不同意，那也是因为他受益于柏拉图。”（Jackson，Lycos，Tarrant 译文）

究。[1]我将在第四节中更详细地讨论柏拉图和亚里士多德的一致这个观念，包括为什么它可能不是索拉布吉（Richard Sorabji）谴责的那种“疯狂”的观点。[2]目前我只想指出，柏拉图主义者认为，为了更好地理解柏拉图主义，柏拉图主义者没有发现什么东西可以妨碍他们从亚里士多德的智慧之泉中汲取灵感。

二、柏拉图主义的基本特征

在本节中，我打算概述我所认为的共同基础的轮廓，这个共同基础既是那些自称为柏拉图主义者的人，也是那些称柏拉图为其最伟大阐述者的哲学立场的支持者所共有的。在不阐述上述哲学家的基本哲学立场的情况下就想为这一概述的准确性提供直接证据，我不是很确定这会意味着什么。因此，我的概述在一开始可以被看作关于柏拉图主义的本质的一种假设。于是，这个概述必须在分析相关文本的基础上予以确认或取消确认。在下文第四节中，我将表明如何实际利用这个概述来在哲学史中开展某种诚实的工作。

几乎所有类型的柏拉图主义都共有的一个特征，这就是对存在

---

〔1〕参见辛普里丘:《亚里士多德〈物理学〉评注》I 249.12—13，他在此处从假定的“真实差异”（在 πρᾶγμα 上）的角度对比了柏拉图和亚里士多德之间表面上的“字面差异”（在 ὄνομα 上）。表面差异的原因是两位哲学家的起点不同。

〔2〕参见比如 Richard Sorabji 为“希腊语亚里士多德评注”（Greek Aristotle commentaries）（大多数都是柏拉图主义者的）所做的系列开创性的翻译的一般介绍，见 C. Wildberg, *Philoponus. Against Aristotle*，*On the Eternity of the World*，London：Duckworth，1987。他在其中提到一致的观点是“完全疯狂的主张”（perfectly crazy proposition），尽管他承认这“在哲学上被证明是富有成效的”。人们完全可能会想知道，如果一致是疯狂的观点，那么为何表明一致的尝试在哲学上竟然并非不无成效。

于任何特定时期的全部哲学问题都坚持我所说的自上而下的（top-down）形而上学方法。[1]柏拉图主义最显著的特点是，它是坚决和不可还原的自上而下，而不是自下而上。哲学问题的自上而下方法拒绝而自下而上方法接受的主张是：我们在这个世界上遇到的最重要和最困惑的现象可以通过寻找构成这些现象的最简单元素来解释。

自上而下的方法诉诸不可还原的、可理知的诸原理来解释这些现象。这些原理包括人的人格（personhood）、自由的个人属性、认知、恶的在场以及存在一个宇宙。自上而下的方法认为，绝不可能按照比如事物由之“演化”（evolve）而来的或现象随之“并发”（supervene）的基本物理粒子来回答关于这些现象的问题。根据这一立场，“柏拉图主义”是原始的（*ur*）“自上而下主义”（top-downism），它真正的对立面是原始的“自下而上主义”。各种各样的“自下而上主义”实际上与各种各样的物理主义（materialism）有着共同的范围。[2]基本上，我用物理主义所表达的是这样一种立场，其认为世界上存在的东西只有物体及其属性，但后者是被解释出来的。所有的物理主义者，也就是所有的反柏拉图主义者，都同意这样一个观点：即使属性在它们是真实的（real）的和它们本身不是物体这个温和的意义上被认为是非物质的（immaterial），但它

〔1〕我借用了晚期 Norman Kretzmann 的自上而下形而上学的观念，尽管他对这个术语的使用要比我的稍微更加狭窄。

〔2〕原子论及其发展成的伊壁鸠鲁主义提供了自下而上方法的最清晰例子。斯多亚主义尤其关注这个方面，因为尽管斯多亚主义是坚决的物质论者，但它希望在原则上被称为自上而下的。此处无法讨论柏拉图主义把斯多亚主义处理为原则上不一致的，处理为一种具有糟糕信念的物质主义。我在此唯一补充的是，比如就普罗提诺而言，对斯多亚主义的批评显然是以假设的“自上而下主义”为基础的。

们的存在也依赖于物体并且完全可以用物理主义的术语来解释。于是对于物理主义者来说，不存在非物质的或无形的实体。因此，对生命中的那些成问题的特征的解释或说明显然不会是自上而下的。解释必须开始于并最终结束于物体或物体的部分，以及支配它们的科学规律。

以下是对作为柏拉图主义的“自上而下主义”之特征的简短和非常概略的纲要。

（1）宇宙有一个系统的统一性。将柏拉图主义体系化的实践可以与在《圣经》和其他正典证据的来源基础上建立神学相比较。一个真正的系统哲学的假设根本上可能取决于宇宙统一性的假定。这是柏拉图主义从前苏格拉底哲学家继承的最深刻遗产。这些哲学家认为，世界是一个统一体，这是就如下意义而言的，即世界的组成部分和世界的运行所依据的法则（laws）确实且可理解地相互关联。因为世界是一个统一体，所以系统地理解世界是可能的。因此，形而上学、认识论、伦理学等领域的特定学说在这个系统内最终都是相关的。更重要的是，它们是不可分割的，因为使我们能够在一个领域内阐明学说的原理与使我们能够在另一个领域内阐明学说的原理是相同的。许多学者已经指出了构成对话原始来源（raw data）的柏拉图主义的非系统本性。但这个事实并不必然与接受在对话做出的体系化主张相矛盾。[1]

---

〔1〕尽管柏拉图学界的所谓图宾根学派（Tübingen school）依赖于一种被认为主要来自未成文学说的体系性柏拉图主义，我并不把柏拉图主义的系统性方面等同于图宾根学派的那种柏拉图主义。相反，鉴于柏拉图主义本质上系统的，因为其基于此处勾勒出的相对简单的假设，所以图宾根学派的柏拉图主义只是多种可能性之一。

（2）系统的统一性是一种解释的等级制。柏拉图的世界观——这个体系的关键——是宇宙要以等级制的方式来看待。宇宙要毫不妥协地自上而下来理解。这个等级制基本上是根据两个标准安排的。首先，简单事物先于复杂事物，其次，可理知事物先于可感事物。两种情况下的优先顺序不是时间上的，而是本体论和概念上的。这就是说，对复杂事物和可感事物的理解取决于对简单事物和可理知事物的理解，因为后者是前者的解释。因此，宇宙中的终极解释原理必须是绝对简单的。由此，柏拉图主义是某种意义上的还原主义（reductivist），尽管不是按照自下而上的哲学还原主义的方式。柏拉图主义是概念上的还原主义，而不是物质上的还原主义。第一原理的简单性与元素的简单性形成了对比，而根据自下而上的方法，事物是由元素构成的。绝对简单的事物是否或在何种程度上也是可理知的，还是在某种意义上超越了可理知性，这是柏拉图主义内部的一个深刻问题。

（3）神圣者构成了一个不可还原的解释范畴。系统性等级制的一个重要部分是一位首先被引用来解释可感世界或生成世界之秩序的神。柏拉图主义聚焦的概念是：神圣者拥有完整的解释“范围”（reach）。这就是说，没有什么是神无法解释的。因此，本体论和神学是密不可分的。柏拉图关于神圣者的概念包含了一个不可消除的个人元素，尽管这种元素常常被严重削弱。这种削弱，部分是随着利用可理知事物和简单事物以及神圣者来解释别的一切的种种努力而来的。临时秩序的神圣动源（divine agent）的残留人格得以保留，部分是由于“变得类似于神”（become like god）这个柏拉图式的基本劝诫（见下文［5］）。另外，仁慈（benevolence）和天意

(providence) 被认为是神圣者的本质特征，其同样在被削弱的意义上对应于神圣者的“去人格化”(depersonalization)。

（4）灵魂学构成了一个不可还原的解释范畴。对于柏拉图主义来说，宇宙本身是有生命的，充满了各种生物。灵魂是生命的原理。生命不应被视为非生命物的副现象（epiphenomenal）或附属品。相反，灵魂在这个系统性等级制中具有独特的解释作用。虽然灵魂基本上是一个解释性原理，但个体灵魂以一种从属的方式融入整个等级制中。柏拉图主义者面临的一个核心问题是理智(intellect)、理智活动（intellection）和可理知事物（intelligibles）与灵魂之间的关系。正如灵魂事物（psychical）被认为不可还原为物质事物，同样，可理知事物也被认为不可还原为灵魂事物。在某种程度上，任何能够努力（striving）的事物的一切努力都应被理解为复杂事物从简单事物中的衍生和可感事物从可理知事物中的衍生的反转。因此，可理知事物不是灵魂事物的一个方面或来自灵魂事物，而是先于灵魂事物。

（5）人属于这个系统性等级制，个人的幸福在于在这个等级制中获得失去了的位置。所有柏拉图主义者都接受这样一种观点：人在某种意义上是灵魂，并且灵魂是不朽的。既然或许神圣者的最重要特征是不朽，所以具身的（embodied）个人存在的目的或 τέλος 被认为是“变得像神一样”。但显然，一个人不必努力成为他已经所是。“变得类似于神”这个任务通常处于一般的希腊的自然（nature）或 φύσις 概念介于“实然”(what is) 和“应然”(what ought to be) 之间的根本对立之中。因此，规范性（normativity）被织入对客观真实的事物的论述中。我们被劝诫成为我们真正地，或真实地，或理想地所是的人。有人可能会说，柏拉图伦理学的第一原理是一个人必须“变得类似于神”。

（6）知识论秩序包含在形而上学秩序之中。认知模式是根据客观实在（reality）的等级制层次而等级制地分层的。认知的最高模式与第一解释原理相对应。包括感知觉在内并需要感知觉作为运作条件的所有认知模式都低于这个最高模式。人既能成为最高认知模式的主体，又能成为低级认知模式的主体，这表明了人格中位于具身人类（embodied human being）的欲望和理想的去身（disembodied）认知动源的欲望之间的模糊或冲突。这种冲突反映在比如沉思性事物和实践性事物的不同吸引力上。

这个相当严格的描述主要是为了适应存在着各种各样的柏拉图主义的可能性。〔1〕各种各样的柏拉图主义实际上可能包含了在特定问题上相互矛盾的立场。〔2〕例如，同意可理知事物先于可感事物或更准确说是不完美的可理知事物的柏拉图主义者，可能对可理知宇宙有哪些部分以及其中的某些部分是否可还原为其他部分存在分歧。再举一个例子，同意万物有一个第一原理的柏拉图

〔1〕比较 P. Merlan, *From Platonism to Neoplatonism*, The Hague: M. Nijhoff, 1953 中稍有不同的纲要，M. Baltes, „Was ist antiker Platonismus?“, in *Dianoēmata. Kleine Schriften zum Platonismus*, Stuttgart/Leipzig: B.G. Teubner, 1999, pp.223-247 主要集中于阐述先于新柏拉图主义时期的柏拉图主义，他在其对柏拉图主义诸元素的概述中补充了世界的永恒、轮回、个人自由和知识就是回忆的学说。这是一个大杂烩，其中的大多数物件属于我认为的特定类型的柏拉图主义，而不是柏拉图主义本身。

〔2〕实际上，普罗提诺（《九章集》IV 8.1.27 及以下）温和地冒险主张，柏拉图本人笔下存在着一些明显的矛盾，因为“他似乎没有在所有地方都说同样的话”（οὐ ταὐτὸν λέγων πανταχῇ φανεῖται）。因此，柏拉图必须被解释。这种解释必须符合作为柏拉图主义之基本原理的标准。

主义者可能会对该原理的活动、可知性、解释“范围”等方面持有矛盾的观点。最后一个相对次要的例子是，支持或反对通神实践（theurgical practices）不是柏拉图主义的本质的一部分。但是，认为人类存在的目标是以某种方式与人类现在或已经分离了的东西重新结合，这确实属于柏拉图主义的本质。因此，用诸如心灵（灵魂）/ 身体或可理知事物 / 可感事物这种（些）二元论来描述柏拉图主义，有些误导人。自上而下的等级制解释框架在概念上先于这些二元论。某种类型的柏拉图主义确实可以假定这样的二元论。然而，等级制形而上学框架内本质的解释性实在论（realism）更为基础。

这就是为什么柏拉图主义的二元论特征是衍生的。柏拉图主义认为，可感世界中的现象最终只能用可理知的原理来解释。但这些现象本身并非可连贯地刻画为不可理知的；否则就没有什么要解释的了。因此，假定的可感事物 / 可理知事物的二元论掩盖了而不是揭示了基本假设。再者，心灵（灵魂）/ 身体的二元论相对于如下柏拉图式的立场而言是次要的，即具身的人类存在必须按照可理知的诸理想事物（ideals）来理解或解释。因此，具身的人是去身的诸理想事物的形象。如果有的话，当一个人坚持二元论是柏拉图主义的一种属性时，更准确的是把这种二元论描述为具身的人 / 去身的人的二元论，而非心灵（灵魂）/ 身体的二元论。

把柏拉图主义理解为各种各样的柏拉图主义的基础，这解释了为什么上面的清单中遗漏了一些东西。首先，任何可能被称为“独一无二地苏格拉底式”（uniquely Socratic）的东西都不见了。柏拉图主义者所理解的柏拉图主义伦理学，是从本体论、神学和灵魂学的结合中发展而来的，不管如何，它主要表现在所谓的中后期对话中。“变得类似于神”的劝诫体现在《泰阿泰德》和《蒂迈欧》专门的形而上学和宇宙论观点之中。[1] 因此，对于这些观点而言，所谓的苏格拉底悖论并没有什么独特的启发性，这些悖论肯定但并不只是主要见于所谓的早期对话中。

第二，这里没有明确提到形式理论。在一定程度上，这是由于假设形式不是柏拉图主义的终极原理。在这方面，柏拉图主义者获得的指导既来自《理想国》对善的形式的解释，也来自亚里士多德在学园内对各种还原到第一原理的理论的论述。[2] 然而无可争议的是，柏拉图主义坚定相信可理知领域——在本体论上先于可感领域的非物质的或无形的领域——的存在。因此，柏拉图主义是一种形式的解释性实在论（explanatory realism），在原则上类似于假设中微子（neutrinos）或无意识来解释某些现象的理论。可理知领域（τὰ νοητά）的轮廓的确切状况是柏拉图式“共同体”内部的一个合法的争论话题。[3] 因此，诸如“形式的范围是什么”这样的问题受到广泛的争论。[4] 就此而言，所要理解的最重要方面是，所有关

[1] 参见《泰阿泰德》176b 和《蒂迈欧》90a—d。

[2] 参见《理想国》509b，以及 H. J. Krämer，„Epekeina tēs ousias. Zu Platon，Politeia 509B“，*Archiv für Geschichte der Philosophie*，51（1969）：1-30，关于这个重要文段的早期解释。

[3] 参见比如波斐利的《普罗提诺传》第 18 章，波斐利在其中讲述了他对可理知事物相对于理智的地位的怀疑。在第 20 章，波斐利提到了朗吉努斯含蓄反对普罗提诺关于理念的论述，这个论述有可能让理念与神圣理智不可分离（参见 V 5；VI 7 等）。

[4] 参见比如绪里阿努斯：《亚里士多德〈形而上学〉评注》107.5 及以下；H. Dörrie，M. Baltes，*Platonismus*，Vol.5，pp.336-353。

于形式的讨论都是在假定形式本身不是终极的存在论原理的基础上进行的，这既是由于形式的多样性，也是由于形式的内在复杂性。

第三，无论是《理想国》中的理想城邦还是《治邦者》和《法义》中稍微不同的观点，都没有提到政治学。毫无疑问，哲学之外的（extra-philosophical）所有解释都可以被引用来解释公元 3 世纪到 6 世纪之间的柏拉图主义者对政治哲学的漠不关心，包括对从事政治的异教徒日益增加的危险的漠不关心。然而更重要的是，对于柏拉图主义者来说，政治哲学被理解为属于柏拉图所描述的那种关于“大众的和政治的德性”的讨论。[1] 这种德性虽然是工具性的，但却低于构成与神圣者类似（assimilation to the divine）的那种德性。因此，政治哲学的教学基本上被忽视了。就此而言，我们也许可以比较一下马丁·路德的尖锐论断：“基督教与德性无关”（Christianity has nothing to do with virtue）。路德的这个典型的挑衅性说法表达了这样一个原则：在试图确定什么是柏拉图主义（或基督教）时，我们应该致力于找到什么是“所有且只有”（all and only）柏拉图主义者（或基督徒）相信的。

我认为，如果我们反思了柏拉图主义的各种特征的系统性统一，那么我们就能更全面地理解关于柏拉图主义的上述论述中包含了什么和排除了什么。正如在斯多亚主义中那样，在我们这个时代的柏拉图主义中，一切都与别的一切联系在一起。当然，区别在于斯多亚主义或多或少是一贯地物质主义的，而柏拉图主义则维持着一个非物质主义和等级制的解释框架。关于一般的自然世界的各

[1] 参见《斐多》82a11。参考 69b6—7；《理想国》365c3—4；500d8；518d3—519a6。

种具体问题，就是说关于有生命的和无生命的物理实体、认知、语言和道德的各种问题，都是在这个框架内解决的。对于柏拉图主义来说，事物的可感属性或可感事物本身从来不是解释的起点。可感世界总是借助可理知世界才被认为是可解释的，也就是说，借助于那种最终对于理智而言显而易见的事物。具体地说，可感世界是可理知世界产生的影像，尽管各种各样的柏拉图主义对如何描述这些影像存在着分歧。关于影像，没有什么是不言自明的（self-explanatory），影像“真正的”内部运作要在它作为其影像的事物之中寻找。由于有一个无所不包的等级制按照复杂性和可理知性进行安排，所以考察的方向完全是“纵向的”（vertical）且几乎绝不是“横向的”（horizontal）。因此，政治哲学几乎没有空间，因为政治哲学必须从不可还原的政治原理，即实践原理开始，但在柏拉图主义中不可能有这样的东西。对于柏拉图主义而言，所有原理都应该位于相对简单和可理知的原理之中。政治的具体性和偶然性有碍于自上而下的方法。

柏拉图主义的系统统一性可以在其对所有认知问题的处理上清晰看到。对于柏拉图主义来说，认知还是等级制地被理解的，以认知的最高形式（即 νόησις 或“理智活动”）作为所有低级认知形式的范型，包括那些涉及可感世界的认知形式。这个范型的所有影像的表象主义（representationalist）方面是柏拉图关注的核心焦点之一。此外，认知最贴切地确定了灵魂或人，拥有构成了理想状态的最高认知形式。既然认知的最高形式是一种非表象（*non-representational*）状态，在这种状态中，非物质的认知者在某种意义上与认知对象同一，那么灵魂学和知识论与本体论的和神学的原理就是不可分的。简言之，要充分理解一个与语言、信念或理性欲求有关的问题，归根结底就是要把那些具身的现象与简单的和可理知的第一原理联系起来。

三、经由否定的柏拉图主义

现在我想通过提出另一种方法来丰富我对柏拉图主义的概述。人们可能察觉到了对柏拉图主义的时代错置的（anachronistic）新柏拉图主义式“体系化”的扭曲效应。当然，必须承认的是，与其说我们在柏拉图的对话中发现的东西是一个“体系”，无论如何不如说是我们对我们所发现的东西的理解。我已经表明，柏拉图主义不可避免地和正确地被理解为不仅仅是对话中论证的结论的总和。尽管如此，为了缩小柏拉图所说的话和关于柏拉图的意思的主张之间的鸿沟，我建议我们稍微考虑一下，对于一个拒绝接受对话中被断然拒绝的立场的哲学家而言结果会是什么。柏拉图对他在历史上的前人和同时代人说了很多话，就他发现的他们观点中不可接受的东西而言，他常常也是非常具体的。我尝试表明，如果我们把柏拉图主义看作由拒绝或否定这些观点而产生的哲学立场，那么我们将能够更好地看到柏拉图体系的基础。虽然经由否定来建构的哲学立场可能显得晦涩难懂，但它并非完全不符合从中期柏拉图主义时期开始相互竞争的哲学学派所特有的方法。

以柏拉图《巴门尼德》中的论证开始会是便利的，苏格拉底借此论证的目的是驳斥芝诺对巴门尼德一元论的辩护。根据柏拉图的说法，芝诺认为：

> 如果事物是多，那么同一事物必定既类似也不类似。但这是不可能的：因为不类似的事物不可能类似，类似的事物也不可能不类似。因此，如果不类似的事物不可能类似或类似的事物不可能不类似，那么事物是多也是不可能的。因为如果有多的话，它们就会拥有不可能的属性。〔1〕

苏格拉底对此问题的解决方法基本上是一种形式理论。〔2〕事物可以既类似也不类似，只要我们从类似的和不类似的事物所拥有的类似和不类似属性中认识到类似（Likeness）和不类似（Unlikeness）的"自我同一的"（self-identical，αὐτὸ καθ' αὑτό）形式。换言之，多是可能的，因为任何两个事物都可以是类似的，只要它们每一个是一，也可以是不类似的，只要每一个不同于另一个。限定词"只要"（insofar as）意味着，类似或不类似都不会唯一地确定事物并因此产生矛盾。这个限定正当，只是因为存在着类似和不类似的形式本身，而且这些形式并不同一（non-identical）。

苏格拉底的主张完全可以普遍化，而且完全可以用来对比如类似和不类似是否属于对立这种谓述（predication）的任何情形进行解释。柏拉图实际上把这个反对多的埃利亚学派（the Eleatic）论

〔1〕《巴门尼德》127e2—8。参见《斐德若》261d。我认为重要的是，在辛普里丘和斐洛波努斯（Philoponus）引用或改写的反对多样性的论证中，没有一个论证完全具有这种形式。参见辛普里丘：《亚里士多德〈物理学〉评注》97.12—16；99.7—16；138.3—6；139.19—140.6；140.27—141.8；斐洛波努斯：《亚里士多德〈物理学〉评注》42.9—43.6。柏拉图这样解读芝诺，从而用形式理论解决多样性如何可能的问题。

〔2〕《巴门尼德》128e—130a。

证解释为极端的唯名论（nominalism），只有通过形式理论才能避免。[1] 于是，柏拉图主义的一部分就是拒绝埃利亚学派作为一元论的极端唯名论。但是就对论断之可能性的解释的确切性质而言，这仍然给那些认为有必要作出解释的人留下了大量的分歧余地。

柏拉图在《智术师》中再次面对巴门尼德，这一次是在他拒绝关于“真实的事物”（what is real，τὸ ὄν）的四种观点的背景下。[2] 就前两种观点而言，各种各样的多元论者告诉我们什么是真实的事物，比如热和冷或湿和干，而一元论者则声称实在是一。就后两种观点而言，即所谓的巨人和诸神，实际上是以某种方式来寻求确定实在。前者主张“实在”（οὐσία）等同于“物体”（σῶμα）。[3] 柏拉图称后者为“形式之友”，其主张“真正的实在”（real reality，ὄντως οὐσίαν）只属于“总是处于相同状态中”的东西。[4] 多元论者遭到驳斥，是因为尽管他们告诉我们什么是真实的事物，但他们没有定义实在。一元论者也没能区分实在和他们声称真实的东西。

对巨人或物质主义者的回应是不同的。对话者们承认，他们将会接受像智慧或正义这样能够出现在灵魂中的德性本身并非物

〔1〕唯名论认为只有个体事物存在。极端唯名论认为只有一种个体或“全既是一”（all is one）。参见 R. E. Allen，*Plato's Parmenides*，Minneapolis：University of Minnesota Press，1983，p.80：“……亚里士多德和柏拉图对埃利亚学派一元论的诊断是相同的：那种一元论取决于一种默许的和未言明的唯名论……”正如 Allen 注意到的，亚里士多德（《物理学》A3，186a22—32）否认如下事实：一种事物区别于其属性必然导致其属性是分离的。我认为柏拉图主义者假设，对极端唯名论的一种不主张形式（或某种承担了形式的作用的东西）之分离性的解决方法是不可持续的。此外，亚里士多德自己在他的《形而上学》中间接承认了这一点，他支持可感复合物的相对不完满。

〔2〕《智术师》242b—249d。

〔3〕同上书，246b1。参考《泰阿泰德》155e。

〔4〕同上书，248a11—12。

体。[1] 因此，他们不可能把实在等同于物体。人们可能会认为，柏拉图在此提出了一个错误的二分法：如果某种东西不是物体，那么它就是非物体（bodiless）。但这忽略了一个事实，即物体的属性（例如表面）并不是物体，尽管这并不意味着这些属性就它们作为与物体分离而存在的实体而言是非物体。物质主义者可以善意地坚称，成为真实（to be real）要么是成为物体，要么是成为物体的属性，在此物体的所有属性的存在都依赖于物体。

和多元论者的立场一样，这个立场告诉我们什么是真实的事物，但却没有告诉我们"真实"(real）意味着什么，除了这个明显但或许不致命的问题之外，柏拉图主义想要坚称，如果"智慧的"（wise）或"正义的"或任何谓述（predicate）是真实的"某种东西"(τι)，那么就必定存在着一个分离的实体，其名称由这个谓述来承担，即便是出现了实体的性质并不与主语分离这样的例子。与一元论不同，物质主义并不标榜要表明其矛盾的不可能性。但如果物质主义者承认不可能只有物体（即三维立体）存在，那么他们最终将被迫承认，不仅非物体性实体存在，而且非物体性实体就存在而言是在先的。[2]

这个文段中对物质主义的反驳类似于《巴门尼德》中对一元论的反驳，因为其坚称谓述判断（predicational judgements）的复杂对象的实在。[3] 如果柏拉图认为对唯名论的拒绝导致了一种被称为

---

〔1〕《智术师》，247b7—c2。

〔2〕在 247c，柏拉图承认，一个顽固的物质论者可能不会同意除了"他用双手紧握的东西"之外的任何东西存在。

〔3〕因此，安提斯泰尼（Antisthenes）有时候被确定为要么是顽固的要么是温和的物质论者。因为正如亚里士多德告诉我们的（《形而上学》Δ29，1024b32—34），（转下页）

形式的可理知原理的假设，那么这是合理的，他还认为，对谓述如何可能的解释也意味着对物质主义的拒绝。

在 247e1—4 中，埃利亚异乡人向物质主义者提出了关于实在的著名定义，即真实的事物不是别的，而是作用（τὸ ποιεῖν）或被作用（τὸ ποθεῖν）的能力（δύναμις），正如接下来几行表明的，这个定义显然是临时的。对这个定义的驳斥正好就像驳斥多元论者关于实在的论述那样来进行，由这个事实可以推断出这个定义也是辩证的。〔1〕这就是说，实在显然是某种东西，而不是要么作用要么被作用，尽管一切要么作用要么被作用的事物都是真实的。

同样的定义也被用来打败形式之友，〔2〕因为他们认为只有形式才是真实的。但如果是这样的话，那么由认识形式所构成的活动就不分有真实了。事实上，这位异乡人问我们是否应该相信，确实

> 运动、生命、灵魂和思想并不出现在完全真实的事物（παντελῶς ὄντι）中，这种事物既没有生命，也不进行思考，而是庄严且神圣地独立着，没有理智（νοῦν），是静止的？〔3〕

（接上页）安提斯泰尼认为一个事物只能通过其自身的陈述（formula）来命名，由此导致了几乎是不可能的错误判断。这就是说，他认为在一个表达中指涉某种东西的语词的任何组合必定全都是用于这同一事物的名字。实际上，他否认谓述的可能性。参见 W.D. Ross，*Aristotle's Metaphysics*：*A Revised Text*，Oxford：Clarendon Press，1924，Vol.1，pp.346-347。

〔1〕参见 A. Diès，*La définition de l'être et la nature des idées dans le Sophiste de Platon*，Paris：J. Vrin，1932，pp.31-35。

〔2〕《智术师》248a4—249d4。

〔3〕同上书，248e6—249a2。

这个修辞学问题是以否定的方式来回答的。运动、生命、灵魂和思想都属于完全真实的事物。因此，完全真实的事物不是静止的，从而我们不能承认真实事物竟然是不变的，如果我们想把理智包含在真实事物中，我们也不能承认真实事物竟然是变化的东西。因为如果没有静止的东西，就没有理智可以达到的对象。因此，真实事物或所有真实事物的总和必须包括不变的事物和变化的事物。

关于这个出了名的令人费解的文段，我想指出一些基本的方面。首先，这个论证并不主张形式变化，相反，这个论证坚持认为，如果理智存在，那就必须有不变的对象。但是这个论证并不是说这些对象必须是形式，或者说它们必须是它们的“朋友”认为的那种形式。柏拉图拒绝的是把认识活动排除在真正真实的（really real）领域之外。这就是说，他拒绝接受这样一种观点，即只有真实事物才是形式，因此，如果形式被认识到的话，那么它们是通过某种不真实或不太真实的事物而被认识的。

于是，问题就变成了辨别将理智等纳入真正真实的领域中会有什么结果。为什么理智必须被如此纳入以便存在关于形式的知识？形式之友反对知识是一种活动的主张，因为这似乎意味着形式由于被认识而被作用。但是，为什么这竟会导致埃利亚异乡人坚称，如果知识等存在，那么它属于真正真实的事物呢？从逻辑上讲，他应当只是在声称，如果知识存在，如果知识是一种活动，以及如果知识的对象因此而被作用，那么变化（即被作用）就属于真正真实的事物，因为它必定属于形式。但事实上正如我们刚看到的，他继续坚称知识的对象必须是不变的。[1]

为什么认识形式的东西必须和它们一样真实？这个问题的答案至少有一个部分是，理智必须和它所认识的东西是相同的。事实上，这不是一个新的观点。这正是柏拉图在他的《斐多》中，在所谓的相似性论证（Affinity Argument）中所论证的。[2]为了知识的出现，灵魂或灵魂的一部分必须像形式一样。但事实上我们确实有知识，正如回忆论证（Recollection Argument）所显示的那样。因此，我们的灵魂，或它的一部分，就像形式一样是一个非物质的实体，与可理知世界分离。于是，关于知识存在的论证与拒绝至少一种类型的形式理论以及物质主义有关。对柏拉图来说，物质主义的谬误确立了将可知者确定为非物质的。于是，如果假设知识至少是可能的，那么知识只对同样是非物质的认知者（knower）才可能这样一个论证就是开放的。[3]

或许并不只是如此。因为人们可能会认为非物质的灵魂及其认知生命（cognitive life）就其是非物质的而言类似于不变的形式，但就其

[1] Cherniss，*Aristotle's Criticism of Plato and the Academy*，pp.437-439，认为这些朋友被迫承认的是运动的形式，尽管他接下来指出，理智的运动不是物理运动，也不暗含被知事物中的变化。

[2] 参见《斐多》78b4—85b8和W. D. Ross，*Plato's Theory of Ideas*，Oxford：Clarendon Press，1951，III。我已经在*Knowing Persons. A Study in Plato*，Oxford：Oxford University Press，2003，pp.79-88详细地讨论了这个问题。

[3] 知识是不可能的，这个主张并不会向人们可能认为的那样，是怀疑论者可以持有的。这样一种主张显然是独断的。怀疑论者最多可以主张某人并不拥有他声称拥有的那种知识。柏拉图在《斐多》中通过回忆论证表明，我们不能对可感事物做出我们所做的那些判断，也就是说，可感事物是形式的低级反映，除非我们已经拥有了关于形式的先在知识。相似性论证接着认为我们不可能拥有关于形式的知识，除非我们具有和形式相同的本性，也就是说，具有非物质的本性。

是变化的或运动的而言则不类似。正是这后一种属性把灵魂排除于真正真实的领域之外。但是这与文本相违，等于是把理智排除于真正真实之外。正是因此，新柏拉图主义者一般都假设，把理智必然地纳入真正真实的领域之内意味着某种理智与形式的永久关联，以及同时伴随着把真正真实刻画为存在（being）而不是无规定性地不变的。〔1〕

除了柏拉图拒斥埃利亚学派的一元论，物质主义和至少一种类型的形式理论之外，他还在对话的许多地方与他的前人对抗，包括《斐多》中的阿那克萨格拉，同名对话《普罗塔戈拉》以及《泰阿泰德》中除赫拉克利特以外的普罗塔戈拉，还有同名对话《克拉底鲁》中的克拉底鲁。然而我认为，以否定的方式界定的柏拉图主义，其核心是从对实际上是同一学说之两面的唯名论和物质主义的拒斥中得出各种结论。相反，对普罗塔戈拉的相对主义或赫拉克利特的流动理论的拒斥，其本身并不会让一个人成为柏拉图主义者。〔2〕在否定的方面把柏拉图主义限制于拒斥唯名论和物质主义，这诚然使得柏拉图主义成为一个巨大的帐篷，但这个帐篷并不是无限大的。实际上，从现代的视角来看，我们可能会认为柏拉图主义是一个无法想象的小到不能居住的帐篷。

〔1〕实际上，被认为出现在真正真实之中的变化，即“理智的运动”（ἡ κίνησις νοῦ，《法义》897d3），被理解为同等于亚里士多德归给第一推动者（Prime Mover）的“理智的活动”（ἡ ἐνέργεια νοῦ）。参见《形而上学》Λ7，1072b27。亚里士多德把这种活动确定为“生命”（ζωή），这是灵魂的本质属性。亦参普罗提诺：《九章集》VI 2.15.6—8，关于 κίνησις 和 ἐνέργεια 在理智中的同一。

〔2〕对普罗塔戈拉的相对主义和赫拉克利特的流动理论的拒斥确实会引起柏拉图主义，当且仅当我们补充如下附加前提，即知识（被柏拉图在《理想国》和《斐多》中认为绝对可靠地在认知上与不变的可理知实体同一）我们来说是可能的。这就是说，我们属于那种知识对其可能的实体。参见拙著 *Knowing Person*，ch.2，pp.4-5。

四、亚里士多德是柏拉图主义者吗?

尽管初看起来很奇怪，但理解什么是柏拉图主义的另一种方式和我们追问亚里士多德是否是柏拉图主义者这个问题有关。很久以来，对此问题的标准回答是：亚里士多德曾经是柏拉图主义者，但后来则不是。这就是说，亚里士多德一开始是柏拉图主义者，但他在后来抛弃了自己的“根”(roots)，在成熟时期变成了坚定的反柏拉图主义者。这个假定的亚里士多德的轨迹，是关于亚里士多德的发展的进一步假设的单轴(sole axis)。符合柏拉图主义者—反柏拉图主义者这个轴心的发展论起源于伟大的德国学者耶格尔(Werner Jaeger)的著作。[1]这个一般的发展论被假设在亚里士多德思想的主要领域中得到了广泛接受和运用——逻辑学、心理学、伦理学和形而上学。这个基础性的假设几乎没有受到质疑，即便其细节遭到了拒斥。[2]

〔1〕参见 W. Jaeger, *Aristotle*: *Fundamentals of the History of his Development*, London: Oxford University Press, 1984，其意义深远的工作依旧支配着当今的亚里士多德诠释，在一些学者的思想中或许甚至是不自觉的。

〔2〕参见 J. M. Rist, *The Mind of Aristotle*: *A Study in Philosophical Growth*, Toronto: University of Toronto Press, 1989，他着手重新开展耶格尔的工作并且获得了关于亚里士多德发展的一种更精确的时间顺序。但 Rist 保留了耶格尔的柏拉图主义者 / 反柏拉图主义者的假设。关于对耶格尔的立场的充分总结，以及大量表明耶格尔的支配地位的富有启发性的论文(尽管有许多的反对和保留)，参见 W. R. Wians (ed.), *Aristotle's Philosophy Development*: *Problems and Prospects*, Lanham, Md: Rowmann & Littlefield Publishers, 1996，其中也有一份完备的参考文献，包括了这个领域中所有重要的研究。参见 S. Menn, “Aristotle's Philosophical Development”, *Apeiron*, 31 (1998): 407-415 的评论。W. Wehrle, *The Myth of Aristotle's Development and the Betrayal of Metaphysics*, Lanham, Md: Rowmann & Littlefield Publishers, 2001, pp.1-29 对发展论的一些形式进行了敏锐的批评。但 Wehrle 首先关注的是反驳亚里(转下页)

我认为，注意到绝大多数的柏拉图主义者不认为亚里士多德是反柏拉图主义者，这是有益的。因此，柏拉图主义者并不知道偏离柏拉图主义的发展。相反，他们认为亚里士多德的哲学与柏拉图主义是一致的。比如不可或缺的第欧根尼·拉尔修（大约公元200年）告诉我们，亚里士多德是柏拉图"最正宗的学生"。[1]或许从公元前1世纪开始，我们就已经可以看到哲学家们宣称学园派和漫步学派思想的最终一致。阿斯卡隆的安提俄库斯经常被认为是这方面的主

（接上页）士多德形而上学或本体论中的发展论。他总体上没有处理和"未发展的"（non-developed）亚里士多德是否是柏拉图主义者这个问题相关的材料。G. E. L. Owen，"Logic and Metaphysics in Some Earlier Works of Aristotle"，in I. Düring and G. E. L. Owen（eds.），*Aristotle and Plato in the Mid-Fourth Century*，Göteborg：Elanders Boktryckeri Aktiebolag，1960，pp.163-190，以及G. E. L. Owen，"The Platonism of Aristotle"，in Martha Nussbaum（ed.），*Logic*，*Science and Dialectic. Collected Papers in Greek Philosophy*，Ithaca，N.Y.：Cornell University Press，1986，pp.200-220，试图换个角度理解耶格尔的立场，认为亚里士多德一开始是一位反柏拉图主义者，然后转向柏拉图主义。D. W. Graham，*Aristotle's Two Systems*，Oxford：Clarendon Press，1987，pp.329-331批评了Owen的假设，尽管他也同意亚里士多德在某种特定的意义上转向了柏拉图主义者，但认为"亚里士多德的柏拉图主义是对一些重要命题的误解"（275）。I. Düring，*Aristoteles*：*Darstellung und Interpretation seines Denkens*，Heidelberg：Winter，1966，pp.vii-viii宣称完全拒绝耶格尔的发展论假设。亦参I. Düring，"Aristotle and Plato in the Mid-Fourth Century"，*Eranos*，54（1956）：109-120；I. Düring，"Aristotle and the Heritage from Plato"，*Eranos*，62（1964）：98-99，此处对发展论的拒斥，是和主张柏拉图与亚里士多德之间的一致结合起来的，以及I. Düring，"Did Aristotle Ever Accept Plato's Theory of Transcendent Ideas？"，*Archive für Geschichte der Philosophie*，48（1966）：312-316。比如，Düring说对形式理论的拒绝并不与亚里士多德坚持可理知对象的永恒相矛盾。T. Irwin，*Aristotle's First Principles*，Oxford：Clarendon Press，1988，pp.11-13，暂时采纳了Owen的观点，尽管Irwin补充说："我看不到有什么充分理由相信［亚里士多德］用了大多数时间来决定要同意还是不同意柏拉图，因此我怀疑对和柏拉图或柏拉图主义的争论的关注是否有可能解释他的哲学发展。我倾向于认为，亚里士多德对柏拉图的批评，是他在除了任何柏拉图语境之外反思对他提出的问题的附带结果。"（12）最后一句中的这个反常主张值得进一步细究，我在此无法展开。

〔1〕参见第欧根尼·拉尔修：《名哲言行录》V 1，6：γνησιώτατος τῶν Πλάτωνος μαθητῶν。

要人物。[1] 西塞罗也清楚表达了一个类似的看法。[2] 后来在公元 2 世纪，我们看到柏拉图主义者阿尔吉努斯在他有影响力的《柏拉图主义指南》中，将我们可能称之为亚里士多德的元素的东西完全融入了他对真正的柏拉图主义的论述之中。[3] 最后也是最重要的，在大约三百年间，也就是从公元 3 世纪中期到 6 世纪中期，亚里士多德主义和柏拉图主义被广泛地视作和书写为两种一致的哲学体系。[4]

---

〔1〕关于阿斯卡隆的安提俄库斯，参见 Glucker，*Antiochus and the Late Academy*；Dillon，*The Middle Platonists*，ch.2，以及 J. Barnes，“Roman Aristotle，” in J. Barnes and M. Griffin（eds.），*Philosophia Togata II*，Oxford：Clarendon Press，1997，尤其是 pp.78-81，他尝试对安提俄库斯的“融合主义”（syncretism）进行同情的解释。正如 Dillon 注意到的（pp.57-58），安提俄库斯在这个问题上的看法无疑部分取决于使用比我们能用的要多的老学园的大量作品。西塞罗在《论至善和至恶》（*De Finibus*）V 3.7 说：“正如你们已经听到安提俄库斯说的，老学园中不仅包含了被称为学园成员的人……甚至还有老漫步学派成员，亚里士多德是他们中的第一个和最好的一个。”参见下注。

〔2〕参见西塞罗：《论学园》（*Academica*）I 4.17：“但是在柏拉图—— 一位具有各种复杂和多产思想的思想家——的权威之下，一种同一的和一致的哲学发展起来了，以两种名称为人所知，即学园和漫步学派，它们本质上一致，尽管在名称上不同。”还有《论学园》II 15，“漫步学派和学园，虽然名字不同，但本质上一致”（Peripateticos et Academicos，nominibus differentes，re congruentes）；安提俄库斯显然是在回应拉里萨的费隆的观点，后者坚持老学园和新学园的一致，而新学园从阿尔凯西劳开始就引入了怀疑论。

〔3〕参见 J. M. Dillon，*The Handbook of Platonism*，Oxford：Clarendon Press，1993，尤其是导论和评注。柏拉图主义者阿提库斯（Atticus，鼎盛年 175 年）写了一篇题为《驳主张通过亚里士多德的学说来解释柏拉图的学说的人》（*Against Those who Claim to Interpret the Doctrine of Plato through that of Aristotle*），这支持柏拉图与亚里士多德一致至少是流行的观点这个结论。或许正如 Dillon，*The Middle Platonists*，pp.247-250 认为的，阿提库斯的作品针对的是漫步学派的阿里斯托克勒斯（Aristocles），他是阿芙罗蒂西亚的亚历山大（Alexander of Aphrodisias）的老师，认为亚里士多德的哲学“完善”（perfected）了柏拉图的哲学。阿提库斯认为，亚里士多德在三个根本问题上基本不同于柏拉图：（1）他否认德性对于幸福是充足的（残篇 2）；（2）他否认神圣者的天意（残篇 3，8）；（3）他否认世界的时间性创造（残篇 4）。就这所有三点而言，阿提库斯假设了主流的中期柏拉图主义对柏拉图（尤其是《蒂迈欧》）的解释。

〔4〕此处被译作“一致”（harmony）且被新柏拉图主义者用来表明柏拉图和亚里士多德一致（agreement）的希腊语是 συμφωνία。柏拉图在《会饮》187b4 处使用的（转下页）

关于这个时期的柏拉图主义者乐于支持亚里士多德和柏拉图的一致，我们掌握的第一个具体暗示包含在弗提乌斯（Photius）《书藏》(*Bibliography*）对新柏拉图主义者希耶罗克勒斯（Hierocles）的一个说法的提及中，即普罗提诺的老师，亚历山大里亚的阿莫尼乌斯（Ammonius）曾试图解决柏拉图的学生和亚里士多德的学生之间的冲突，他表明他们实际上“都具有同一种理智”(ἕνα καὶ τὸν αὐτὸν νοῦν)。[1]第二个和试图展示一致有关的暗示可见于《苏达辞典》(*Suda*)，其中说普罗提诺的学生波斐利创作了一部题为《论柏拉图和亚里士多德支持同一学派》(μιὰ τὴν αἵρερσιν）的六卷本著作。[2]除了标题和从波斐利在现存作品中

（接上页）συμφωνία 与 ἁρμονία 同义。在新柏拉图主义者中，后一个词通常是专用于科学理论中更专业的用法的。关于这些一致论者（harmonists）之原理的要点，参见 A. C. Lloyd，“The Later Neoplatonists”，in H. Armstrong（ed.），*The Cambridge History of Late Greek and Early Medieval Philosophy*，Cambridge：Cambridge University Press，1967，p.275。

〔1〕参见弗提乌斯：《书藏》173a18—32；171b33 及以下；波斐利：《论灵魂的回归》(*On the Return of the Soul*）残篇 302F，6 Smith。关于来自新柏拉图主义者的和一致有关的文本汇编，参见 I. Düring，*Aristotle in the Ancient Biographical Tradition*，Göteborg/Stockholm：Institute of Classical Studies of the University of Göteborg，1957，pp.332-336。参见 H. Schibli，*Hierocles of Alexandria*，Oxford：Oxford University Press，2002，pp.27-31，nn.98，100，他讨论了主流的观点，即希耶罗克勒斯从波斐利那里得知道了阿莫尼乌斯教授过柏拉图和亚里士多德的一致。关于参考文献和 Dodds 不同意这种观点，参见 n. 96。不论如何，Schibli 接下来认为，波斐利将一致学说归于阿莫尼乌斯是可疑的。但 Schibli 这样说的主要原因是，阿莫尼乌斯最好的学生普罗提诺必定还不是一致论者，因为他批评过亚里士多德。此处可以指出两点。首先，普罗提诺的《九章集》充分证实了波斐利的主张（《普罗提诺传》第 14 章），即亚里士多德的思想深刻影响了普罗提诺。其次，普罗提诺在许多问题上与亚里士多德有（有时候是严重的）分歧并不妨碍他认为这二人在更深层次上的一致，正如波斐利与普罗提诺的分歧也不妨碍前者认识到他们彼此的一致和与柏拉图的一致。

〔2〕参见 *Suda*，II 2098，8-9（=fr. 239T Smith）。

实际所说可以推断出的东西之外，我们对此著作一无所知。然而，似乎相当清楚的是，一部具有如此规模的作品正尝试提供一种实质性论证，这种论证显然与至少某些流行的观点相左。也有可能，波斐利正在质疑对古代哲学“学派”的传统划分，比如在第欧根尼·拉尔修笔下可见的那样。[1]

认为亚里士多德的哲学与柏拉图的哲学一致（harmony），这种观点必须明显区分于如下在古代没有任何人认为的观点，即亚里士多德的哲学与柏拉图的哲学是同一的（identical）。比如在柏拉图的对话《巴门尼德》中，苏格拉底认为芝诺的作品陈述了和巴门尼德“相同的立场”（same position），区别只在于此作品关注于批评巴门尼德的对手。芝诺承认这种同一。[2] 亚里士多德与柏拉图的一致不应当类似于芝诺的哲学与巴门尼德的哲学的同一。此外，众所周知，尤西比乌斯（Eusebius）告知，努曼尼乌斯（Numenius）以修辞的方式问道：“柏拉图难道不是说阿提卡希腊语的摩西？”[3] 没有一位新柏拉图主义者认为亚里士多德只是说着漫步学派“方言”的

〔1〕参见第欧根尼·拉尔修：《名哲言行录》I 19—20，此处列举了十个哲学学派。第欧根尼还在此提到了另一位史学家希珀波图斯（Hippobotus），他也给出一份类似的名单。参见 *Suda*，词条 αἵρεσις。当然，有可能漫步的和学园的“学派”之间的划分要比亚里士多德和柏拉图之间的划分更清晰。第欧根尼（I，20）给出了 αἵρεσις 的两个定义：（1）指的是在对“现象”（φαινόμενον）的处理方面遵循或者看起来遵循“某些原理”（λόγῳ τινί）的人的观点，（2）遵循某种“一致学说”（δόγμασιν ἀκολουθίαν）的“倾向”（πρόσκλισιν）。厄里阿斯（或戴维）的《亚里士多德〈范畴篇〉评注》108.21—22 提供了 αἵρεσις 的如下定义：“有教养之人的意见，在他们自己之间一致（συμφωνούντων），与其他人不一致（διαφωνούντων）。”

〔2〕参见《巴门尼德》128a—e。

〔3〕参见 E. Des Places，*Numénius. Fragments*，Paris：Les Belles Lettres，1973，残篇 8，然而他注意到努曼尼乌斯的比较在范围上可能受到了限制。

柏拉图。[1]

亚里士多德被认为是柏拉图主义者，因为他坚持上文第二节中包含在柏拉图主义概要中的原理。然而，这并不意味着就所有来自这些原理的学说而言，他同意包括柏拉图本人在内的所有其他柏拉图主义者。特别是，对于康福德（F. M. Cornford）曾巧妙地称之为的“柏拉图主义的双柱”（the twin pillars of Platonism），即分离的形式理论和灵魂不朽，他的态度是十分复杂的。

亚里士多德显然是一些形式理论的无情批评者。正如我们在上文看到的，柏拉图显然也是如此。但似乎亚里士多德并不否认可理知世界相对于可感世界的本体论先在性（priority）。这究竟是哪一种先在性呢？在《形而上学》的许多文段中，亚里士多德既支持现实在实体上相对于潜能的先在性，也支持永恒事物在实体上相对于瞬时事物的先在性。[2]永恒事物在实体上相对于瞬时事物的先在性，看起来非常类似于亚里士多德说的柏拉图所关注的那种先在性。[3]柏拉图认为，如果 X 可以没有 Y 而存在，但 Y 如果没有 X 就不能存在，那么 X 在本性和本质上先于 Y。对于理解可理知世界相对于可感世界的先在性这一柏拉图式的概念而言，这是一种完全合理的方式。

有鉴于这种先在性，有人会反对说，可理知世界对于亚里士多

〔1〕参见比如阿莫尼乌斯：《亚里士多德〈范畴篇〉评注》3.9—16，归于奥林匹奥多洛斯的佚名的《柏拉图哲学导论》（*Prolegomena to Platonic Philosophy*）5.18—30 解释说，“漫步学派”（Peripatetic）这个词来自柏拉图习惯于在做哲学时到处走动。因此，亚里士多德（和克塞诺克拉底）作为柏拉图的追随者，都被称作漫步学派成员，尽管前者在吕克昂（Lyceum）教学而后者在学园中上课。

〔2〕参见《形而上学》Θ8，1049b11—12；1050a5；1050b3—4；1050b7ff。

〔3〕《形而上学》Δ11，1019a1—4。参见 J. J. Clearly，*Aristotle on the Many Senses of Priority*，Carbondale：Southern Illinois University Press，1988。

德而言是一片荒芜之地，里面没有任何东西，只有原始不动的推动者自顾自地（self-absorbed）思想。有大量学术文献处理了这位推动者实际上在思想什么的问题，但观点却相当分歧。[1]卡恩（Charles Kahn）扼要总结了原始不动的推动者思想所有可理知者这种解释的基础。[2]他列举了四个点来反对他所谓的“流行观点”，即如果神认识自己的话，那神就不认识别的一切：（1）在Λ7，1072b25，亚里士多德说“神总是拥有我们短暂拥有的东西”，这承接了b14—15：“[神的]生活是最好的，这是一种我们短暂享有的生活。”如果我们偶尔享有的就是沉思可理知者，那么神的最高生活就很难说不是对这些可理知者的认知；这种生活必定是对所有可理知者的认知；（2）在Λ7，1072b19—21，据说“理智根据对可理知者的分有来思考自身”。这强烈暗示了Λ9，1074b33—35中一个著名说法的含义，即神“思想思想的思想”（thinking thinking of thinking）。神正是通过思想所有可理知者来思想自身的，正如我们在思想可理知者时就是在思想自己。[3]神和我们的区别在于，（a）我们不只是思想活动，因为我们不是纯现实；（b）我们的思想是间断的；以及（c）我们并不同时思想所有可理知者。但这些区别中没有一个与神的自我反思式认知包含了内容这一点矛盾；（3）因此，正如Λ7，1072b22表明

---

〔1〕比如，参见T. De Koninck，«‹La pensée de pensée› chez Aristote»，in T. De Koninck and G. Planty-Bonjour（eds.），*La question de Dieu chez Aristote et Hegel*，Paris：Presses Universitaries de France，1991，pp.69-151，以及T. De Koninck，“Aristotle on God as Thought Thinking Itself”，*Review of Metaphysics*，47（1994）：471-515，有大量参考文献。

〔2〕参见C. H. Kahn，“On the Intended Interpretation of Aristotle's *Metaphysics*”，in J. Wiesner（ed.），*Aristoteles Werk und Wirkung. Aristoteles und seine Schule*，Berlin/New York：Walter De Gruyter，Vol.1，p.327，n.24。

〔3〕参见《论灵魂》Γ4，429b26—28；430a2—5。

的，理智是被作为其对象的本质（essences）所规定的；（4）如果神认识所有事物却不认识自身，那神就不那么完美，这个主张是站不住脚的，因为思想与其对象同一。正如卡恩指出的："原始推动者只不过就是作为意识到自身（as conscious of itself）的宇宙的形式—思维（formal-noetic）结构。"（强调为卡恩所加）[1] 人们可以就所有这些点进行争论。我只希望强调，就亚里士多德被解释为认为神圣思想具有内容而言，他必须被视为凭靠了柏拉图式的等级制和可理知世界相对于可感世界的本体论先在性原理。[2]

---

〔1〕应当补充的第五点出自 F. Brentano，*The Psychology of Aristotle*，Berkeley：University of California Press，1977，reprint of 1867 edition，p.127 中的论证，得到了 R. George，"An Argument for Divine Omniscience in Aristotle"，*Apeiron*，22（1989）：61-74 的推进。这一点就是，在 Λ10，1075b8—10，亚里士多德为了支持自己的解释而驳斥阿那克萨格拉把神圣理智解释为善。在他的解释中，亚里士多德按照医学科学是健康的方式把神比作善。这一行就是令人困惑的，除非与 Λ4，1070b30—35 关联起来，后者读作：Ἐπὶ δὲ τὸ κινοῦν ἐν μὲν τοῖς φυσικοῖς ἀνθρώπῳ ἄνθρωπος，ἐν δὲ τοῖς ἀπὸ διανοίας τὸ εἶδος ἢ τὸ ἐναντίον，τρόπον τινὰ τρία αἴτια ἂν εἴη，ὡδὶ δὲ τέτταρα. Ὑγίεια γάρ πως ἡ ἰατρική，καὶ οἰκίας εἶδος ἡ οἰκοδομική，καὶ ἄνθρωπον γεννᾷ· ἔτι παρὰ ταῦτὰ ὡς τὸ πρῶτον πάντων κινοῦν πάντα。Bonitz 以及紧随其后的 Jaeger 和 Ross 根本没有文本理由就把最后一行的 ὡς τὸ 改作 τὸ ως；他们做出并接受这个改变，理由不是别的，正是如果没有这个改变的话，这里的文本就会被自然地解读为说神相对于别的万物就如同医学科学相对于健康，建筑物在制造者心中的形式相对于建筑物，以及人类的父母相对于其孩子。但如果这样的话，那么亚里士多德似乎就会主张神拥有所有事物的形式，也就是说，神知道所有形式。George 指出，《形而上学》Z7—9 讨论了三种类型的生成：通过自然，通过技艺，以及通过自发性（也就是说，当自然和技艺都不是原因时）。因此，似乎在 Λ4 的文段中，亚里士多德正在引入第四种类型的生成，在此，形式就在生产者之中。

〔2〕参见 S. Pines，"Some Distinctive Metaphysical Conceptions in Themistius's Commentary on Book Lambda and Their Place in the History of Philosophy，" in J. Wiesner（ed.），*Aristoteles. Werk und Wirkung*，Berlin/New York：Walter De Gruyter，1987，Vol.2，pp.177-191，他根据忒米斯提乌斯（Themistius）关于神的思想内容的阿拉伯语和希伯来语相关文本进行翻译。Pines 认为，漫步学派的忒米斯提乌斯就其主张神在思想自己时思想所有可理知者而言，受到了普罗提诺和新柏拉图主义的普遍影响。他在翻译中认为忒米斯提乌斯偏离了亚里士多德的文本。关于忒米斯提乌斯笔下对（转下页）

拒绝把亚里士多德的神理解为思想所有可理知者，这在很大程度上是基于Λ9，而不是Λ7。因为正是在Λ9并且也只有在此，亚里士多德才众所周知地主张神是"思想思想的思想"。[1]许多学者由这个说法推出，如果神思想"思想"（νόησις）的话，就是说思想自身，那么神就不能思想别的一切。[2]当然，这种推论是无效的，除非我们假设某种别的东西也不能等同于思想，这是亚里士多德的结论中思想的明确对象。认为这就是如此，其理由据说要在支持这样一种结论的论证中找到：神思想思想的思想这个主张是该结论的一部分。这个核心论证如下：

（1）神思想最好的事物。

（2）神是最好的。

（3）所以，神思想自身。[3]

第一个前提是从Λ7中的主张直接推出的，即"思想本身和本身最好的东西有关"。[4]Λ9处理的问题实际上和第二个前提有关。这个

（接上页）新柏拉图主义的或柏拉图的同情，参见 O. Hamelin and E. Barbotin，*La théorie de l'intellect d'après Aristote et ses commentateurs*，Paris：J. Vrin，1953，pp.38-43，尤其是 O. Ballériaux，«Thémistius et le néoplatonisme：le nous pathetikos et l'immortalité de l'ame»，*Revue de la philosophie ancienne*，12（1994）：171-200。然而，参见 Düring，*Aristotle in the Ancient Biographical Tradition*，p.333，他说忒米斯提乌斯"整体上完全没有受到新柏拉图主义的影响"，尽管从 Düring 引用的忒米斯提乌斯的文段中可以清楚看到，忒米斯提乌斯认为亚里士多德与柏拉图一致。

〔1〕《形而上学》Λ9，1074b34—35。

〔2〕参见 Ross，*Aristotle's* Metaphysics，2：298。

〔3〕《形而上学》Λ9，1074b15—34。

〔4〕同上书，Λ7，1072b18—19。

前提也是一个主张，或更准确说是一个假设，它们都是在 Λ7 中大胆提出的。[1] 与这个前提相关的问题是，如果神本质上是思想着的理智，不是思想活动本身，那么神的本质就是相对于思想活动的潜能。在这种情况下，神就不是最好的；神就会是相对于最好事物的潜能，就是说，相对于思想。因此，如果是神最好的，并且思想最好的事物，那么神必定就是思想，而不是思想着的理智。

“所以，神思想自身”这个结论之后的那句话，即“[神]思想思想的思想”，解释了“因此他思想（νοεῖ）自身”这句话。它们并没有补充进一步的结论。[2] 这就是说，由于神的本质或 οὐσία 与他的思想同一并且不在相对于这种思想的潜能之中，所以当他思想的时候，他在思想自己。相反，另一种思想者，比如人类，其所具有的本质并不与思想同一。因此，当人类思想的时候，他们本质上并不与他们思想的东西同一。尽管他们本质上并不与他们思想的东西同一，但他们的思想在某种程度上与他们思想的东西同一，正如亚里士多德在本章结束时小心翼翼地补充的。[3] 所以，神和人之间的重要区别不在于神不思想任何东西，而我们思想某种东西；相反，这个区别正是神不在相对于他的思想的潜能之中，而我们在其中。[4] 因此，神（他只是思想）

---

〔1〕《形而上学》，Λ7，1072b14—15。

〔2〕这个句子读作：Αὐτὸν ἄρα νοεῖ，εἴπερ ἐστὶ τὸ κράτιστον，καὶ ἔστιν ἡ νοήσεως νόησις。参见 J. Brunschwig，“*Metaphysics* Λ9：A Short-lived Thought Experiment?”，in M. Frede and D. Charles（eds.），*Aristotle's Metaphysics Lambda. Symposium Aristotelicum*，Oxford：Clarendon Press，2000，pp.288-290，他注意到了这两个从句之间的关系问题。他认为，“思想思想的思想”是“神思想自身”的必要和充分条件。我不清楚他为何认为这为该论证的结论增加了新鲜点，而不是对其含义进行阐明。我认为 καί 是增词（epexegetic）。

〔3〕《形而上学》Λ9，1075a4—5：ἡ νόησις τῷ νοουμένῳ μία。

〔4〕参见 M. Wedin，*Mind and Imagination in Aristotle*，New Haven：Yale University Press，1988，pp.220-229，他反对所谓的关于神的和人的思想的“同构观点”（isomorphic（转下页）

思想自身，即思想。说神“思想思想的思想”，这一点并不是要抽空神的思想的所有内容，而是让那种思想与本质上并不与思想的本质同一的事物的思想形成对照。原始不动的推动者的显赫地位乃由于他只是思想，而不是所谓的他的思想没有内容。〔1〕

当然，有可能与亚里士多德在此明显指出的无关，他或许也认为思想活动与思想对象的同一清除了思想的内容。但没有理由认为是这样的，因为神是思想思想的思想。实际上，Λ9 中找不到其他如此认为的理由。

柏拉图主义者多少都会假设，原始不动的推动者思想所有可理知者就类似于柏拉图的德穆革或永恒理智思想所有形式。〔2〕此处无法为这种解释进行辩护。我希望强调的要点是，如果学者们把柏拉图主义视作上文所概述的一系列原理，以此为基础，如果

（接上页）view），这种观点认为人的和神的思想在种类上相同。特别是，他反对持有这种观点的 C. H. Kahn，“The Role of Nous in the Cognition of First Principles in *Posterior Analytics* II.19”，in E. Berti（ed.），*Aristotle on Science*：*The Posterior Analytics*，Padua：Antenore，1981，p.437。Wedin 否定同构论的主要理由是，人的思想涉及影像（images）而神的思想则不涉及（pp.244-245）。

〔1〕参见 R. Norman，“Aristotle's Philosopher God”，*Phronesis*，14（1969）：63-74。Wedin，*Mind and Immagination in Aristotle*，pp.229-245 认为人的心灵和神的心灵极为不同，因此，既然人的心灵具有内容，那么神的心灵则没有内容。但神和人的这个区别并不是在心灵种类上的区别，而是在于这样一个事实，即我们拥有一种并不等同于思想的本质，而神的本质则等同于思想。由此区别并不会推出神的思想没有内容。

〔2〕比较 J. M. Rist，*The Mind of Aristotle*：*A Study in Philosophical Growth*，Toronto：University of Toronto Press，1989，p.41，他说：“然而，我也会认为，柏拉图一方面的形式理论和另一方面的诸神理论的原初清晰语境，使得亚里士多德（在《论哲学》中）轻易就能维护柏拉图形而上学的某些部分，亦即对他把神描述为自我运动的推动者进行适当的改造，但又坚定拒绝分离形式的概念。”参见 J. Pépin，«Éléments pour une histoire de la relation entre l'intelligence et l'intelligible chez Platon et dans le néoplatonisme»，*Revue philosophique*，146（1956）：39-64，关于新柏拉图主义将德穆革（Demiurge）和可理知者等同起来的柏拉图基础以及普罗克洛斯的异议。

学者们打算重新思考如下主张，即亚里士多德要么一直都是要么必定已经成了一位反柏拉图主义者，那么这就是一种会被更严肃对待的解释。

就灵魂的不朽而言，柏拉图主义在本质上认为，个人灵魂必须在排除了独特之处并聚焦于理智的弱意义上来理解。[1] 这是因为理智活动（intellection）的内容完全是普遍的。但是理智一旦被具身化（embodied），就显然是灵魂的一个部分并且无法摆脱灵魂。[2] 这两点正是亚里士多德在《论灵魂》中所坚持的：（1）只有理智是不朽的，（2）具身化的理智活动不可与具体的灵魂活动分离，也就是实际上复合的实体的活动，比如想象。[3] 此外，我的观点简单来说就是，通过清晰地把握什么是柏拉图主义，我们不太愿意认为亚里士多德应被解释为一位反柏拉图主义者。因此，像《论灵魂》第三、五章中那些出了名的难解的文段就会更服从于我们的理解。

亚里士多德只不过是一位反柏拉图主义者吗？当然不是。但在上述的框架中，我认为我们有理由看到，正如新柏拉图主义者看到的，亚里士多德主义是柏拉图主义的一个变种。一个重大的错误，是根据亚里士多德持续批评柏拉图和其他学园成员，根据

---

〔1〕参见《蒂迈欧》41c—d；61c7；65a5；69c8—d1；72d4—e1；73d3。在这些文段中，没有一个用“理智”来指灵魂的“不朽部分”，尽管这个意思是明确的。参见《斐多》78b4—84b4；《理想国》608d—612a。柏拉图是否在别的地方（比如《斐德若》）认为灵魂的其他部分也是不朽的，这或许是有争议的。

〔2〕参见《蒂迈欧》30b；《斐勒布》30c；《智术师》249a。

〔3〕关于（1），参见《论灵魂》A4，408b18—29 和 Γ5，430a23；参考《论动物的生成》B3，736b27 和 B6，744b21；《尼各马可伦理学》K7，1177b30；《形而上学》Λ9，1074b16。关于（2），参见 B1，413a4—9；B2，413b24—27，除了亚里士多德坚持灵魂如果没有影像就不思想之外。参见 Γ7，431a16—17 和 Γ8，432a7—10。

绝大多数的作品都倾向于分类并解释可感实体，从而得出亚里士多德根本（*au fond*）不是柏拉图主义者的结论。即便亚里士多德批评柏拉图，比如在《论灵魂》中，但他被引导着——或许在不考虑他［柏拉图］的情况下（*malgré lui*）——得出了基于柏拉图式假设的结论。这些假设并没有普遍和有益到所有人都能接受。

五、结论

我的主要结论是，我们应当历史地把柏拉图主义理解为由忠实于“自上而下主义”的诸原理构成。这样来理解的话，我们就有了一种相对锐利的批判工具，可以在人们保持沉默或者相反地进行抗议的时候，决定谁是和谁不是柏拉图主义者。[1] 毫无疑问，这方面的最重要人物是亚里士多德。然而，我不希望没有给出哲学教训（moral）就结束此次历史探究。这个教训就是，至少有一些理由可以宣称真正反柏拉图的亚里士多德在哲学上可以说是不可能的。于是，如果有人严格且真诚地试图从假定的亚里士多德式立场中排除柏拉图主义的这些原理，那么剩下的东西就是不一致的且可能是无法辩护的。[2] 因此，一种排除了超感事物之本体论先在性的可感世

〔1〕 因此，在此基础上且无需惊讶的是，学园怀疑论者应当被排除在柏拉图主义者行列之外。

〔2〕 就此而言，我不同意 C. D. C. Reeve，*Substantial Knowledge*：*Aristotle's Metaphysics*，Indianapolis，Indiana：Hackett，2000，ch.10，他认为亚里士多德给了我们建构“一种自然主义的和无神的基本科学”的方法。我认为这正好就是亚里士多德没有做的，因为他是一位柏拉图主义者。M. V. Wedin，*Aristotle's Theory of Substance*：*The Categories and Metaphysics Zeta*，Oxford：Oxford University Press，2000，是如下观点的另一位著名支持者，即亚里士多德形而上学的有效性部分取决于其反柏拉图主义。就他关于亚里士多德的灵魂学而言，也可以这样说。参见 *Mind and Imagination in Aristotle*。

界的亚里士多德式本体论或许是不可持续的。一种没有认识到理智相对于灵魂的先在性和不可还原性的亚里士多德式灵魂学同样也是无法补救的。[1]各种类型的柏拉图主义或亚里士多德主义的当代支持者们或许应当从历史研究中得到的结论是，合并或至少是协同增效才应当是最重要的，而不是彼此对立。

〔1〕关于从本质上功能主义的立场来看亚里士多德的心智哲学不可持续，有一个从稍微不同的角度，对此，参见 M. F. Burnyeat，“Is an Aristotelian Philosophy of Mind Still Credible?”，in M. C. Nussbaum and A. Rorty（eds.），*Essays on Aristotle's De Anima*，Oxford：Clarendon Press，1992。

近十年（2005—2015）新柏拉图主义研究综论

Peter Adamson[1] 裴浩然 译

过去十年左右，正是新柏拉图主义的学术蓬勃发展的年代。由于出任《实践智慧》(*Phronesis*) 刊物中关于新柏拉图主义的"书评"栏目作者，我阅读了这一时期该领域发表的大部分内容。在刚刚把书评的工作交给乔治·博伊斯-斯通斯（George Boys-Stones）后，我想也许值得写下自己对新柏拉图主义研究状况的总体印象。但一方面，我远没有读尽过去十年间这一论题下的所有出版书籍，另一方面，本文的目标旨在讨论具体的主题及其发展，而非罗列出一切。是故，如若你欣赏的或写下的书籍，我在这里并未提及，请勿为这一沉默感到不快——这并不意味着我的负面态度。希望本研究足够广泛和全面，以便使用。

让我们从古利特（Richard Goulet）的一个观点切入，这个讲

〔1〕 彼得·亚当森（Peter Adamson），著名古代晚期哲学和阿拉伯哲学学者，曾任教于伦敦国王学院，现为慕尼黑大学教授、慕尼黑古代哲学学院（MUSAΦ）主任。主播著名哲学史节目《哲学通史》(*History of Philosophy without any gaps*, https://historyofphilosophy.net/)，全书多卷本，已经陆续出版。

法我曾向学生们反复提及。[1] 古利特对完全用希腊文保存下来的哲学文本做了数据分析，发现将近四分之三（71%）都是由新柏拉图主义者和亚里士多德的评注者们写就的。某种程度上这个结论并不意外。古代晚期哲人不仅在时间上与我们近了几个世纪，而且是决定哪些古代作品将经由抄写、研习，进而能在拜占庭时期保存下来的看门人。我们要为今天可以阅读柏拉图的作品而感谢古代晚期的学者们，同时为克吕希波（Chrysippus）的文本失传而责怪他们（毕竟这些作品在公元 2 世纪仍为盖伦所知）。如果学者们严格地按照现存文献的数量来分配他们的学术注意力，那么古代晚期哲学的研究会比柏拉图和亚里士多德加起来还多。

情况显然并非如此。事实上，新柏拉图主义的相关研究只是在最近才作为古代哲学研究的一部分而得到普遍接受。从关于古代哲学的调查可以看出是不是这样。现在仍能看到一些对希腊化学园之后的材料关注寥寥的书籍。[2] 当然，内容能够涵盖新柏拉图主义者或其他古代晚期作者的书籍其实更为常见，例如近期的《劳特利奇古代哲学史》(*Companion to Ancient Philosophy*)[3]，这本书分成了五个部分，其中有整整十篇论文的篇幅涉及罗马帝国时期及其后的哲学。这一态度转变有助于保证该领域未来的健康发展。问题在于，如果一个博士生论文写普罗提诺或普罗克洛，是否会导致他相较于写柏拉图和亚里士多德，在就业市场上更为劣势？答案或许仍是肯定的，但这二者现今

---

〔1〕 见 C. D'Ancona（ed.），*The Libraries of the Neoplatonists*，Leiden：Brill，2007，pp.48-49。

〔2〕 例如，M.R. Wright，*Introducing Greek Philosophy*，Durham：Acumen，2009，仅仅在后记中提及古代晚期哲学。

〔3〕 F. Sheffield and J. Warren（eds.），*The Routledge Companion to Ancient Philosophy*，London：Routledge，2014.

的差距肯定比我毕业时（二十年前）要小了很多。

这点上，我的印象是欧洲的情形要好过北美。在最近出版的《剑桥古代晚期哲学史》(*Cambridge History of Philosophy in Late Antiquity*）导论中，主编格尔森（Lloyd Gerson）主张禁用“新柏拉图主义”一词，因为它仍是一个被滥用的术语。[1] 对此我大为惊讶，我的感受正相反：“新柏拉图主义”已经成为该领域中有效而引人注目的标志性名称。这一感受差异或可在地域上给予解释。在法国、德国，甚至是英国，学界已经没有对“新柏拉图主义”的偏见，但在加拿大或美国，该词也许确实仍含有贬义。我当然不希望这一名目陷入误用，也有人建议使用格尔森更中意的词汇“古代晚期的哲学”(philosophy in late antiquity）或“古代晚期哲学”(late antique philosophy)。有赖于彼得·布朗（Peter Brown）等学者，历史学家们已经习惯于将“古代晚期”视作一个独立的时期来讨论。这一词汇有助于将古代晚期的哲学与其他层面联系起来研究。此外，我们领域的又一重要发展是，除去新柏拉图主义，诺斯替主义和基督教也获得了越来越多的关注。所以我非常支持将“古代晚期哲学”作为一个有效的安全词，它不仅包含了新柏拉图主义者，也包含了同一时期的其他思想家。

无论如何，格尔森的《哲学史》展示了另一受欢迎的倾向，大量新柏拉图主义和古代晚期哲学的手册（handbook）及导论

[1] L. Gerson (ed.), *The Cambridge History of Philosophy in Late Antiquity*, 2 vols, Cambridge: Cambridge University Press, 2010, p.3. 该书有效地取代了长久以来作为标准，并且仍然有效的相关研究：A.H. Armstrong (ed.), *The Cambridge History of Later Greek and Early Medieval Philosophy*, Cambridge: Cambridge University Press, 1967。

（introductions）近来相继出版。与剑桥哲学史齐头并进的，是《劳特利奇新柏拉图主义手册》。[1]它们互相补足，前者在结构上偏近编年史，每章节集中在个别的思想家和流派上，而后者则更偏近按主题叙述。这两本书，出于其体量，亦出于其合集的本性，能比单一作者的作品涵盖更为广泛的内容。与此同时，许多优秀的单一作者的导论也在近十年不断涌现。阿库曼（Acumen）出版了两本导论，专注于新柏拉图主义和古代注释家；[2]史密斯（Andrew Smith）也为新柏拉图主义撰写了一册导论。[3]对于意大利语读者而言，另一套颇值一读的作品是奇亚拉多那（Riccardo Chiaradonna）所编纂的导论性文集。[4]

对于这些读者来说，奇亚拉多那的意文普罗提诺导论是非常值得推荐的。[5]近年来，似乎并无专门针对普罗提诺的英文导论，除非我有所遗漏。鉴于早在20世纪90年代，关于普罗提诺思想的导论书籍已经基本满足需要，这一情况并非偶然。[6]但对另一位古代晚期柏拉图主义大家普罗克洛来说，情况则完全不同。[7]所以，

〔1〕P. Remes and S. Slaveva-Griffin（eds.），*The Routledge Handbook of Neoplatonism*，London：Routledge，2014.

〔2〕P. Remes，*Neoplatonism*，Stocksfield：Acumen，2008；M. Tuominen，*The Ancient Commentators on Plato and Aristotle*，Stocksfield：Acumen，2009.

〔3〕A. Smith，*Philosophy in Late Antiquity*，London：2004.

〔4〕R. Chiaradonna（ed.），*Filosofia tardoantica*，Rome：Carocci，2012.

〔5〕R. Chiaradonna，*Plotino*，Rome：Carocci，2009.

〔6〕D. O'Meara，*Plotinus：an Introduction to the Enneads*，Oxford：1993；L.P. Gerson（ed.），*The Cambridge Companion to Plotinus*，Cambridge：1996；L.P. Gerson，*Plotinus*，London，1998.

〔7〕虽然这里应该提及L. Siorvanes，*Proclus：Neo-Platonic Philosophy and Science*，New Haven：Yale University Press，1996。

很高兴可以看到关于普罗克洛及其作品的论文集，[1]以及克拉普（Radek Chlup）的专著。[2]克拉普的作品很好地以一种可行并且可接受的方式展示出普罗提诺思想体系的复杂，该书同时简单地比较了普罗提诺与普罗克洛。（关于其他新柏拉图主义者的此类导论仍然空缺，例如波斐利、扬布利丘和斐洛波努斯。）有了这些资源，现今完全可以更广泛地给在读学生讲授新柏拉图主义或古代晚期哲学。为此，两个基本文献的译作也值得推荐：狄龙（John Dillon）、格尔森编写的新柏拉图主义读本[3]和索拉布吉（Richard Sorabji）编辑的三卷本评注集。[4]

对于想在导论和读本之上进一步深入的读者们来说，较为可喜的是，我们有非常多古代晚期哲学文本的译作可读。当然，很长时间以来我们已经有阿姆斯特朗（A.H. Armstrong）为洛布丛书普罗提诺系列创作的优秀英文译作。与此同时，《九章集》的法文读者实在是被太多选择宠坏了。在布里松（Luc Brisson）的监督下，弗拉马利翁出版社（Flammarion）提供了一个完整的普罗提诺全集，卷数可观。在这个全集中，每一篇文章都有一个简短的导论，译本还包含了注解。瑟夫出版社（Cerf）则给出了一个更加大方的文本。在这个系列中，针对普罗提诺的单篇论文有整本书那么厚的研

〔1〕 M. Perkams and R.M. Piccione (eds.), *Proklos. Methode, Seelenlehre, Metaphysik*, Leiden: Brill, 2006，即使该书并不是为更广泛和更基础的读者而作。关于后世对普罗克洛的接受，见 S. Gersh (ed.), *Interpreting Proclus from Antiquity to the Renaissance*, Cambridge: Cambridge University Press, 2014。

〔2〕 *Proclus. An Introduction*, Cambridge: Cambridge University Press, 2012.

〔3〕 *Neoplatonic Philosophy: Introductory Readings*, Indianapolis: Hackett, 2004.

〔4〕 *The Philosophy of the Commentators*, 200-600 AD, 3 vols, London: Duckworth, 2005.

究，其中包含着总体的主题介绍、翻译和详细评注。其中杰出的入门文本是I.1，I.8，V.9，或按法文的习惯来说，是文本53，51和5。[1]假如这些还不够（已经可以说够了），法国美文出版社（Les Belles Lettres）还出版了一系列普罗提诺的希—法对照本，并附大量评注。[2]另一个法国出版社，弗林（Vrin），为我们提供了波斐利作品的法文版本，也包括了评注。他关于胚胎学的文本《通往理智的起点》(*Sentences*）和《致噶鲁斯》(*To Gaurus*）在布里松领导的小组下完成翻译，而《〈范畴篇〉评注》则由波杜斯（Richard Bodéüs）重新辑整并译出。[3]

十年前，可以纳入"扬布利丘传统"这一名号（例如：扬布利丘，叙利亚努斯，普罗克洛和达马修斯）的作品几乎没有出现在英文世界。而普罗克洛多卷本《〈蒂迈欧〉评注》英译本的出版改变了这一情况。《〈蒂迈欧〉评注》非常重要，可能是新柏拉图主义除《九章集》之外最为丰富的单本著作。[4]另一于近期出版的作品为普罗克洛的《〈理想国〉评注》关于诗歌的节选提供了一

---

〔1〕G. Aubry，*Plotin*：*Traité 53*（I，1），Paris：Cerf，2004；A. Schniewind，*Plotin*：*Traité 5*（V，9），Paris：Cerf，2007；D. O'Meara，*Plotin*：*Traité 51*（I.8），Paris：Cerf，1999.

〔2〕Plotin，*Œuvres Complètes*. Introduction；*Traité 1*（I，6），Sur le beau，Paris：Les Belles Lettres，2012.

〔3〕L. Brisson et al.，*Porphyre*：*Sentences*，Paris：J. Vrin，2005；L. Brisson et al.，*Porphyre*：*Sur la manière dont l'embryon reçoit l'âme*，Paris：J. Vrin，2012；R. Bodéüs（ed. and trans.），*Porphyre*：*Commentaire aux Catégories d'Aristote*，Paris：J. Vrin，2008. 20世纪90年代该出版社已经贡献了多卷关于普罗提诺和伊萨果戈生平的著作。

〔4〕五卷本由Cambridge University Press出版。分卷作者为H. Tarrant（vol.1），D. Runia和M. Share（vol.2），以及D. Baltzly（vols.3-5）。

个较为有效的译本，[1]同时，更进一步的普罗克洛译本则集中在他对赫西俄德和《克拉底鲁》的评注。[2]普罗克洛的《〈巴门尼德〉评注》则出现了不止一个译本，而是两个，其中一个是希法对照的。[3]与此同时，普罗克洛的老师叙利亚努斯也有了新的英译本，即他对亚里士多德《形而上学》部分文本的评注——这是个不同寻常的文本，叙利亚努斯出于亚里士多德对柏拉图的批评而公开反对他——以及叙利亚努斯对《蒂迈欧》和《巴门尼德》的解释。[4]至于扬布利丘本人，他对波斐利关于神学的怀疑言论的回应，即《论神秘》(*On Mysteries*)，已经有了英文版本，他的信件也由斯托拜乌（Stobaeus）发现——这些信件包含他对伦理、政治和命运的观

---

〔1〕R. Lamberton (trans.), *Proclus the Successor on Poetics and the Homeric Poems: Essays 5 and 6 of his Commentary on the Republic of Plato*, Atlanta: Society of Biblical Literature, 2012.

〔2〕P. Marzillo, *Der Kommentar des Proklos zu Hesiods* Werken und Tagen. *Edition, Übersetzung und Erlaüterung der Fragmente*, Tübingen: Narr, 2010; B. Duvick (trans.), *Proclus: On Plato Cratylus*, London: Duckworth, 2007. 还有一本书，并非出版于过去十年间，但也尤值得提及：R. van den Berg, *Proclus' Hymns: Edition, Translation, Commentary*, Leiden: Brill, 2001。

〔3〕斯蒂尔（C. Steel）的作品为三卷本，由牛津出版社（Oxford University Press）出版，卢娜（C. Luna）和塞贡德（A.-P. Segonds）的版本，以及法文译本，则为五卷本，由法国美文出版社出版。在不站队的前提下，我不得不说，这两个编辑团队之间的对抗是近年来柏拉图主义研究非常不幸和令人作呕的剧集之一（法国团队的作品中有一卷包含了对斯蒂尔作品的攻讦，连温和的狄龙都称它是“恶意、吹毛求疵和迂腐的纪念碑”。见狄龙对 the Online Bryn Mawr Classical Review 相关章节的讨论）。

〔4〕J. Dillon and D. O'Meara (trans.), *Syrianus: On Aristotle* Metaphysics *13-14*, London: Duckworth, 2006; id., *On Aristotle* Metaphysics *3-4*, London: Duckworth, 2008; S. Klitenic Wear, *The Teachings of Syrianus on Plato's* Timaeus *and* Parmenides, Leiden: Brill, 2011.

点。[1]还应注意的是，在普罗米修斯（Prometheus）信托基金的支持下，新柏拉图主义一些旧的研究报告平价重印本也已刊行。[2]

相比于上述文本，在英语翻译方面最重要的工作莫过于索拉布吉领导的古代注释家项目。这套丛书实际上包括刚才提到的几卷，如叙利亚努斯对《形而上学》的评注，普罗克洛的《〈克拉底鲁〉评注》及关于命运和天意的《短论》(*tria opuscula*)，还有最近出版的奥林匹奥多洛斯《〈阿尔喀比亚德上卷〉评注》。[3]然而，这套丛书的主要内容是对亚里士多德的评注文本，这些评注的英译本构成了目前100多卷中的大部分。[4]在这里，我必须承认自己有一些偏袒，因为我在伦敦国王学院工作时曾与该项目有多年的联系。不过，我认为毫无疑问的是，这套丛书作为一个整体对晚期古代哲学研究的影响比过去25年（第一卷出现在1987年）的任何其他发展都大。它很好地发掘了各类评注的哲学兴趣，并使亚里士多德研究学界更普遍地考虑到这些古代注解的工作。此外，它还对拉丁文和

---

〔1〕E. C. Clarke, J. M. Dillon and J. P. Hershbell (trans.), *Iamblichus*: *On the Mysteries*, Atlanta: Society of Biblical Literature, 2003; M. Dillon and W. Polleichtner (ed. and trans.), *Iamblichus of Chalcis*: *the Letters*, Atlanta: Society of Biblical Literature, 2009. 这些信件最近也出现在意大利语世界中，并附有更多的学术性说明，见：D.P. Taormina and R.M. Piccione, *Giamblicho*: *I frammenti dalle epistole. Introduzione*, *testo*, *traduzione e commento*, Naples: Bibliopolis, 2010。

〔2〕www.prometheustrust.co.uk. 例如，他们提供了狄龙翻译和编辑的扬布利丘《〈论灵魂〉评注》残篇，售价30欧，以及威斯特灵克（Westerink）所翻译的达马修斯《〈斐勒布〉评注》，售价24欧。

〔3〕M. Griffen (trans.), *Olympiodorus*: *Life of Plato and On Plato First* Alcibiades *1-9*, London: Bloomsbury, 2015. 近期还将拉丁文的普罗克洛《短论》(*tria opuscula*)重新译回希腊文：B. Strobel, Proklos, *Tria Opuscula*: *textkritisch kommentierte Retroversion der Übersetzung Wilhems von Moerbeke*, Berlin: Walter de Gruyter, 2014。

〔4〕完整清单请见：www.ancientcommentators.org.uk。

阿拉伯文的中世纪哲学研究产生了广泛的影响，因为这些传统的作者也大量借鉴了这些评注。

目前为止我们所讨论的内容，仅在于哪些文本是可用的——导论、手册、主要文本集，各版本、各译本相结合，使古代晚期哲学能够为更多读者所了解，包括那些主要关注在其他领域（例如古代晚期哲学或中世纪哲学）的学生和专业学者。那么，新柏拉图主义研究者们除了使文本更加可读外，还做了什么来分析它们？我将在该综述的后续部分介绍其中一些明确的动向。

让我们从普罗提诺开始，他一如既往地成为吸引学者们最多关注的晚期古代思想家。最近，北美学术界一个引人注目的发展是开始强调诺斯替主义对《九章集》的影响。纳伯恩（Jean-Marc Narbonne）在这个方向上提出了最大胆的论点，他所谈论的普罗提诺与诺斯替教的关系，也同时是最近关于柏拉图《巴门尼德》影响的一个论文集的主要论调。[1]我们有充分的理由认真对待这些说法：我们从《普罗提诺的生平》中知道，普罗提诺在学校里研究过诺斯替主义的文本，而他对诺斯替教的拒斥则由波斐利给《九章集》II.9 的标题"反诺斯替教"再次强调。当然，无论肯定还是批评，以往学界并未忽视普罗提诺与诺斯替派间的瓜葛。早在 1954 年，卡茨（Joseph Katz）就写道："诺斯替主义中，几乎所有普罗提诺认为难以接受的观点，他自己都以这样或那样的方

〔1〕 J. -M. Narbonne，*Plotinus in Dialogue with the Gnostics*，Leiden：Brill，2011；J. D. Turner and K. Corrigan（eds.），*Plato's* Parmenides *and its Heritage*，2 vols，Atlanta：Society of Biblical Literature，2010. 亦见 *Gnosticism*，*Platonism and the Late Ancient World*：*Studies in Honor of John D. Turner*，Leiden：Brill，2013。

式讲过。”[1] 关于他对诺斯替教的回应，新的研究已不再关注普罗提诺对具身的事物和物质概念的众所周知的矛盾心理。在纳伯恩的专著中，他确实详细地讨论了物质的产生，但他也表示，普罗提诺对诸如未降生的灵魂和德穆革创世的看法可能是对诺斯替主义思想的回应。[2] 而诺斯替主义对普罗提诺的影响到底有多深这一问题，目前还没有定论——部分原因是少有普罗提诺研究者同时熟悉诺斯替主义的文本。但这些最近的研究至少应该成为进一步论辩的动力。

在大西洋彼岸，普罗提诺研究的一个核心议题是“自我”。该研究旨在回应一些当下的迥异的潮流，如阿多（Hadot）对哲学作为生活方式的强调，以及帕菲特（Parfit）对个体同一性的分析。除了索拉布吉关于古代自我的书籍，[3] 英语学界的另一关键作品由他过去的一位博士生雷默斯（Pauliina Remes）写就。[4] 雷默斯的研究比前书要更加艰深和晦涩，涉及了更多近期相关主题的书籍，[5] 并将研究集中在普罗提诺关于形而上学的文本中。例如，她关注普罗提诺哲学中的个体是否确实失去了其统一性，撕碎成两个自我，一个是智性的、超越的，一个则是经验的、具身的。她同样关注普罗提诺对时

---

〔1〕“Plotinus and the Gnostics,” *Journal of the History of Ideas*, 15(1954): 289-98, at 289.

〔2〕对德穆革的怀疑性回应，见 R. Chiaradonna, “Plotinus’ Account of Demiurgic Causation and its Philosophical Background,” in A. Marmodoro and B.D. Prince (eds), *Causation and Creation in Late Antiquity*, Cambridge: Cambridge University Press, 2015, pp.31-50。感谢奇亚拉多那教授给我看了这本书最新的印本。

〔3〕R. Sorabji, *Self. Ancient and Modern Insights about Individuality, Life and Death*, Oxford: 2006.

〔4〕P. Remes, *Plotinus on Self: the Philosophy of the “We”*, Cambridge: Cambridge University Press, 2007.

〔5〕R. Mortley, *Plotinus, Self and World*, Cambridge: Cambridge University Press, 2013.

间中具身事物个体性的看法。关注自我的另一层面在于，自我是普罗提诺解决自由和自为问题的核心。艾丽亚森（Erik Eliasson）的一本专著细致地梳理了“自决”（up to us）在普罗提诺以前的整个历史背景。[1]这一领域还包括迈克尔·弗雷德（Michael Frede）的一本非常精彩的论著，该书在作者离世后才出版，认为早期基督教思想中对意志的看法实际上借鉴自斯多亚派。[2]

这些问题在其他语种中也颇受关注。关于自我的统一性，在瑟夫版普罗提诺全集中，奥伯瑞（Gwenaëlle Aubry）对《九章集》I.1 的评注是一个非常有用的文本，该全集的情况已在前文简单介绍过。[3]这是关于普罗提诺的自我概念一个相当不同的文本，奥伯瑞视普罗提诺式的自我为同一性变化的一个基点（locus），它可以将自身视为具身的或智性的。至于对物理对象的形而上学，无论在时间中还是超越时间的，奇亚拉多那一本颇为出色的作品处理了这些内容。[4]虽然它出版于 2002 年，并不属于这里要考察的时间跨度，但我提及这本书是因为这本意语研究并没有得到应受的重视。奇亚拉多那有力地论证了普罗提诺与亚里士多德形而上学之间的彻底对立。通过批评将具身性的事物视作“第一实体”，普罗提诺拒

---

〔1〕E. Eliasson，*The Notion of that which Depends on Us in Plotinus and its Background*，Leiden：Brill，2008.

〔2〕M. Frede，*A Free Will*：*Origins of the Notion in Ancient Thought*，ed. A.A. Long，foreward by D. Sedley，Berkeley：University of California Press，2011. 关于自由意志的更多讨论，见最近为纪念卡洛斯·斯蒂尔而出版的内容丰富的节选本：P. d'Hoine and G. Van Riel（eds.），*Fate*，*Providence and Moral Responsibility in Ancient*，*Medieval and Early Modern Thought*，Leuven：Leuven University Press，2014。

〔3〕G. Aubry，Plotin：*Traité 53*（I，1），Paris：Cerf，2004.

〔4〕R. Chiaradonna，*Sostanza Movimento Analogia*：*Plotino critico di Aristotle*，Naples：Bibliopolis，2002.

绝了其余新柏拉图主义者将亚里士多德统合入柏拉图主义者世界观的尝试。[1]

近年来普罗提诺研究的另一趋势是越发关注他在伦理学方面的作品，这应该足以平息人们的质疑，即除了从身体转向智性的观点外，他在伦理学方面几乎不能再说出什么。要想对他的伦理学有更细致的了解，最好的办法就是翻开《九章集》I.4。麦格罗蒂（Kevin McGroarty）用英语为这篇文章撰写了评注，它同时是施尼温德（Alexandrine Schniewind）一本法语专著的核心内容。[2]这两本书，一如《九章集》I.4，提醒着我们，普罗提诺伦理学必须放在希腊化的伦理学理论的背景下加以理解。施尼温德对理想圣人形象的关注在这里颇为有效，麦格罗蒂对普罗提诺和伊壁鸠鲁相似之处的强调也是如此。关于普罗提诺宇宙中“更高的”领域，也有了许多优秀的作品，爱米尔森（Eyjólfur Emilsson）撰写了一本普罗提诺论努斯（nous）的基础作品，而格里芬（Svetla Slaveva

〔1〕奇亚拉多纳在随后关于普罗提诺和波斐利的作品中为这一诠释增加了细节，并以法语、意大利语和英语出版。要选出他的一些英文作品，可见“The Categories and the Status of the Physical World. Plotinus and the Neoplatonic Commentators,” in P. Adamson. H. Baltussen, and M. Stone（eds.）, *Philosophy*, *Science and Exegesis in Greek*, *Arabic and Latin Commentaries*, 2 vols, London: Institute of Classical Studies, 2004, vol.1, pp.121-136; “Porphyry's Views on the Immanent Incorporeals,” in G. Karamanolis and A. Sheppard（eds.）, *Studies on Porphyry*, London: Institute of Classical Studies, 2007, pp.35-49; “Porphyry and Iamblichus on Universals and Synonymous Predication,” *Documenti e studi sulla tradizione filosofica medievale*, 18（2007）: 123-140; and “Plotinus on Sensible Particulars and Individual Essences,” in A. Torrance and J. Zachhuber（eds.）, *Individuality in Late Antiquity*, Farnham: Ashgate, 2014, pp.47-61。

〔2〕K. McGroarty, *Plotinus on Eudaimonia. A Commentary on Ennead I.4*, Oxford: Oxford University Press, 2006; A. Schniewind, *L'Éthique du sage chez Plotin: le paradigme du spoudaios*, Paris: J. Vrin, 2003.

Griffin）对《九章集》VI.6 的研究则很好地补充了它，这本书阐述了可理知世界的数字结构。[1]

因此，可以有把握地说，普罗提诺仍然是所有新柏拉图主义者中被研究得最透彻、最深入的。相比之下，他的学生和作品整理者波斐利则是最近才开始作为一个完整的形象出现。关于波斐利的一本多作者论文集将研究其思想的主要学者会聚一席，包括于 2009 年不幸去世的史蒂芬·斯特兰奇（Stephen K. Strange）。[2] 他的作品谈到了他在其他地方也曾提及的一个关键问题：波斐利调和柏亚的工作，多大程度上能够在普罗提诺身上预见到？[3] 大约在同一时间，关于这个普遍主题的一项重要研究出现了，卡拉玛诺利斯（George Karamanolis）重建了柏亚和谐论直到波斐利时代的整个历史。[4] 卡拉玛诺利斯认为，在普罗提诺之前的哲学中，存在着对这两个伟大权威的兼容性的大量看法，但他认为波斐利是第一个为亚里士多德的作品写评注的柏拉图主义者，这使他起到了决定性的作用。[5] 在约翰森（Aaron

---

〔1〕 E. J. Emilsson, *Plotinus on Intellect*, Oxford: Clarendon Press, 2007; S. Slaveva-Griffin, *Plotinus on Number*, Oxford: Oxford University Press, 2009. 亦见 B. Collette-Ducic, *Plotin et l'ordonnancement de l'être*, Paris: Vrin, 2007。

〔2〕 G. Karamanolis and A. Sheppard (eds.), Studies on Porphyry, London: Institute of Classical Studies, 2007.

〔3〕 该论题亦可见 R. Chiaradonna, "What is Porphyry's Isagoge?," *Documenti e studi sulla tradizione filosofica medievale*, 19(2008): 1-30。

〔4〕 G. Karamanolis, *Plato and Aristotle in Agreement? Platonists on Aristotle from Antiochus to Porphyry*, Oxford: Oxford Clarendon Press, 2006. 亦见 T. Bénatouïl, E. Maffi and F. Trabattoni (eds.), *Plato, Aristotle or Both? Dialogues between Platonism and Aristotelianism in Antiquity*, Hildesheim: George Olms, 2011。

〔5〕 G. Karamanolis, "Porphyry, the First Platonist Commentator of Aristotle," in P. Adamson, H. Baltussen, M. Stone (eds.), *Science and Exegesis in Greek*, （转下页）

Johnson）最近的一本书中，波斐利的哲学工作得以在一个更广泛的背景下讨论。[1] 该书不同以往，广泛使用了波斐利失传的残篇，并令人信服地展示了哲人对异教和希腊文化身份的看法。

自从该领域一位早期研究者将扬布利丘的《论神秘》定性为"非理性主义的声明"以来，学界对后来新柏拉图主义异教信仰的态度已经有了长足的进展。[2] 诚然，即使最勤奋的普罗克洛学者，在阅读普罗克洛在《〈克拉底鲁〉评注》中对诸神之名的论述时，也会像听天书一样。但这与普罗克洛的语言哲学问题密切关联，可见范登贝格（Robbert van den Berg）对这篇评注的研究。[3] 蒂莫丁（Andrei Timotin）深入研究了"精灵"（daimones）这一独特的"异教"主题。[4] 他探讨了精灵（demon）如何从柏拉图本人伊始，在整个柏拉图主义的历史中充当中介性的实体。诸如此类的研究不仅使人们更容易将扬布利丘和他的继承人纳入古代哲学主流，而且也使人们更容易将更早的柏拉图主义者，如普鲁塔克也纳入其中。当然，对于普鲁塔克的严肃研究已不是什么新鲜事；尽管长期以来，在他庞杂而多样的文献中一直存在着不入流的学术研究。但近年来，奥普索莫（Jan Opsomer）等人在呈明他

（接上页）*Arabic and Latin*，2 vols，London：Institute of Classical Studies，2004，vol.1，pp.79-113.

〔1〕 A. P. Johnson，*Religion and Identity in Porphyry of Tyre：the Limits of Hellenism in Late Antiquity*，Oxford：Oxford University Press，2013.

〔2〕 E.R. Dodds，*The Greeks and the Irrational*，Berkeley：1951，p.287.

〔3〕 R.M. van den Berg，*Proclus' Commentary on the Cratylus in Context. Ancient Theories of Language and Meaning*，Leiden：Brill，2008. 对注释 21 中曾提及的杜威克（Duvick）译本的评论，也大多是针对文本的这一层面。

〔4〕 A. Timotin，*La démonologie platonicienne. Histoire de la notion de Daimon de Platon aux derniers néoplatoniciens*，Leiden：Brill，2012.

的哲学兴趣方面取得了颇多进展。[1]在一本饶有趣味的专著中，普鲁塔克的“大众伦理学”（popular ethics）作品因其哲学意义而得到认可。[2]普鲁塔克研究取得的进展表明，“中期”柏拉图主义已被纳入我们对后期古代哲学的理解中。[3]自狄龙的《中期柏拉图主义者》（1977年出版）等研究首次开辟这一领域以来，我们已经取得了长足的进步。

将基督教传统整合入古代哲学领域是一个更大的挑战。某种程度上，这仍是一个未来项目：以教父哲学为主要研究兴趣的学者一般不在哲学系，即使他们以哲学为研究方法。但越发清晰的是，任何完整的古代哲学图景都不可缺少古代晚期的基督教思想。[4]在撰写《书评》期间，我收到的研究基督教作者的书籍数量在稳步增加。可预见的是，最好的作品都是关于奥古斯丁的，但也有一部分专著研究用希腊语写作的人，如奥里根（Origen），卡帕多锡

〔1〕近期关于他的文集包括了X. Brouillette and A. Giavatto（eds.），*Les dialogues platoniciens chez Plutarque：Stratégies et méthodes exégétiques*，Leuven：Leuven University Press，2011；L. Roig Lanzillotta and I. Muñoz Gallarte（eds.），*Plutarch in the Religious and Philosophical Discourse of Late Antiquity*，Leiden：Brill，2012。

〔2〕L. van Hoof，*Plutarch's Practical Ethics：the Social Dynamics of Philosophy*，Oxford：Oxford University Press，2010.

〔3〕例如，见M. Zambon，*Porphyre et le Moyen-Platonisme*，Paris：J. Vrin，2002；M. Bonazzi and J. Opsomer（eds.），*The Origins of the Platonic System. Platonisms of the Early Empire and their Philosophical Contexts*，Louvain：Peeters，2009。

〔4〕最近的例子是G. Karamanolis，*The Philosophy of Early Christianity*，Durham：Acumen，2013。沿着同一条路径，我的作品*A History of Philosophy Without Any Gaps：Philosophy in the Hellenistic and Roman Worlds*，Oxford：Oxford University Press，2015在52章中有16章内容关于基督教思想家。先前提及的剑桥哲学史中也涵盖了大量的教父研究。

安（Cappadocians）。[1]但这不仅仅是视教父哲学的专门研究为古代哲学的一类专项的问题。事实上，不同于当今学术世界典型的学科布置，古代晚期的基督教和异教的哲学传统之间没有截然两分。当然，这两个不同信仰的阵营中存在着大量论争，但确实有一些人物，可以说对二者均有涉足。

最好的例子是斐洛波努斯（John Philoponus），他既写作了基督教神学作品，也忠实地记述了他的导师阿莫尼乌斯（Ammonius）对亚里士多德的注解式研究。关于斐洛波努斯的一本开创性文集在2010年有了修订版。[2]在古代注释家项目中，他对亚里士多德的评注被大量提及，其中有伽萨的埃涅阿斯（Aeneas of Gaza）和米提利尼的撒迦利亚（Zacharias of Mytilene），他们的作品预示了斐洛波努斯在宇宙永恒的论点上对异教观点的著名反驳。[3]当时诸如

---

〔1〕我印象深刻的两本书分别是 S. C. Byers，*Perception*，*Sensibility*，*and Moral Motivation in Augustine. A Stoic-Platonic Synthesis*，Cambridge：Cambridge University Press，2013 和 M. DelCogliano，*Basil of Caesarea's Anti-Eunomian Theory of Names*：*Christian Theology and Late-Antique Philosophy in the Fourth Century Trinitarian Controversy*，Leiden：Brill，2010。其他研究可参考：A. Casiday，*Evagrius Ponticus*，London：Routledge，2006；K. Corrigan，*Evagrius and Gregory*：*Mind*，*Soul and Body in the 4th Century*，Farnham：Ashgate，2009；S. Harrison，*Augustine's Way Into the Will*，Oxford：Oxford University Press，2006；P.E. Hochschild，*Memory in Augustine's Theological Anthropology*，Oxford：Oxford University Press，2012；M. S. M. Scott，*Journey Back to God*：*Origen on the Problem of Evil*，Oxford：Oxford University Press，2012；T. Tollefson，*Activity and Participation in Late Antique and Early Christian Thought*，Oxford：Oxford University Press，2012；J. Zachhuber，*Human Nature in Gregory of Nyssa*：*Philosophical Background and Theological Significance*，Leiden：Brill，2014。

〔2〕R. Sorabji（ed.），*Philoponus and the Rejection of Aristotelian Science*，London：Institute of Classical Studies，2010.

〔3〕S. Gertz，J. Dillon and D. Russell（trans.），*Aeneas of Gaza*：*Theophrastus with Zacharias of Mytilene*：*Ammonius*，London：Bristol Classical Press，2012. 亦见 M.W. Champion，*Explaining the Cosmos*：*Creation and Cultural Interaction in Late-Antique Gaza*，Oxford：Oxford University Press，2014。

此类的异教—基督论争博取了大量关注，人们甚至可以说从异教哲学到基督哲学的转变，仍是连续多于冲突的。亚历山大学派中用希腊语写作的基督徒们不失时机地继承了阿莫尼乌斯等异教徒的方法和理解。与此同时，注释者的思想也在其他语言世界有所传播。最近，关于晚期古代逻辑学注释的最佳专著之一是关于波爱修的，[1]并且，学者们还在研究亚美尼亚和叙利亚的传统。[2]

评注的任务从异教徒传递到基督教徒的过程非常顺利，在大量此类文本中，人们几乎意识不到自己正在阅读一位基督教作者的作品。晚近的古代异教徒因此对基督徒彬彬有礼，以作为回报。[3]然而，对基督教注解的研究蓬勃发展，不一定意味着对基督教思想的包容程度在提升。相反，这只是一个迹象，表明人们越来越愿意将注释作为正式的哲学作品来对待。我们现在已经看到了一些专门研究古代注释的传统和方法的作品。[4]辛普利丘

---

〔1〕 T. Suto, *Boethius on Mind, Grammar and Logic. A Study of Boethius' Commentary on Peri Hermeneias*, Leiden: Brill, 2012.

〔2〕 关于亚美尼亚传统，其作者主要是神奇的“无敌大卫”，他在博睿（Brill）的一系列研究中受到了严格的审视：J. Barnes and V. Calzolari (eds.), *L'œuvre de David. L'invincible et la transmission de la pensée grecque dans la tradition arménienne et syriaque*, Leiden: Brill, 2009；A. Topchyan, *David the Invincible: Commentary on Aristotle's* Prior Analytics, Leiden: Brill, 2010；以及 G. Muradyan, *David the Invincible: Commentary on Porphyry's Isagoge*, Leiden: Brill, 2015。For Syriac see e.g. J. W. Watt, *Rhetoric and Philosophy from Greek into Syriac*, Farnham: Ashgate Variorum, 2010。

〔3〕 剑桥古代晚期哲学史中奥普索默（J. Opsomer）写作的“Olympiodorus”一章中给出了一个很好的例子，见 L. P. Gerson (ed.), *The Cambridge History of Philosophy in Late Antiquity*, vol.2, pp.697-710。在 703 页，正是奥林匹奥多洛斯建议基督徒可以把异教徒的神祇理解为他们唯一上帝的一种属性。

〔4〕 例如，P. Adamson, H. Baltussen and M.W.F. Stone (eds.), *Philosophy, Science and Exegesis in Greek, Arabic and Latin Commentaries*, 2 vols, London: Institute of Classical Studies, 2004；W. Geerlings and C. Schulze (eds.), *Der Kommentar in Antike und Mittelalter*, Band 1, （转下页）

（Simplicius）在这里显得颇为重要，直到晚近他还被看作早期思想家（特别是前苏格拉底）信息的一个采石场。而今他已经成了一个独立的研究对象。[1]与辛普利丘同时代的达马修斯，也作为一个吸引人的柏拉图注释者而崭露头角，他对快乐有细致入微的理论，并对《斐多》中灵魂不死的论点做了复杂的辩护。[2]

从上述例证中我们可以看到，研究人员们正在达成对古代晚期哲学越发完整的历史描述。在主题方面也可以说是如此，当我们想到新柏拉图主义时，跃入脑海的主题通常是形而上学的：太一、流溢、可理知世界和灵魂、物质，等等。但如前所述，普罗提诺已经被确立为伦理学方面的重要思想家。类似的情况是，普罗克洛和他的导师叙利亚努斯已经成为几项侧重于认识论的优秀研究的焦点。在这里，我想到了意大利人隆果（Angela Longo）和格利蒂（Elena Gritti）对叙利亚努斯和普罗克洛的研究，以及海尔米希（Christoph Helmig）对古代概念形成的大量研究，这个过程正是在普罗克洛那里达到了顶峰。[3]

（接上页）Leiden：Brill，2002；Special issue of *Laval théologique et philosophique*，64.1 and 64.3（2008）。

〔1〕H. Baltussen，*Philosophy and Exegesis in Simplicius. The Methodology of a Commentator*，London：Duckworth，2008；P. Golitsis，*Les commentaires de Simplicius et de Jean Philopon à la physique d'Aristote*，Berlin：de Gruyter，2008.

〔2〕G. van Riel，*Damascius：commentaire sur le* Philèbe *de Platon*，Paris：Les Belles Lettres，2008；G. van Riel，*Pleasure and the Good Life*，Leiden：Brill，2000；S. Gertz，*Death and Immortality in Late Neoplatonism. Studies on the Ancient Commentaries on Plato's* Phaedo，Leiden：Brill，2011. 达马修斯关于形而上学疑难（aporia）的文章也译成了英文：*S. Abhel-Rappe*，*Damascius' Problems and Solutions Concerning First Principles*，New York：Oxford University Press，2010。

〔3〕A. Longo，*Siriano e i principi della scienza*，Naples：Bibliopolis，2005；E. Gritti，*Proclo. Dialettica Anima Esegesi*，Milan：Il Filarete，2008；C. Helmig，*Forms and*（转下页）

一个更加引人注目，甚至有些令人惊异的现象，是学界对新柏拉图主义物理学研究兴趣的激增。普罗提诺的伦理学或普罗克洛的认识论是长期的研究课题，只是在最近才得到关注，而新柏拉图主义者的自然哲学则是刚刚作为一个重要的研究领域开始出现。在这方面起带头作用的是两本优秀的文集[1]和马泰恩（Marije Martijn）论普罗克洛自然观的卓越作品。[2]这两本文章集的编辑之一威尔伯丁（James Wilberding）也是该领域的领军人物。在对普罗提诺的一篇之前不受重视的宇宙论著发表了详细而复杂的评论之后，[3]他把注意力转向了新柏拉图主义胚胎学这个显然“没有前途”的领域。请原谅我的如上说法，事实证明，这是一个内容丰富的哲学议题，例如威尔伯丁（Wilberding）通过对波斐利《致噶鲁斯》的翻译和注释以及一项单独的研究表明，大量的新柏拉图主义者其实共享着一个崭新的胚胎学理论。[4]

有了上述内容，人们可能以为，在新柏拉图主义研究领域已

（接上页）*Concepts. Concept Formation in the Platonic Tradition*，Berlin：de Gruyter，2012.

〔1〕R. Chiaradonna and F. Trabattoni（eds.），*Physics and Philosophy of Nature in Greek Neoplatonism*，Leiden：Brill，2009；J. Wilberding and C. Horn（eds.），*Neoplatonism and the Philosophy of Nature*，Oxford：Oxford University Press，2012.

〔2〕M. Martijn，*Proclus on Nature. Philosophy of Nature and its Methods in Proclus' Commentary on Plato's* Timaeus，Leiden：Brill，2010. 该主题亦可参见 A. Lernould，*Physique et théologie. Lecture du* Timée *de Platon par Proclus*，Calais：Septentrion，2001。

〔3〕J. Wilberding，*Plotinus' Cosmology. A Study of Ennead II. 1（40）. Text，Translation and Commentary*，Oxford：Oxford University Press，2006.

〔4〕J. Wilberding（trans.），*Porphyry：To Gaurus on How Embryos are Ensouled，and On What is in Our Power*，London：Bristol Classical Press，2011；id. “The Revolutionary Embryology of the Neoplatonists，” forthcoming in *Oxford Studies in Ancient Philosophy*. 亦见注释 18 中提及的法文本。

经没有重大的理论空白或紧迫的研究需要了。但未来几年，我们仍有许多工作要做，也还有许多可以期待。如前所述，我认为最重要的挑战是将基督教哲学作为公认的部分纳入古代哲学研究。人们还可以把这点延伸到拜占庭后期的希腊哲学传统。最近关于拜占庭思想的论文集显示，该领域甚至连基本的问题都有待解决。[1] 例如，我们是否应该把神学作为拜占庭哲学传统的一部分？将这一传统的哲学家们归为异教是否恰当？该文集包括一篇奥米拉（Dominic O'Meara）关于塞鲁斯（Psellos）政治哲学的论文，同时提醒着我们（尽管偶尔有长篇的研究），至今还没有什么努力来推进奥米拉对新柏拉图主义政治哲学的开创性探索。[2] 也许下一个十年会看到这个领域的研究开花结果，就像过去十年的新柏拉图主义自然哲学那样。

谈到自然哲学，另一个有吸引力的潜在研究方向是古代晚期医学和哲学之间的联系。毕竟，古代哲学领域的一大进步就在于将盖伦接受为一个里程碑式的哲学作者，而不仅仅是医学专家。[3] 鉴

---

〔1〕 B. Bydén and K. Ierodiakonou (eds.), *The Many Faces of Byzantine Philosophy*, Athens: Norwegian Institute at Athens: 2012. 该书继承了 K. Ierodiakonou (ed.), *Byzantine Philosophy and its Ancient Sources*, Oxford: Oxford University Press: 2002。

〔2〕 D. O'Meara, *Platonopolis: Platonic Political Philosophy in Late Antiquity*, Oxford: Oxford University Press, 2005.

〔3〕 例如，见 J. Barnes and J. Jouanna (eds.), *Galien et la philosophie*, Vandouevres: Fondation Hardt, 2003; P. van der Eijk, *Medicine and Philosophy in Classical Antiquity*, Cambridge: 2005; C. Gill, T. Whitmarsh and J. Wilkins (eds.), *Galen and the World of Knowledge*, Cambridge: Cambridge University Press, 2009; C. Gill, *Naturalistic Psychology in Galen and Stoicism*, Oxford: Oxford University Press, 2010; P. Adamson, R. Hansberger and J. Wilberding (eds.), *Philosophical Themes in Galen*, London: Institute of Classical Studies, 2014。

于盖伦的作品在古代晚期广泛传播，而亚历山大里亚也是哲学和医学的主要中心，在那里受训的哲学家往往对医学也有兴趣（斐洛波努斯就是一个很好的例子），因此有理由认为，这两门学科之间的关系还有更多东西待挖掘。上述研究的动力之一，则是一系列盖伦著作英译本的出版，其总编辑为菲利普·范德艾克（Philip van der Eijk）。[1]

这只是未来几年可预见的学术事业之一。除了上文提及的正在法国推进的普罗提诺系列翻译和评注外，我们还期待着格尔森领导的团队能够推出新的普罗提诺英译本。（团队成员之一乔治·博伊斯-斯通斯也很快将为我们提供一本关于普罗提诺之前的柏拉图主义的书，它将为夏普斯那本相当有用的普罗提诺思想读本做补充。[2]）同时，巴门尼德出版社（Parmenides Press）正在推出一套对使用者较友好的普罗提诺论文集英译本。[3] 普罗提诺兴趣者的一大福音是卡里加斯（Paul Kalligas）将推出他用现代希腊语注解的《九章集》英文版。[4] 与此同时，将普罗克洛的《〈蒂迈欧〉评注》译为英文的团队，目前正计划处理他关于《理想国》的论文。索拉布吉的注释家项目也有望推进更多卷，但这个项目的速度较前者要慢些。

---

〔1〕 P. N. Singer（ed.），*Galen*：*Psychological Writings*，Cambridge：Cambridge University Press，2013.

〔2〕 R. W. Sharples，*Peripatetic Philosophy 200 BC to AD 200*，Cambridge：Cambridge University Press，2010.

〔3〕 最先出现的是 B. Fleet（trans.），*Plotinus*：*Ennead IV.8*，*On the Soul's Descent into the Body*，Las Vegas：Parmenides，2012。

〔4〕 P. Kalligas，*The Enneads of Plotinus*：*a Commentary*，Vol.1，trans. E.K. Fowden and N. Pilavachi，Princeton：Princeton University Press，2015. 第一册现在已经出版。

写作本文时突然想到，我要用一个更积极些的说法来作结。刚才谈道，在古代（晚期）哲学领域有诸多仍待解决的任务。但与整个哲学学科所面临的文化挑战，即女性的话语权缺失相比，这些智性挑战的意义就显得微不足道了。有鉴于此，我们荣幸看到，在过去十年中女性学者做出了如此之多的卓越贡献。人们当然不应该自满。所有哲学家，无论其专业领域如何，都应当尽其所能，克服目前困扰着哲学界的根深蒂固的性别不平等问题。但无论出于何种缘故，新柏拉图主义研究似乎是个不多见的哲学分支：在这一苍穹下，最耀眼的光芒既属于女性，也属于男性。〔1〕

〔1〕 感谢 Chris Noble 对本文早前版本给予的批评。

特别专栏纪念

作为自我具体形式的神[1]

苗力田

一

宇宙是一个大复杂，人生是一个大混乱，具有灵性的人，久日沉沦在这复杂和混乱里，必然要求整饬这个复杂，处理这个混乱，以求得生命底安顿。因为只有这样，我们才可理解万有，而不为万有所宰制。我们底哲学从朴素唯物论开始，我们底宗教从原始拜物教开始，一直发展到今日，各自成为伟壮玄奥的体系，但追本求源，总不外是两条道路：一个是对外界的怀疑态度，另一个是对内在自我的肯定精神。

对内要凭着信心建立自我，追求宇宙间的主宰者，如主宰一日不得，则必惶然失其所恃。对外要凭着理性探索自然，寻究万有下的支持者，如支持者一日不见，则必惶然丧其所安。前者是宗教底事业，后者是哲学底天职，这样宇宙的懵懂就分判了。

A 宗教家问：谁是宇宙底主人？

〔1〕 最初发表于《大公报》上海版09现代思潮，发表时间：1947年2月28日。

B 哲学家问：何为万有底本体？

二

哲学家把他底问题叫做形上学的问题，他们用自然的方式来思考这问题，来解答这问题。所谓“自然的”，就是先假定有个对象，然后再来用辩解理性，研究那对象，把握住那对象。虽然，在哲学史上我们曾发现过万物有生论（Animism），拟人主义（Anthropomorphism）和精神主义（Spiritualism）。可是，这一切把人身或人底某一种机能来比拟万物的办法，不但不足回驳我们先假定对象的说法，反把“自然的”这个词底意义衬托得更显明了。因为在万物有生论里的生机，拟人主义里的人格，精神主义里所说，不论它为世界灵魂，还是盲目意志，这些东西在主观的我里虽然可以直接发现，但是，我们却是当做别个东西而发现了它，把它当做一个对象，当做一种自然物而发现了它。于是这被发现者，本来确然在我之中的，但当我再一次用辩解理性去把握它的时候，它就被从我之中投置到外面，和我分开了孤立了，也就是说把它客观化了，然后再用比拟法把这已经孤立出来的东西，作为对象来观察思考，而得到了万物有生论，拟人主义，精神主义里对本体上的各种答案。所以，只是从结果上看，一切的答案都是平等的。但从求得这答案的历程上看，每个答案却各自有它底道路。此起物质主义来，精神主义底道路确兜了一个更大的圈子。因为物质主义底对象，本来就是外于我的，精神主义却须先把内于我的投置出去，经过一番客观化的手续，才能把它变成观察思考的对象。其历程虽则不同，但以需要先假定对象，这一点上来说，其精神却同是自然的，也就是理性的，哲学的。

三

在宗教上，如果我们也采取理性主义的观点，把知识和科学看成同义字，这里面是没有严格的知识存在着。在科学和哲学里我们底知识由两种方式构成，一种是经过了分析，综合与实验，第二种是经过了由原到委的推理。宗教却推翻了理智底活动而崇尚天启（Revelation），宗教家说只有神才是全智全能，只有神才给我们真理，除却天启之外，我们愚昧的人类是不能由别个途径得到知识。不但否定了知识，宗教家进一步也同样否定了技术，我们底知识既然除了天启之外都不可能，更何况技术？所以，在宗教家看来，一切技术都是奇迹，在新约上，我们不断地看到耶稣借着天父底力量医病和驱鬼的故事。天启是无过程的，直接的，不必经过辨解，一次而成的知识。因为它没有过程，所以也就没法用理性来把握。代替了理性，所有一切宗教都要诉诸信心（Faith），惟有信心才可保证神底恩宠。

四

既然哲学和宗教有这样根本的差异，在解答问题的时候，必因不同的答案而形成了不同的体系。“神”是一个，在西洋思想史上，很广阔，很复杂，因而也是个很模糊的概念，所以在讲神底概念的时候，是需要仔细辨别的。在宗教家看来，神底概念就是神自己，一个直接呈现于吾人心中的存在。许多哲学家只讲本体不讲本体底创造者——神，在哲学上——尤其是希腊的自然哲学（Natural Philosophy）上——本体是材料的意思。

说万物底本体是水，就是说构造万物的材料是水，万物由水造成，拆散后又回到水里去，化为原来的材料。另一些——尤其是近代受了基督教影响的——哲学家，他们不只满足于现象的解释，更强烈地要求着最后的根据，也承认最后的神。但哲学家底神，对于哲学家说，不是直接的呈现，而是个逻辑结果。

一九四四年，美国纽约科学院前院长莫利逊（A. C. Morison），出版了一本名叫“人不能独立”（*Man Does Not Stand Alone*）的书，上面曾列举了科学家相信神的七大理由，这理由曾转载在一九四六十二月号《读者文摘》上，引起了很多人底兴趣。他底理由是：

1. 由于不易的数学法则，我们可以证明我们底宇宙是被一个伟大智能的工程师（神——本文作者注）所设计所宰制。

2. 生命完成其目的底丰富资源是无所不在的智者（神——本文作者注）的说明。

3. 动物的智慧不可抗辩地说出了一个良善的创造者（神——本文作者注），他还把本能遍布在无助的小动物之中。

4. 人较兽底本能更具有理性的力量（是神恩所赐——本文作者注）。

5. 在我们今日知道而达尔文所不知道的现象中启示（神底启示——本文作者注）出为所有生命准备的条件——例如基因

（Genes）的奇迹。

6. 自然经济法则强迫着我们承认只有无限的智慧（神——本文作者注）能预见和准备这种敏慧的技术。

7. 人类能够把握神底观念这事实本身就是个确切的证明。

莫利逊用的是现代的语言，其方法却仍然是中古经院哲学（Scholastic Philosophy）底古旧的道路。

五

中古的经院哲学，其主要的目标是在证明神底存在。他们底证明方法普通有两种，一种叫做本体论的证明（Ontological Proof），这种证明是偏重于概念分析，把概念底自明性做出发点，再用一套逻辑推论以求得其结论，上面所举的第七个理由属之。再一种叫做宇宙论的证明（Cosmoogical Proof），这种证明偏重经验事实，把事实底因果性做出发点，然后再用一个超越当下经验的原则，而引归于神，上面所举的前六个理由属之。现在让我们以圣·安色穆（St. Anselmus）底例子，来讨论本体论的证明方法。他底证明是这样：

A. 我们有一个绝对圆满的概念——神。

B. 圆满包括了一切，当然也包括“存在”。

C. 所以神存在。

这个论证，在当时就被一个叫高尼罗（Gaunilo）的僧员所反对。他指出思想——在脑子里的概念，是和存在——客观的事实——分开。譬如说我们幻想中可以有半人马的林神，生着翅膀遨游在青空里的天使，但这种幻想并不存在。这个批评是站在近代哲学知识论的立场上，却不使柏拉图主义者的圣·安色穆心折。因为柏拉图在他底象论（Theory of Ideas）上，是保持着巴曼尼底斯（Parmenides）底传统，把思想和存在看成全等的，这就是说，凡是在思想里的也就是存在的。因此在我们思想里的神的概念，也就一个柏拉图式的神的型象（Idea of God）可以脱掉了高尼罗底批评。

但是，圣·安色穆和柏拉图在假定的程序上却正相反。安色穆把圆满的概念为起点，而后推知型象，柏拉图却把型象为起点，我们底思想因能正确地分合型象，所以才把握真理。换一句话说，安色穆是用思想来保障型象，柏拉图是用型象来保障思想。而且型象本身就是存在，不但是存在而是一切物存在的基础，安色穆转过来，以存在证明存在，本身是一个重复，是一个托塔逻辑（Tautology）。

复次，倘若安色穆是用近代经验主义的说法，把概念和存在底区别认为是必要的区别，但在他存在本身也只是，从圆满这一概念分拆出来的一个概念，以存在的概念来证明神的概念，不啻用镜中花来照水中月，虽然一时花月交映，妙趣横生，说穿了不过是一场空。

六

既然是看到了圣·安色穆底困难，想来解除这个困难，经院派的哲学家又想出了另一条路来，给宗教服务。那就是宇宙论的证明。上面已经说过，宇宙论的证明是以经验事实为根据，然后再利用一个超经验的原则，而引归于神。现在就拈出圣·多马（St. Thomas）底五种证明中的一种为例。这个证明是以亚里士多德底形上学根据，而从运动上证神为一切运动的第一因。

A. 形式是现实性（Actuality），质料是潜能性（Potentiality）。

B. 质料要不断地实现自己到形式里去，这种从质料到形式的过程就是运动。更高级的形式因此是质料运动的原因，一直往上追溯去，成为运动的系统。

C. 但是无穷的后退（Infinite Regress）是不可能的，我们上溯到最后必有个止处，那个止处是个不可动的动者（Unmoved Mover），是纯形式，是动的最后因，就是神。

宇宙论的证明，虽然内容实在性较大，但它自己却引进来新的困难，这个困难最使人失望的，还不能移去旧的困难。在本体论的证明里，多马是以亚里士多德底哲学为根据，哲学尤其是亚里士多德底形上学，本身就是一个概念化的东西，所以用亚里士多德底概念，来代替安色穆用的柏拉图底概念，结果安色穆所遭受的困难，依然原封存在着。而且倘若换一换，我们不以亚里士多德为根据，而采取希腊朴素的思想时期的，万物有生论底观点，运动本身根本便不成问题，更多余用神来保障。

宇宙论证明自己所引进来的新困难，就在无穷退后不可能这一原则上，这是一个超经验的原则，既然它是超经验，所以本身必须有一个先于此原则而存的假定，而且这个假定说穿了是那个最后的动因，就是那个不可动的动者。圣·多马站在这个假定上，想要来证明这假定，正是我们俗语说的骑着马找马，让他空兜圈，竭尽精力。另一只马是永也找不到的。何况这匹马本身，也不过是一个幻象，不可用经验事实来证明呢？

七

到此为止，经院派学家底努力可以说完全失败了，他们失败的原因，就是理性主义。本来是建立自我的宗教，他们却偏偏去论证，辨解，过了许多迂曲回折的道路，最后虽然勉强达到了他们底目的，但到那时才发现所想象着的目的完全是空的。比起来宗教家观念中活生生，有作为，有人格的神，哲学家对神的观念是空洞洞，无作为，无担当的神。倘若说哲学家还赋予神一点责任，一点担当的话，那只是逻辑的和形上学的概念。在逻辑上他是一切推理的最后结论（Conclusion），在形上学上他是万物底底质（Substratum）。所以哲学家底最后要归结到支持者（Supporter）这一概念，他在名义上虽然是担负着一切，承载着一切，但他却是一个旁观者，纭纭众生引不起他底顾念，值不得他底同情，“不可动的动者”就很确切地说明了，哲学家底神的态度。对于哲学家自己来说，他所证明出来的神，乃是理性掘出来的坟墓，来做自己最后归宿。

经院派哲学家是失败了，但是在他们失败的废墟上却残留着最后的真理，那就是他们底托塔逻辑，托塔逻辑是服从论理学全等律（The Principle of Identity）的，这条定律说：“甲是甲”，甲这个主词不能用别个谓词来界叙他，甲底存在也就是甲底本身，任何的说词，辩解对于甲来说都是累赘的，多余的，所以像这样一个对象，决不是用理性，推论，辨解所可把握的，倘若任何人想要认识神，想了解宗教，他须远离外骛，而潜心内求，从建立自我上起。但是，自我是无物可凭，无势可恃的，它底基础要打在灵魂更深处的信心上，欲建立自我就必先加强信心。

八

宗教的神和哲学的神相反，他是宇宙底创造者（Creator），他对于宇宙有责任，有作为，他是生命，他是光。他对人世积极参加，他用爱子底血来洗涤人类的罪恶。这样一个神是新约书里的神，也是一个任何宗教的民族或个人心中的神。这样一个神，现实一点说，实在就是个无所不在，无所不能，至高超越的人格，他主宰着宇宙和人类底精神生活。现在我们想要认识这样一个具体的真神，代替了中古已经证明失败了的方法，极须回答两个问题：

A. 我们将用什么来认识这个宇宙底创造者？

B. 我们依据什么来认识这个宇宙底创造者？

前一个是信心问题，后一个是信心如何可能的问题。信心也和理智一样，在我们是一种获取知识，构造知识的机能（Faculty），不过这种机能为理性不同的地方，在它是无过程的，直接一次的获得知识。但这种特性却不能认做是神秘，它之不神秘，也如同我们底视觉与触觉不能被认做神秘一样。神对信心是一种直接的呈现（Direct Representation），和对象对视觉是一种直接的呈现没有什么差异。直接呈现是哲学和宗教的分水岭。

九

叔本华在其大著《作为意志与观念的世界》(*The World as Will and Idea*)中，曾提出研究形上学的一个直接的方法，那就是类比法(Analogy)。这方法不只是纯理性底推理方式，而为全人格底直觉方式，它不是以外界为认识的对象，而为自我扩大为对象底内容。现在我们既已排弃了理性主义的道路，类比法对于以下的讨论，是有沉重的意义的。

希腊第一个一神论者则诺芬尼斯(Xenophanes)，曾攻击那些民族神话和多神教说：他们以为神是和他们一样的，希腊人底神是金发碧眼，非洲人底神是乌睛平鼻，倘若牛和马也有自己底神的话，也必是披毛带角了。这段话虽然是破坏性的，但在反面却显示了一个建设性的真理。这真理说：神是人底神，人不能离开自己而看到神。神是生命，是光，是宇宙底创造者，是命运底主宰者……。这一切基性(Essence)，也不外是人自己底基性，所以建立神，须先建立自我，认识神须先认识自己。自我是个基础，神是在自我扩大的过程中，类比推知其具体形式(Concrete Form)。

我们曾说过，宗教上把神看做一个超越的人格，人格是一个偏于心理和伦理方面的词，在形上学里把人格的总体称为“我”或“自我”(Ego)，是当作“有”(Being)来看。整个宗教的发展史，也就是自我扩大的历史。原始拜物教以毒蛇猛兽或资生所需的东西为崇拜的对象，因为原始人所发现的只是自己底身体——生理的自我，这生理的自我，完全是被动的暂时的存在，时时有被猛兽所噬裂，和无以资生而毁灭的危险，所以就以这些可以危害人的东西为崇拜对象。另一方面生理的自我中也存在着自动的因素，最显着的便是种族赖以延续的生殖现象，由于这第二阶段自动的生理自我的发现，而形成生殖器崇拜，这种崇拜，直到现在还保留在许多较落后的民族中，成为欢喜佛的崇拜。民族神话是自我扩大的第三阶段，这时候文化较高的民族，意识到了一种较不具体，但有绝大支配力量的东西，那便是情绪，这情绪的自我具体地表现在荷马底史诗里，荷马底神是自私，妒忌，因一时的冲动而不惜惹起残忍流血的巢伊之战（Trojan War），杀人盈城，弃尸遍野尤以未足，还把伊大卡之王悠利赛斯（Ulysses）阻留在海上漂泊了十年。直到此为止，神底信仰仍是以个人为基础，每个人都是相当独立的独体（Individual），但是分散的个人渐渐地团结为部落或城部，于是神不再是个人底神了，神变成了阿西娜（Athena）阿婆罗（Apollo），城邦和艺术的保护者，这第四阶段表示着共同的自我，大我底发现。

冲破了独体的藩篱之后，自我仍不息地扩展着，范围日渐广大，内容日渐丰富，但在扩大中，却渐渐地表现出一种反动的，集中的倾向而达到意志的自我，意志自我中包涵了空前的矛盾，它一方面要求进步和继续扩大，一方面又死死地不肯舍弃独体。这矛盾在政治上形成大同理想和国家主义（广义的）现实政治底冲突，在宗教上形成一神教十字军式的杀戮。无论如何自我不会停留在这种矛盾的状态的，它要，而且必须发展到更高级消火矛盾的综合，侧重道德的创造力这一点，就是意志的自我底原动力。以基督教为例，神是道德底化身，旧约书上记载着："在开始神创造天和地……神说让光有吧，光有了……神看到光，那是好的……”。（创世纪第一章一—四节，作者译）“那是好的”一句是全部经书底主题，是道德的范畴。倘若经院派哲学家能了解这一点，他们便会发现自己那些，神创造世界是自由的还是必然的主题，为多么琐碎而无意义的争辩了。必然却又自由构成了当然（Ought To Be），是道德底本义。不意识着道德便不能创造，更没有不道德的创造，历史就是这真理的说明。道德的创造力加速了第六阶段，普遍的自我底莅临，只要我们认清历史，坚定信心，决没有对将来悲观的理由。而且近二一十年的政治史，正象征着新世纪的黎明，集权主义衰落了，平等思想昂扬了……。我们没法详尽地理解那未来的世界，正如石器时代的人没法了解今日一样。不过由于历史发展的方向，可以描画它大体的轮括。我们底新世界一定是一个消灭了一切矛盾，一切隔阂，每个独体因得到平等的机会自由发展，形成了一个大和国，在这个和谐的世界里，每人是一个音符，合成一伟大的巨古不竭的交响乐。至于神，这时也许没有人再想起那顶过了时的帽子，因为自我已经圆满地建立起来，扩大到了极度，已和神冥合成人神（Man-God）。

十

既然神只是自我扩大过程中每个阶段中的具体形式，所以用什么来认识神的问题，现在已变成什么是自我扩大的原动力的问题。而且在证明理性失败了之后，唯一的道路就是信心。信心和理性是两条并行的原则，人类底理性在科学与哲学的领域内，已获得了丰富的成果，但信心底收获也不更少些，信心底成果就是宗教理性是广的，信心是深的。我们不能用理性的辨解来把握神，但能用信心的直觉来达到神。在一切宗教家中只有耶稣能凭任信心，有资格自称是神底儿子，他自在旷野里受魔鬼底考验，直到公堂上受大祭祀底审讯，从没辩白过，他所行的乃是“凭神口里所说出的一切话”。

信心，在耶稣当作一种力量，只有在信心底力量之下，神迹才可以显现。他常常责备别人说：“你这小信的人哪！”那么信心底力量到底如许伟大呢？看新约书马太福音第七章第七节里的话吧。“祈求，你将被给；寻找，你将寻得；叩门，门将向你开启。”用这样简朴有力，钢铁般的句子来表现那无所不能的信心，还以为未足，接着在下一节里，他还反复的讲说：“因为每个祈求的人就得着；寻找的人就寻见；向着敲门的人门将被打开。”（以上所引均系作者自译）我们就将借着这伟大的力量，冲破独体甚至于国家民族底藩篱，向着新世界，向着普遍的自我迈进。

爱真理的人有了福，可以见到神；爱人类的人有了福，可以见到神；给人类带来新消息的人有了福，可以见到神。唯独那些不能挣脱肉体底累赘的；那些欣然自足于社会名位的；那些固持独体阻碍进步的；那些小信小义穷毕生于寻章觅句的；天国之门将永远向他们紧闭。

十一

上面虽曾把理性与信心分开讨论，这并不是说它们是孤立的，凡是存在着的就不可能孤立，善的存在相辅相成，恶的存在相毁相消。惟有把所有的善的存在集合起，生命才能丰富，灵魂才得博大，宇宙因理性而得到永恒的秩序，人生因信心而得到崇高的理想。

最后我们还要说一说，为何欧洲人不肯走信心的道路呢？这是历史规定了的，第一欧洲人是固守着，希腊理性主义的传统不能了解来自希伯来的东方精神，他们虽可能是虔诚的信徒，但对宗教仍是异乡之客，所以欧洲的宗教家，比东方的哲学家还哲学得多。第二原始罪恶论（The Doctrine of Original Sin），自奥菲教（Orphic Religion）始在欧洲人已蒂固根深，使他们不敢想象，以那样一个罪业深重的自我，除了幸叨神恩之外，还有自我超脱的可能。原始罪恶论，和理性主义剪绝了宗教和哲学底血缘，便他们各自走上了偏激的路，在宗教家看来，哲学是渎亵神灵的罪恶产物；在哲学家看来，宗教是埋灭真理的愚蠢行为。我们必须把心灵从这两重桎梏下解救出来，使理性和信心都得到自由的活动，也只有这样才能获得综合的真理，创造更健康的宗教和哲学。

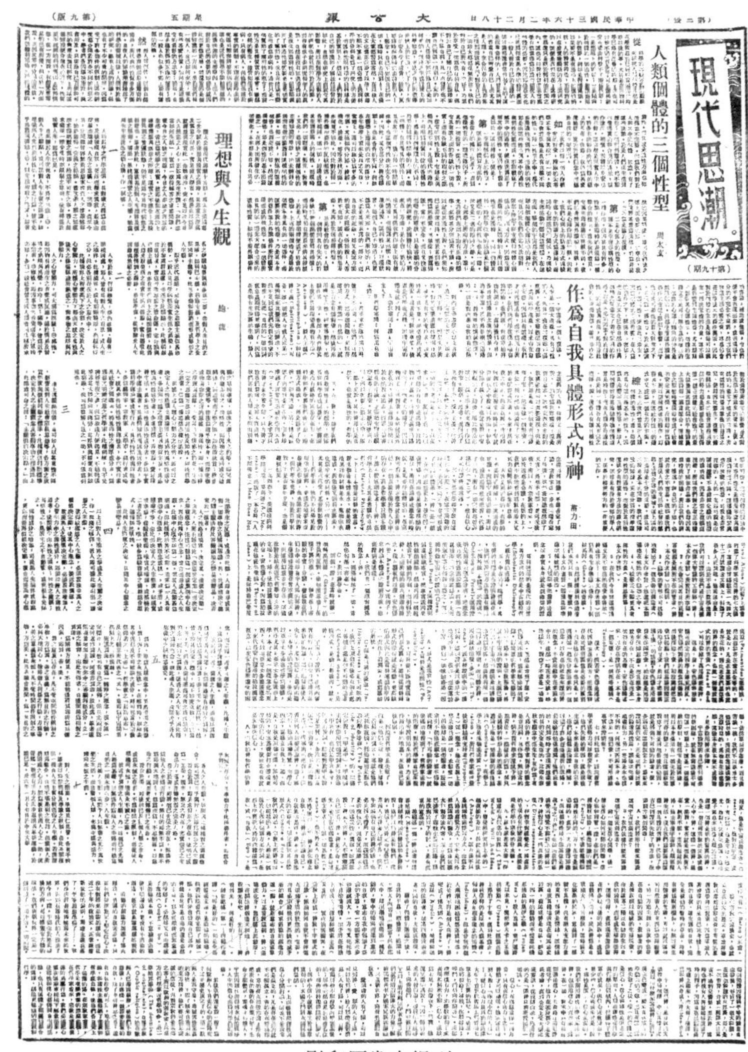

(第二張) 中華民國三十六年二月二十八日 大公報 星期五 (第九版)

現代思潮

（第十九期）

人類個體的三個性型

周太玄

作爲自我具體形式的神

蕭力田

理想與人生觀

趙龍

影印原发表报刊

书目与文献

汉语古希腊罗马哲学年度著译及重要论文目录

（壬寅年，2022）

Annual Studies and Translations of Ancient Greco-Roman Philosophy in Chinese（2022）

梁中和　裴浩然　编
四川大学西方古典哲学研究所

一、专著（5）

1. 前苏格拉底研究（0）

2. 苏格拉底—柏拉图研究（3）

神性与人性：柏拉图《斐德若》研究

作者：樊黎，出版社：华东师范大学出版社，出版时间：2022年10月，ISBN：9787576030112。

内容简介：《神性与人性：柏拉图〈斐德若〉研究》基于伯内特（J. Burnet）编订的柏拉图全集校勘本中古希腊语原文的《斐德若》文本，参考国内外诸多文献，聚焦于研究占据《斐德若》大半篇幅的三篇演说词。作者在充分吸收国内外学界经典与前沿研究的基础上，紧紧围绕《斐德若》文本本身进行了细腻而深入的剖析，对古希腊哲学史上的关键概念与重要问题作出了自己的解读，针对以往的陈说提出了新见，从细微之处入手揭示了古希腊伦理思想世界的另一番图景。《斐德若》通过赞美爱欲这种“神圣的疯狂”，呈现了最好的人类生活，即哲学生活的形态和根据，从而为“我们应该如何生活”这一古代伦理学的核心问题提供了一种独特的思路和解答。

靡不有初：柏拉图世界的开端

作者：张源，出版社：华东师范大学出版社，出版时间：2022年1月，丛书：六点评论，ISBN：9787576024036。

内容简介：柏拉图戏剧对话四十二篇，可分为四幕二十八场，构成了一部雅典帝国兴亡大剧。《巴门尼德》就戏剧时序而言排在第一位。公元前454年夏天，雅典帝国悍然将提洛同盟的金库转移到了雅典，当年7—8月间，泛雅典娜大节胜利举行。远在意大利的爱利亚学派对如日中天的帝邦产生了浓厚的兴趣，学派领袖巴门尼德与芝诺到访雅典却寄身城外，在朋友的私宅中向年轻的苏格拉底传授与雅典盛行的多元哲学相对立的一元哲学。在伯里克利治下雅典民主制发展的鼎盛时期，巴门尼德及其哲学的到来，为帝国日后深陷“一”与“多”之间的思想纷争埋下了伏笔，而苏格拉底身为柏拉图对话的主人公，第一次登台亮相便是作为巴门尼德与芝诺传法的对象，其后的命运亦可知矣。《普罗泰戈拉》在全部柏拉图对话中列第二，与位列第一的《巴门尼德》恰成反对：随着雅典中后期寡头派与民主派政治力量此消彼长，（同情贵族—寡头派政治立场的）哲人苏格拉底与（支持民主派意识形态的）智者普罗泰戈拉两相对峙，哲学一元论与多元论的斗争方兴未艾。在爱利亚学派后人与苏格拉底的谈话中，巴门尼德被尊称为“我们的父亲”（《智者》241d），在雅典上流阶层的大聚会上，普罗泰戈拉向众人自称“论年纪可以做你们的父亲”（《普罗泰戈拉》317c）。这两位“父亲”的精神斗争，贯穿柏拉图戏剧对话始终，这是苏格拉底哲学生涯与政治生活的起点，也是柏拉图创造的世界的开端。

理念、存在与辩证法：柏拉图《智者篇》研究

作者：姜维端，出版社：江苏人民出版社，出版时间：2022年2月，ISBN：9787214268969。

内容简介：本书采取文本分析的方式，通过发掘《智者篇》中潜藏的问题意识和论证逻辑，充分阐释了柏拉图理念论的内涵，揭示了柏拉图哲学思想内在的统一性。这对于克服既有研究中的范式和认知偏差，再现柏拉图哲学的长久活力有着正本清源的价值和意义。

就其主题来看，无论是对智者根本错误的整体考察，还是对存在问题的全面探讨，都与柏拉图本人的问题意识和哲学出发点直接相关，《智者篇》本身就在直接讨论柏拉图哲学的根本问题。

作为《智者篇》最核心的关切，通过解读该对话录来理析清楚存在概念在柏拉图这里或者说在哲学的开端处的源初意义，对于反思和突破当下柏拉图研究的固定范式，甚至对于哲学问题本身的思考，都有着阿基米德的支点般的重要性。

3. 亚里士多德研究（0）

4. 希腊化罗马哲学研究（0）

5. 哲学史、通识与专题著作（2）

西方古典学研究入门

作者：张巍，出版社：北京大学出版社，出版时间：2022年11月，丛书：历史学研究入门丛书，ISBN：9787301334867。

内容简介：本书围绕古希腊罗马传世典籍的解读和研究，从五个方面概览古典学术的整体面貌，旨在经由古典学术通达古希腊罗马传世典籍所承载的古典精神。

第一章介绍三所欧美高校从本科入学到博士毕业的古典学专业培养模式；第二章梳理初习者需要通盘了解的传世典籍并给出必读书目；第三章指导初习者使用校勘本、辑佚本及评注本，逐步深入对传世典籍的文本细读；第四章引领初习者掌握所选择的研究方向和学术问题的研究现状，将所涉文献分门别类地编制成工作书目；第五章讨论古典学研究最常见的三类方法，引导初习者循序渐进地使用语文研究法、历史研究法和思想研究法。此外，本书还收入两个附录，附录一是按“文学”“史学”“哲学”和“演说”四部分类的“洛布古典丛书”总目，附录二是与正文各章对应的古典学工具书及参考书举要。

古希腊思想通识课：希罗多德篇

作者：张新刚，出版社：湖南人民出版社，出品方：浦睿文化，出版时间：2022年1月，ISBN：9787556128037。

内容简介：本书作者张新刚教授选择了希波战争中的一些关键节点以及最重要的议题进行拆解和分析，这些议题往往关涉人性和人类秩序的本源问题，如：什么样的人才称得上是幸福的人？统治的基本原理是什么？自由对于人和城邦意味着什么？习俗究竟有何约束力量？波斯和希腊的冲突是利益的冲突还是自由与奴役之战？……这些议题是当时的希腊思想界最关切的问题，是古希腊思想的精髓，也决定性地塑造了2000年来西方文明的走向。

张新刚教授把《历史》一书广博而复杂的内容，浓缩于12堂课，带领读者回到“历史”发生的地方，把握希腊文明的精神内核。

二、论文集或刊物（4）

努斯：希腊罗马哲学研究（第4辑）——理性与概念：古希腊的认知理论

作者：崔延强，梁中和　主编，出版社：上海人民出版社，出版时间：2022年11月，ISBN：9787208179547。

内容简介：本书是一部古希腊罗马哲学专业的论文集，主题为“理性与概念——古希腊的认知理论”。本书收录两篇原典译文，分别涉及恩披里柯、西塞罗著作中对古希腊哲学诸多学派的真理标准及概念问题的探讨。两位罗马时期哲学家的原典，一方面提供了珍贵的一手资料，另一方面为当代知识论研究提供了珍贵的理解视角。另外收录九篇论文主要包括对柏拉图哲学中知识、信念、本原、可知世界等基本概念，亚里士多德哲学中的努斯、思想同一性问题，以及晚期希腊在哲学中的辩证法、逻辑学概念的详尽分析。

柏拉图对话二十讲

作者：梁中和　编，出版社：商务印书馆，出版时间：2022年

2 月，ISBN：9787100205962。

内容简介：《柏拉图对话二十讲》精选柏拉图对话中的十七篇进行深入解读，由国内多位柏拉图哲学研究领域的青年专家学者从不同的学科和视角出发，介绍他们眼中柏拉图对话的独特魅力，展示中文研究者的学术视野。此外，本书还收录了国际柏拉图研究专家吕克·布里松对柏拉图主义的解读文章，有助于读者对柏拉图思想做全景式了解。本书是国内首部主要由国内青年学者群体撰写的柏拉图对话导论，作者们对柏拉图对话的分析与解读明白晓畅，生动鲜明，是进入柏拉图哲学乃至古希腊思想世界的极佳导览手册。

古典与中世纪研究（第三辑）

作者：吴天岳　主编 / 彭小瑜，高峰枫　副主编，出版社：商务印书馆，出版时间：2022 年 5 月，ISBN：9787100208147。

内容简介：中世纪欧洲的文明一向被视为近现代欧洲文明的起源，然而，中世纪的重要性之一，却恰恰体现在对于古希腊罗马文明遗产的传递上。打通西方古典与中世纪的研究，推动横跨历史、哲学、法学这种交叉学科的研究，将关注的视野投射到狭义的古希腊罗马文化之外，是《古典与中世纪研究》的努力方向。

《古典与中世纪研究（第三辑）》主题侧重哲学，包括古典哲学研究、中世纪哲学研究，以及新方法下的古代研究一览。本辑收录的论文，都是相关领域的最新成果，对于专业的研究者来说，通过这本辑刊，能够紧跟当前古典和中世纪研究的尖端成就，精进研究；对于对古典学感兴趣的大众读者而言，通过本书，能够跟随研究者们探究神秘的中世纪哲学，在思辨与沉思中找到心灵寄托。

古希腊罗马哲学研究（第三辑）

作者：詹文杰　主编，出版社：中国社会科学出版社，出版时间：2022 年 6 月，ISBN：9787522701714。

《古希腊罗马哲学研究》是中华全国外国哲学史学会古希腊罗马哲学专业委员会主办的专业学术论文集，收集的是古希腊罗马哲学的研究论文。该书的学术指导和编辑职责由编辑委员会承担。本刊秉持专业性、前沿性和开放性的原则，旨在为国内外研究者提供一个学术交流的专业平台，以促进学科发展和学术繁荣。《古希腊罗马哲学研究（第三辑）》主要发表古希腊罗马哲学研究领域的学术论文、译文、书评、书讯、访谈和会议简讯等。论文、译文和书评等学术稿件需接受同行专家匿名评审。

三、译著（22）

1. 前苏格拉底原典与研究（原典：1）

公民大会妇女

作者：［古希腊］阿里斯托芬，出版社：华夏出版社，译者：黄薇薇，出版时间：2022 年 10 月，丛书：阿里斯托芬全集，ISBN：9787522203553。

内容简介：雅典的一位普通妇女，因不满男人执政的效果，发动所有妇女，伪装成男人，混入公民大会，投票夺取政权的故事。

但是，剧本并未着力凸显政变过程，而是极力展示新政纲领及其实施的困境。妇女成功夺权后，女主人公普拉克萨戈拉当众宣布了新政的理想：取消贫穷，消灭犯罪，建立一种共同幸福的公共生活。具体政策为：一切公有，即让所有公民共同享有一切财富、妇女和子女。在这个新社会中，奴隶将承担耕种和劳作，妇女则承担编织和打理财务等公共服务，城邦将从父亲的角色转变成母亲。在母性的仁慈和关爱下，人人都将丰衣足食，不再有人犯罪和诉讼。城邦也不再拥有千家万户，而是变成一个没有隔阂的大家庭，所有人同吃同住，共度幸福时光。但是，阿里斯托芬却用剧本的后半部分告诉我们：强行实施"绝对的平等主义"将会是一场丑陋无比的闹剧。

2. 苏格拉底—柏拉图原典与研究（原典：6，研究：3）

泰阿泰德

作者：[古希腊]柏拉图，出版社：商务印书馆，译者：溥林，出版年：2022年7月，丛书：柏拉图全集（希—汉对照本），ISBN：9787100211826。

内容简介：《泰阿泰德》是柏拉图的一篇重要作品，通常被认为处于从中期向晚期对话录过渡的阶段。这篇对话录由两场谈话组成，欧几里得和特尔普西翁简短的铺垫性的谈话，以及苏格拉底、塞奥多洛、泰阿泰德三人关于知识本性的对谈。

在第二场对谈中，苏格拉底提出"知识究竟会是什么"的问题，泰阿泰德先后提供了三种对知识的定义：1. 知识是感觉；2. 知识是正确的判断；3. 知识是带有理据的正确判断。苏格拉底对这三个定义一一进行了辨析。对第一个定义的讨论涉及普罗塔戈拉、赫拉克利特、恩培多克勒等人的认知理论。对第二定义的讨论涉及“假信念”的可能性问题，让人印象深刻是讨论中提到的关心灵活动的“蜡版比喻”和“鸟笼比喻”。对第三定义的讨论的关键之处在于澄清什么是“理据”。通过层层辨析，苏拉拉底指出，知识不是感觉，不是真判断，也不是加上理据的真判断。尽管对话以无结论告终，但是它仍然蕴含着柏拉图对“知识”之本性的根本性理解。

《泰阿泰德》无疑是一部具有开创意义而又影响深远的经典哲学著作，历史上的许多著名哲学家，包括莱布尼茨、贝克莱和维特根斯坦，对它都有品评，而且当今的知识论研究者仍然不断提及这部著作。

政治家

作者：［古希腊］柏拉图，出版社：商务印书馆，译者：溥林，出版时间：2022 年 7 月，丛书：柏拉图全集（希—汉对照本），ISBN：9787100211833。

内容简介：《政治家》是柏拉图后期的一篇重要对话录，主题是统治的艺术，对德性和谐思想的阐述为其一大特色。在本篇对话中，柏拉图试图寻找真正的政治家的定义，以便将优秀的政治家同那些拙劣的统治者区别开来。在发现真正的统治家的同时，柏拉图也展示了一条可行的治国之道，即通过将诸种美德和谐地“编织”在一起，而实现一种政治上的和谐，从而实现全体公民的幸福。柏拉图的德性和谐思想受毕达哥拉斯、巴门尼德、苏格拉底的影响，但主要是奠基于他的理念学说之上。

智者

作者：［古希腊］柏拉图，出版社：商务印书馆，译者：溥林，出版时间：2022年7月，丛书：柏拉图全集（希—汉对照本），ISBN：9787100211819。

内容简介：《智者》是柏拉图后期的一篇重要对话录，反映了柏拉图存在论、知识论和语言哲学方面的核心思想，在希腊哲学发展史上占有重要的地位。对话名义上的主题是由爱利亚异乡人通过划分法来寻找“智者”定义，随着讨论的深入，对话重心转向对“存在”和“非存在”问题的探讨。在本篇对话中，柏拉图重新思考了“存在”与“非存在”的关系问题，提出了“通种论”，并在此基础上对“非存在”的内涵进行了重新界定。

希琵阿斯

作者：［古希腊］柏拉图，出版社：华夏出版社，译者：王江涛，出版时间：2022年6月，丛书：柏拉图读本，ISBN：9787522203195。

内容简介：人应该从事什么事业，才能过好这一生？有人说应当追求智慧；也有人主张追求名利。谁提倡的生活更值得过？又应当以谁为师？要讲清楚其中的道理，恐非易事。

苏格拉底与智术师的思想纠葛，一直是人们津津乐道的思想史公案，苏格拉底本人就曾被误认为是败坏青年的智术师而被判刑。混淆二者给热爱智慧的人造成了不小的困扰——他们不知道谁提倡的生活才是真正值得过的生活。因此，重读柏拉图，对于分辨哲人与智术师极为必要。

柏拉图的《希琵阿斯》围绕哲人苏格拉底与智术师希琵阿斯之间的两场对话，不仅正面回答了上述问题，更邀请我们深入思考：什么是“美的事业”；“美的事业”是否允许人说谎话。

柏拉图爱欲对话录

作者：［古希腊］柏拉图　著 / 梁中和　选编，出版社：上海人民出版社，译者：李欣兰 / 何端丽 / 陈郑双 / 梁中和 / 朱佳琪 / 赵哲崇 / 张燕玲，出版时间：2022 年 2 月，ISBN：9787208175747。

内容简介：本书为面向普通读者的柏拉图爱欲对话读本，同时也是配合四川大学核心通识课《生命哲学：爱、美与死亡》而编译的教辅资料。译文主要根据 John Burnet 编订的希腊语文本和已有的多种英文译本译出，个别篇目参考已有的优秀的中译文做了中文润色，以适合当代用语习惯为目的，旨在给没有柏拉图阅读基础的受众一个可读而文意准确的译本，并非研究之用，因此标注斯特方页码时只标注页数而不出现具体的段落和行数，以减少阅读障碍，注释采用页下注，只注出必要的专名解释和背景交代，不做更深的解读，有兴趣拾级而上者，可以参考柏拉图对话的希腊语笺注本、外文译注本和国内已经出版的单篇译疏。

本书选取四篇涉及爱欲主题的柏拉图对话，穿插一篇相关疑作《阿尔喀比亚德》、一篇伪作《情敌》，编成四联剧形式，说明爱欲的形而上学内涵和爱智教育的意味，这种排定只是一种模仿古人的尝试。

柏拉图神话寓言集

作者：[古希腊]柏拉图　著/梁中和　选编，出版社：上海人民出版社，译者：陈威/陈宁馨，出版时间：2022年2月，ISBN：9787208175723。

内容简介：之前已有国际柏拉图协会会长吕克·布里松的代表作《柏拉图：语词与神话》译出，为进一步深入研究，这部《柏拉图神话寓言集》意在使读者可以单独阅读柏拉图编撰或转述的神话寓言，以便了解他作为神话创作者的一面，此外也可以使读者在没有任何哲学训练的情况下，通过阅读故事来接近哲学家，也借此了解古代作家的写作风格，达到通识教育的目的。序言和研究部分，我们翻译了吕克·布里松的两篇论文，序言是总体介绍希腊神话，研究是对柏拉图伦理对话的专题研究，方便读者深入之用。

柏拉图的数学哲学

作者：[瑞典]安德斯·韦德博格，出版社：四川人民出版社，出品方：壹卷YeBook，译者：刘溪韵　译/梁中和　校，出版时间：2022年9月，丛书：西方传统：经典与解释·柏拉图注疏集，ISBN：9787220126185。

内容简介：柏拉图是古希腊著名的哲学家，同时又是一个数学哲学家。他的数学哲学思想迄今仍影响着当代一些数学家和数学哲学家。《柏拉图的数学哲学》是康奈尔大学学者安德斯·韦德博格的哲学研究代表作。作者引用了柏拉图、亚里士多德等哲学家在《理想国》《斐勒布》《泰阿泰德》等著作中对数学的观点，阐释了柏拉图对数学本质的理论，对三种数的定义，对算数与几何的看法等数学哲学思想，对了解古希腊时期人们对数的认识以及数学与哲学的相关性，提供了一种眼界。

柏拉图的艺术：柏拉图诠释十论

作者：[英]理查德·卢瑟福，出版社：东方出版中心，译者：孔许友　译/梁中和　校，出版时间：2022年6月，ISBN：9787547319949。

内容简介：柏拉图对话录的魅力不仅在于对话参与者所表达的论点的广泛性和深刻性，而且在于其文学风格的丰富性。作为艺术和诗歌批评家的哲人柏拉图自身是一位有着精湛技艺的艺术家。他创造性地吸收和利用了他那个时代修辞家和诗人的修辞技巧，既为他自己的哲学服务，也激发了一代又一代读者的好奇心和想象力。该书不是对柏拉图哲学的一般研究，而是通过对柏拉图对话的形式结构、人物塑造、语言和意象的细致分析，令人信服地解释了如何理解柏拉图对话独特的表达形式，对于理解柏拉图哲学思想具有重要意义。全书由十篇相互关联的文章组成，涉及柏拉图前期和后期几乎所有重要的对话作品，重点讨论的对话包括《欧绪德谟》《普罗塔戈拉》《高尔吉亚》《会饮》《王制》《斐德若》等。书中还包括对一些专门问题的讨论，如苏格拉底与智术师的关系，苏格拉底与对话中其他人物的互动，对话文体的起源，柏拉图对神话的使用，柏拉图对话的年代学问题等。作者功力深厚，论述稳妥，新见迭出。

柏拉图式政治哲学研究

作者：［美］列奥·施特劳斯，出版社：华夏出版社，译者：张缨　等，出版时间：2022年1月（再版），丛书：西方传统·经典与解释：施特劳斯集，ISBN：9787522201870。

内容简介：这是施特劳斯的最后一部作品，由15篇论文、笔记和评论组成。其中只有很少一部分致力于柏拉图作品的研究或者涉及柏拉图的作品。但是，只要仔细阅读这些片段，并重温其中援引的施特劳斯的早前著作，就会发现，这里的每篇作品都是针对柏拉图式政治哲学的研究，都在实现这样一种哲学探索，都是这样一种哲学探索的典范。

3. 亚里士多德原典与研究（原典：1，研究：3）

政治学

作者：［古希腊］亚里士多德，出版社：陕西师范大学出版社，出品方：新华先锋，译者：陈虹秀，出版时间：2022年1月，ISBN：9787569521016。

内容简介：西方政治学研究的开山之作，古希腊哲学集大成者亚里士多德代表作。揭秘古希腊哲人眼中的理想国度，探究人与政治的深层联系，寻找通往美好生活的捷径。

亚里士多德

作者：［英］大卫·罗斯，出版社：商务印书馆，译者：王路，出版时间：2022年7月，ISBN：9787100207980。

内容简介：罗斯是著名的亚里士多德专家，其《亚里士多德》

被公认为西方介绍亚里士多德的权威著作。该书自1923年出版以来，多次再版，长久不衰，这是因为，正如《英国哲学百科全书》所说，该书至今仍是英文世界中全面解释亚里士多德的最好的著作之一。该书对亚里士多德的生平及思想做了全面而通俗的介绍，该书分为生平与著作、逻辑学、自然哲学、生物学、心理学、形而上学、伦理学、政治学、修辞学和诗学，从这些角度对亚里士多德的思想做了深入浅出的有学术价值的阐释。

亚里士多德

作者：［德］奥特弗里德·赫费，出版社：研究出版社，译者：王俊，出版时间：2022年1月，ISBN：9787519911638。

内容简介：本书是德语世界最为出色的全面介绍亚里士多德哲学的著作之一。全书论述举重若轻，体现出作者作为一位古希腊哲学尤其是亚里士多德的研究专家，对相关文本和知识领域的熟稔，同时，对亚里士多德政治、哲学、伦理学等部分的诠释也显示了赫费教授在实践哲学上的创见。这本书虽然篇幅并不宏大，但具有导论性质，作者以严谨的方式讨论了许多重要的亚里士多德的解释者的观点，给出了相关观点的出处，更阐明了亚里士多德的原著出处。因此，本书不仅对于普通读者，而且对于专业研究人员都有重要的参考价值。

本书不仅为国内研究亚里士多德哲学思想的专业人员提供了宝贵的参考资料，更为广大读者普及了亚里士多德的哲学思想体系。

对亚里士多德的现象学诠释：阐释学处境的显示

作者：[德] 海德格尔 著 /[德] 京特·诺伊曼 编，出版社：商务印书馆，译者：孙周兴，出版时间：2022 年 6 月，ISBN：9787100207874。

内容简介：这本书是海德格尔为了申请马堡大学的哲学教授职位，而提供给马堡大学的哲学家那托普的研究纲要，因而被称为“那托普报告”(Natorp-Bericht)。跟随那托普读博的伽达默尔读到这份手稿之后，为海德格尔的哲学天赋折服，两次转学跟随海德格尔学习。在这本书中，海德格尔认为，如果要彻底理解西方—基督教的历史及其创造性，要在其来源之中使我们自己的处境变得显而易见，并且在一种活生生的当下中源始地居有它，那就必须重新回到亚里士多德。海德格尔于是从当代哲学问题出发重回亚里士多德，以这样一种方式建立了一种全新的哲学提纲。这一工作酝酿了《存在与时间》，是海德格尔思想道路的决定性的第一步。所以说，这一著作不仅是海德格尔的求职作品，还是海德格尔从一个哲学教师向哲学家转变的标志。本书附有伽达默尔写的导言。

4. 希腊化罗马哲学原典与研究（原典：4，研究：2）

国家篇 法律篇

作者：[古罗马] 西塞罗，出版社：商务印书馆，译者：苏力 / 沈叔平，出版时间：2022 年 11 月，ISBN：9787100217057。

内容简介：本书是西塞罗在政治法律方面重要的两部著作。他试图用希腊的政治理论术语解释罗马的历史。他鄙弃民主政体、寡头政体和君主政体，主张由这三者结合而成的混合政体。阅读此书，对于我们了解古罗马和古希腊的政治法律制度及其对后世的影响是必不可少的。

图斯库路姆论辩集

作者:［古罗马］玛尔库斯·图珥利乌斯·西塞罗，出版社：华东师范大学出版社，出品方：六点图书，译者：顾枝鹰，出版时间:2022年7月，丛书：西方传统：经典与解释，ISBN:9787576027020。

内容简介:《图斯库路姆论辩集》是古罗马思想者、政治人、修辞家西塞罗在公元前45年撰写的一部散文体对话，分为五卷。五卷的主题分别涉及死亡、痛苦、忧愁、情绪和德性——由图斯库路姆论辩组成的相同数量的书卷彰显了就幸福生活而言最是必需的［五个］主题。因为，第一卷论蔑视死亡，第二卷论忍受痛苦，第三卷论缓解忧愁，第四卷论灵魂的其他紊乱，第五卷包含那个最高程度地照亮整个哲学的话题——因为［这个话题］教授的是，德性就幸福生活而言自足。(西塞罗《论预言》2.2)

顾枝鹰译注本译自“托伊布纳希腊罗马文献丛刊”(Bibliotheca Scriptorum Graecorum et Romanorum Teubneriana)中珀伦茨(M. Pohlenz)的拉丁语校勘本，另参考了其他几种英译本和德译本，系国家社会科学基金重大项目“《牛津古典大辞典》中文版翻译”(项目批准号:17ZDA320)的阶段成果。

论学园派

作者:［古罗马］马库斯·图留斯·西塞罗，出版社：中国人民大学出版社，译者：崔延强 / 张鹏举，出版时间：2022 年 8 月，ISBN：9787300308852。

内容简介：《论学园派》一书是西塞罗为新学园派怀疑论辩护的哲学对话录，现存《瓦罗》和《卢库鲁斯》两卷。“新学园派”是“柏拉图学园派”历史上的一个哲学派别，主要人物有阿尔克西劳和卡尔涅亚德，主张“一切都不可知”，因而对待一切知识都“存疑”。学界一般将其划归于古代怀疑论的一种类型，且与皮浪主义相区别。西塞罗在本书中主要展现了新学园派和斯多亚学派之间的思想冲突，以及新学园派自身学说之流变。由此，本书至少包含三个层次的内容：第一，新学园派和斯多亚学派的论战；第二，传统学园派和新学园派的分野；第三，新学园派内部极端怀疑论和温和怀疑论的差别。

物性论

作者：[古罗马] 卢克莱修，出版社：华东师范大学出版社，译者：李永毅，出版时间：2022 年 7 月，ISBN：9787576027037。

内容简介：卢克莱修的《物性论》是西方文学史上的瑰宝，融合了荷马开创的史诗传统和赫西俄德开创的说教诗传统，为此后两千年的西方哲学长诗确立了典范。它不仅与维吉尔的《埃涅阿斯纪》和奥维德的《变形记》同为古罗马最杰出的长诗，也是西方思想史上的核心文献，在宗教神学、哲学、政治学、伦理学、自然科学等领域都产生了深远影响。书中的原子论和唯物论世界观促进了西方近代科学的兴起和发展，人类社会五阶段论成为西方近代政治学的重要源头，其宗教思想则一直是无神论、人格神论和自然神论反复拉锯的焦点。本书是中国第一个从拉丁语直译的诗体译本。

希腊化时代

作者：［英］彼得·索恩曼，出版社：译林出版社，译者：陈恒 / 李腊，出版时间：2022 年 1 月，丛书：牛津通识读本，ISBN：9787544788694。

内容简介：希腊化时代是一个文化全球化的时代，也可能是欧洲古代史上最令人兴奋的时期。公元前 3 世纪，你只要掌握一种语言就可以从罗马一直漫游到印度；从西西里到塔吉克斯坦，国王们在努力应对统治多民族国家所带来的挑战，而希腊城邦国家则在历史上已知最早的联邦制下走到了一起；托勒密王朝的科学家们在测量地球的周长，而极具开拓性的希腊阿尔戈英雄们则探险到了印度洋和非洲大西洋沿岸。在本书中，你可以了解希腊化世界的诸多方面，包括它的历史、文化、建筑、文学、科学和艺术，从亚历山大大帝去世（公元前 323 年），到罗马帝国征服托勒密王国（公元前 30 年），彼得·索恩曼为我们展现了这一时期的广泛历史回顾，以及个别城市和国王的叙事特写。

何为灵知派

作者：［美］凯伦·L. 金，出版社：上海书店出版社，译者：张湛，出版时间：2022 年 3 月，丛书：人与宗教译丛，ISBN：9787545819472。

内容简介：本书是国际知名的宗教史研究学者凯伦·L. 金一部

研究早期基督教史的学术著作。

灵知派，据说出现于古代地中海地区希腊和罗马的殖民地世界。灵知派被称作异端的、融合的、东方的、激进的、忤逆的和寄生的。本书通过检查现代文献史学如何一步一步地发明出了一种新宗教即灵知派来重写基督教史——这个灵知派出自早期基督教论辩而贯穿于后启蒙时代的历史决定论、殖民主义和生存论现象学。本书还将确定在哪些地方，那些在与古代异端的斗争中形成的假定在当代文献史学方法中仍起作用，为古代基督教研究和当代身份政治的动力学研究打开新视界。

5. 哲学史与专题著作（2）

自由意志：古典思想中的起源

作者：［德］迈克尔·弗雷德　著／［美］安东尼·朗　编，出版社：生活·读书·新知三联书店，译者：陈玮／徐向东，出版时间：2022年8月，丛书：古典与文明，ISBN：9787108073563。

内容简介：“意志”“自由”以及“自由意志”向来是哲学史上受争议最多的概念，这些繁杂与无休止的争议，恰恰反映出它们的复杂性与重要性。在古代，人们从何时开始认为人类具有自由意志？为什么有人会这么想？这时使用的是怎样的自由意志概念？这个概念从一开始是否就具有缺陷？

弗雷德凭借深厚的哲学素养，结合文献学的方法，在宏大的视野下同时关注文本细节，为这些争论引入了极富启发的视角和新的解读可能。

希腊人与非理性

作者：［爱尔兰］E.R. 多兹，出版社：生活·读书·新知三联书店，译者：王嘉雯，出版时间：2022 年 6 月，丛书：古典与文明，ISBN：9787108072757。

内容简介：在《希腊人与非理性》中，著名古典学家 E.R. 多兹描绘了直到柏拉图时代的希腊文化中非理性力量的影响，揭示了古希腊精神世界中重要却相对不为人知的一隅，对“希腊文化是理性主义的胜利”这一传统观点进行了反思。他利用现代人类学和心理学的分析方法向读者提出了一个尖锐的问题：既然我们没有直接观察到任何一个社会可以免除“原始的”思想模式，那为什么就应该认为希腊人可以免除呢？这部 1951 年首次出版的哲学经典，被评论家誉为“现代希腊学术研究的一个事件”，和“一部怎样赞美都不为过的著作”。

四、重要论文（139）

1. 前苏格拉底研究（0）

2. 苏格拉底—柏拉图研究（54）

［1］李猛 . 分裂之家的友谊：柏拉图《法律篇》中的共同体［J］. 中国社会科学院大学学报，2022，(06)：5—40+163.

［2］陈斯一 . 政治血气与哲学爱欲：柏拉图的《阿尔喀比亚德前篇》［J］. 杭州师范大学学报（社会科学版），2022，(01)：22—30.

［3］陈斯一 . 哲学教育及其失败：《会饮篇》中阿尔喀比亚

德的爱欲讲辞［J］. 华侨大学学报（哲学社会科学版），2022，（02）：5—14.

［4］吕纯山. 柏拉图的定义理论［J］. 理论与现代化，2022，（04）：93—104.

［5］聂敏里. 柏拉图《蒂迈欧篇》中的本原理论［J］. 现代哲学，2022，（04）：98—109.

［6］林志猛. 柏拉图智慧论中的辩证意涵［J］. 中山大学学报（社会科学版），2022，（05）：148—155.

［7］林志猛. 柏拉图论政治的勇敢与哲学的勇敢［J］. 道德与文明，2022，（06）：111—121.

［8］林志猛，王铠. 德性的自然与不可教的悖论——柏拉图《美诺》中的德性难题［J］. 浙江学刊，2022，（02）：140—149.

［9］邓安庆. 论柏拉图哲学的伦理学性质［J］. 社会科学战线，2022，（11）：1—10.

［10］王江涛. 从立功到立德：柏拉图论立法者教育［J］. 浙江学刊，2022，（02）：150—157.

［11］张波波. 从喜剧幻想到乌托邦：论柏拉图"美好城邦"之构想的切实可行性［J］. 浙江学刊，2022，（02）：158—168.

［12］张波波. 正义与自我利益相悖吗？——以《理想国》中哲人回归洞穴为典例［J］. 安徽大学学报（哲学社会科学版），2022，（02）：1—12.

［13］汪民安. 论柏拉图的身体之爱和真理之爱［J］. 首都师范大学学报（社会科学版），2022，（01）：42—50.

［14］吴雅凌. 柏拉图笔下的俄耳甫斯［J］. 山花，2022，

（04）：106—115.

［15］田洁.《费多》中可感物与形式相似问题探析［J］. 云南大学学报（社会科学版），2022，（03）：5—13.

［16］王玉峰. 浅谈柏拉图哲学中“ἰδέα”或“εἶδος”一词的翻译与理解：对王太庆先生的一种哲学纪念［J］. 外国哲学，2022，（01）：22—30.

［17］艾伦·西尔弗曼，张凯. 柏拉图论 Phantasia［J］. 清华西方哲学研究，2022，（01）：172—202.

［18］G.E.R. 劳埃德，任逸. 柏拉图论数学与自然、神话与科学［J］. 清华西方哲学研究，2022，（01）：203—226.

［19］安东尼·莱格特，任逸. 柏拉图的《蒂迈欧篇》——在现代物理学和宇宙学中的一些共鸣［J］. 清华西方哲学研究，2022，（01）：227—234.

［20］维尔纳·拜亚瓦尔特斯，贺宇峥. 德国唯心论中的柏拉图《蒂迈欧》——谢林与温迪施曼［J］. 清华西方哲学研究，2022，（01）：235—256.

［21］大卫·科耶特，吉莉莉.《蒂迈欧篇》中的疯狂匠神［J］. 清华西方哲学研究，2022，（01）：257—262.

［22］Gregory Vlastos. 苏格拉底的否认有知［J］. 努斯：希腊罗马哲学研究（第 4 辑），2022.

［23］G.E.L. Owen. 柏拉图论 Not-Being［J］. 努斯：希腊罗马哲学研究（第 4 辑），2022.

［24］Sarah Broadie. 柏拉图的可理知世界？［J］. 努斯：希腊罗马哲学研究（第 4 辑），2022.

［25］Stephen Menn. 亚里士多德和柏拉图论神之为 Nous 和善［J］. 努斯：希腊罗马哲学研究（第 4 辑），2022.

［26］Jens Halfwassen. 作为超越的哲学：柏拉图与普罗提诺的向最高本原的上升［J］. 努斯：希腊罗马哲学研究（第 4 辑），2022.

［27］张立立 .《泰阿泰德》中的苏格拉底“跑题”［J］. 古典学研究，2022，（02）：150—162+233.

［28］贾万刚，褚宏祥，付萌 . 稷下学宫与柏拉图学园的共性与差异［J］. 山东理工大学学报（社会科学版），2022，（01）：79—84.

［29］李毅翔 . 爱欲、理性与引导灵魂——柏拉图《斐德若》的灵魂神话绎读［J］. 海南大学学报（人文社会科学版），2022，（01）：29—37.

［30］李若愚，汪正龙 . 对话与灵魂——论柏拉图对话何以成为灵魂的“高贵话语”［J］. 首都师范大学学报（社会科学版），2022，（01）：51—60.

［31］邓定 . 瞬间与无性——海德格尔关于《巴门尼德篇》第三条进路的存在论阐释［J］. 哲学研究，2022，（02）：109—118.

［32］李静含 . 美德困境与修辞术问题——一种基于柏拉图对话文本的分析［D］. 导师：谢文郁 . 山东大学，2022.

［33］佟昊 . 柏拉图城邦灵魂类比理论研究［D］. 导师：赵振羽 . 东北师范大学，2022.

［34］余纪元，金小燕，陈昱翰 . 追寻苏格拉底和孔子：自我、德性与灵魂［J］. 世界哲学，2022，（02）：39—53.

［35］钱姝璇．重思柏拉图《国家篇》中的正义幸福论［J］．云南大学学报（社会科学版），2022，（02）：39—48.

［36］黄启祥．论苏格拉底申辩中的困难［J］．现代哲学，2022，（02）：87—95.

［37］王思涵．“时间”是“永恒”的影像吗——论《蒂迈欧篇》中的时间观念［J］．今古文创，2022，（14）：54—56.

［38］孙文琦．柏拉图爱欲学说的探析［D］．导师：刘伟冬．黑龙江大学，2022.

［39］石烨．柏拉图《会饮》中的爱欲教诲［D］．导师：贾冬阳．海南大学，2022.

［40］安萍．柏拉图《斐德若》在中国大陆的接受研究［D］．导师：胡镓．扬州大学，2022.

［41］杨国平．《理想国》中的“模仿”探析［D］．导师：刘立东．辽宁大学，2022.

［42］周积利．修昔底德、柏拉图和普鲁塔克笔下的阿尔喀比亚德形象嬗变研究［D］．导师：梁庆标．江西师范大学，2022.

［43］钱姝璇，龚群．《国家篇》中柏拉图的正义与幸福的关系［J］．伦理学研究，2022，（03）：51—58.

［44］王悦心．柏拉图《会饮》中神人关系之思——基于阿里斯托芬讲辞［J］．名作欣赏，2022，（14）：41—45.

［45］范荣荣．柏拉图《法律篇》中的德性教育思想研究［D］．导师：李长伟．山东师范大学，2022.

［46］袁伟业．柏拉图《斐勒布》的戏剧要素与基本问题［J］．合肥工业大学学报（社会科学版），2022，（03）：91—98.

［47］邓向玲．居间向善的爱欲与“不定的二”——本原学说视野下的柏拉图《会饮》中爱欲学说的解读［J］．世界哲学，2022，(05)：63—74.

［48］陈治国．爱欲、辩证法与书写——通向《斐德罗篇》的三种现象学解释［J］．社会科学，2022，(09)：34—46.

［49］刘璐．柏拉图与罗尔斯正义观比较研究［J］．理论观察，2022，(10)：55—58.

［50］许越．朝向圆整——柏拉图《会饮》中的阿里斯托芬爱欲颂辞绎读［J］．古典学研究，2022，(02)：82—107+231.

［51］孟凡萧．柏拉图“摹仿”概念新探——兼论“摹仿”作为“理式”的正途［J］．东北师大学报（哲学社会科学版），2022，(06)：94—100.

［52］李天伦．向不义城邦开战——柏拉图“哲学王”思想中的秩序之争［J］．今古文创，2022，(45)：64—67.

［53］崔佳旭．探析“灵魂说”——基于柏拉图“灵魂不朽”的思考［J］．今古文创，2022，(46)：44—46.

［54］赵奇．制作与传承——柏拉图《蒂迈欧篇》中的工匠精神及其当代价值［J］．自然辩证法研究，2022，(12)：79—84.

3. 亚里士多德研究（38）

［1］刘玮．亚里士多德论完美的友爱［J］．道德与文明，2022，(04)：89—102.

［2］廖申白．亚里士多德对“幸福”原理的“人的活动”论证［J］．东南大学学报（哲学社会科学版），2022，(04)：5—

14+2+146.

［3］田书峰．灵魂作为内在形式：亚里士多德对灵魂与身体的质形论理解［J］．哲学研究，2022，(07)：97—107.

［4］聂敏里．亚里士多德关于人类行动划分的一个教条［J］．道德与文明，2022，(05)：130—147.

［5］廖申白．从“潜在地是幸福的”到“实现地是幸福的”——论亚里士多德对实践原理的论证［J］．云梦学刊，2022，(05)：63—77.

［6］葛天勤．思辨哲学与自然法传统的开端——亚里士多德《劝勉篇》中的古代自然法理论［J］．哲学动态，2022，(10)：49—56.

［7］吕纯山．试论亚里士多德的认知三阶段学说——兼与柏拉图的感知、推理和努斯三阶段论比较［J］．上饶师范学院学报，2022，(05)：23—32.

［8］赵奇．亚里士多德的触觉科学辨析［J］．东北大学学报(社会科学版)，2022，(01)：10—15.

［9］赵奇．同一抑或另类？——亚里士多德论自我意识［J］．世界哲学，2022，(06)：58—64.

［10］伊兰·莫拉迪，席若辰．理性价值的兴起——论亚里士多德的价值理论［J］．当代中国价值观研究，2022，(01)：5—12.

［11］夏天成．Endoxa：争议、质量考察与同名异义——对亚里士多德辩证法的起点考察［J］．世界哲学，2022，(02)：54—61.

［12］田洁．意志软弱中的认知状态——再论《尼各马可伦理

学》第七卷第三章［J］. 道德与文明，2022，（02）：125—138.

［13］高博浩 . 亚里士多德德性幸福论研究［D］. 导师：唐代兴 . 四川师范大学，2022.

［14］邓晓芒 . 亚里士多德和利科论逻辑与修辞的关系［J］. 江苏社会科学，2022，（02）：33—42+242.

［15］高旭 . 对《论灵魂》第三卷第四章 429b26—430a6 的重新解读［J］. 努斯：希腊罗马哲学研究（第 4 辑），2022.

［16］任梓远 . 伦理德性如何以自身为目的——基于亚里士多德《尼各马可伦理学》的考察［J］. 理论界，2022，（04）：59—64.

［17］李涛 . 亚里士多德论法治、德治与人治［J］. 云南大学学报（社会科学版），2022，（03）：14—21.

［18］李涛 . 海德格尔对亚里士多德的阐释、转化与背离［J］. 中国社会科学院大学学报，2022，（05）：116—132+136.

［19］何博超 . 试析亚里士多德《修辞术》Ⅱ .7 的感激哲学：从 kharis 一词的误译谈起［J］. 中国社会科学院大学学报，2022，（05）：81—95+135—136.

［20］孔许友 . 重估 16 世纪文艺复兴诗学中的亚里士多德《诗学》［J］. 中国社会科学院大学学报，2022，（05）：96—115+136.

［21］左向宇 . 如何在亚里士多德友爱论中超越“利己”—“利他”主义之二分？［D］. 导师：田洁 . 山东大学，2022.

［22］贺宇峥 . 亚里士多德“主奴关系论”研究［D］. 导师：曹延莉 . 中共陕西省委党校，2022.

［23］徐丽婕 . 论《尼各马可伦理学》第Ⅴ卷中的三种正义定义［J］. 外国哲学，2022，（01）：56—94.

［24］邓波，高强，韩茜．亚里士多德人工物思想的现象学阐释［J］．自然辩证法研究，2022，(07)：44—49.

［25］郑扬涛．亚里士多德伦理学视角下的幸福观［J］．今古文创，2022，(31)：57—59.

［26］李超瑞．亚里士多德论同时因果［J］．清华西方哲学研究，2022，(01)：143—160.

［27］托马斯·约翰森，赵奇．亚里士多德论灵魂及其感觉能力——托马斯·约翰森教授访谈录［J］．清华西方哲学研究，2022，(01)：161—171.

［28］王思文．亚里士多德幸福观的时代背景［J］．鄂州大学学报，2022，(05)：14—16.

［29］曹青云，濮蒲天．亚里士多德论理性、欲望与行动［J］．中国人民大学学报，2022，(05)：82—91.

［30］张舒奕．一种对亚里士多德功能论证的重构与辩护［J］．理论观察，2022，(09)：65—73.

［31］詹世友，宋敏婷．对亚里士多德“不自制”学说的一种可行解读方案［J］．湖北大学学报（哲学社会科学版），2022，(05)：1—9+172.

［32］高健康．没有私有财产，慷慨可能吗？——亚里士多德论慷慨与私有财产［J］．现代哲学，2022，(05)：104—110.

［33］魏梁钰．目的与善好——亚里士多德《物理学》卷Ⅱ中作为原因的两种目的［J］．哲学研究，2022，(10)：106—116.

［34］张硕．模仿的技艺与理性——辨析理性在亚里士多德《诗学》中的作用［J］．世界哲学，2022，(03)：27—33.

［35］付文博．幸福论而非德性论：论亚里士多德伦理学的旨趣与结构［J］．海南大学学报（人文社会科学版）：2022-12-07 网络首发．

［36］赵灿．“政治动物”与“似神之人”——亚里士多德政治哲学的起点与终点［J］．政治思想史，2022，（04）：71—88+198.

［37］刘飞．亚里士多德论实践理智与道德德性［J］．古希腊罗马哲学研究（第三辑），2022.

［38］胡辛凯．城邦作为一个有机体：重审亚里士多德的城邦自然性命题［J］．古希腊罗马哲学研究（第三辑），2022.

4. 希腊化罗马哲学研究（22）

［1］罗勇．作为文本指向型哲学的中期柏拉图主义［J］．世界哲学，2022，（01）：43—51.

［2］吴天岳．智能的阴影——大阿尔伯特《论灵魂》中的理性灵魂［J］．外国哲学，2022，（01）：95—152.

［3］戴碧云．从《论自然能力》重思盖伦的“自然”概念［J］．自然辩证法研究，2022，（09）：97—102.

［4］陶姝婷．爱比克泰德自然法思想探究［D］．导师：陈鹏飞．河南财经政法大学，2022.

［5］濮荣健．普罗提诺的“太一”和奥古斯丁的灵魂观［J］．宗教学研究，2022，（01）：245—250.

［6］张迎迎．根特的亨利的光照论思想——13 世纪柏拉图主义和亚里士多德主义融合的范例［J］．世界宗教研究，2022，（03）：90—104.

［7］于江霞．愤怒是一种不自制（Akrasia）现象吗？——重思塞涅卡的愤怒学说［J］．哲学研究，2022，（03）：115—124.

［8］林丽娟．巴格达翻译运动中的希腊哲学和医学——希腊—阿拉伯学的学术史考察［J］．世界历史，2022，（02）：144—162+168.

［9］王敏．斯多亚派宇宙论研究［D］．导师：许占君．内蒙古大学，2022.

［10］刘丽．阿尔法拉比论逻辑意义与语言表达的关系［J］．哈尔滨学院学报，2022，（05）：12—15.

［11］龚成康．古希腊罗马时期平等观念研究［D］．导师：张慧卿．江苏大学，2022.

［12］高洋．西方前现代智识传统中的“经验”概念［J］．科学技术哲学研究，2022，（03）：51—57.

［13］陈广辉．奥古斯丁论原始质料——以对柏拉图“载体”概念的延续和转变为中心［J］．宗教学研究，2022，（02）：211—217.

［14］陈广辉．帕多瓦的马西留论道德秩序的真理根基——以中世纪晚期亚里士多德主义和唯名论的争论为契机［J］．道德与文明，2022，（04）：129—136.

［15］石敏敏．论奥古斯丁的身心观念［J］．清华西方哲学研究，2022，（01）：28—50.

［16］汪民安．奥古斯丁的神圣之爱［J］．基督教文化学刊，2022，（01）：2—28.

［17］约翰纳斯·布拉赫滕多夫，陈彦孚．《〈创世记〉字解》：

奥古斯丁《创世记》注解中的解经学与形而上学［J］. 圣经文学研究，2022，(02)：1—32.

［18］李润虎. 比盖伦还盖伦——维萨里《书简》的内容和意义［J］. 自然辩证法研究，2022，(10)：100—106.

［19］于璐. 西塞罗论自然法和理性的限度［J］. 古典学研究，2022，(02)：62—81+230.

［20］李思凡. 奥古斯丁的灵魂学说及其思想特色［J］. 天风，2022，(11)：25—27.

［21］袁波，荆莹莹. 酒神崇拜在罗马的兴起及影响［J］. 辽宁师范大学学报（社会科学版），2022，(01)：130—137.

［22］许欢. 伊壁鸠鲁论欲望和自然［J］. 古希腊罗马哲学研究（第三辑），2022.

5. 哲学史与专题著作（25）

［1］陈斯一. 古希腊思想中的秩序与无序——从耶格尔的《教化》谈起［J］. 文史哲，2022，(01)：145—154+168.

［2］张新刚. 希罗多德《历史》中的“礼法”［J］. 读书，2022，(02)：78—87.

［3］张迎迎. 光照论的解构：从奥古斯丁到司各脱［N］. 中国社会科学报，2022-02-22（003）.

［4］A.W.Moore，隋婷婷，王小塞. 古代和中世纪思想中的无限［J］. 外国哲学，2022，(01)：274—290.

［5］聂敏里. Idealism：古典与现代的思想转换［J］. 世界哲学，2022，(05)：48—62+160./ 社会科学文摘，2022，(12)：26—29.

［6］程志敏．再论古典自然法［J］．古典学研究，2022，(02)：1—30+229—230.

［7］黄钰洲．从实践的共同体到自由的现实——黑格尔对柏拉图式国家的批判［J］．中国社会科学院大学学报，2022，(03)：35—51+129.

［8］姚卫群．古印度和古希腊的“一多”观念比较［J］．外国哲学，2022，(01)：42—55.

［9］Christoph Helmig. 概念：古代的问题与解决方案［J］．努斯：希腊罗马哲学研究（第4辑），2022.

［10］钟亚坤．目的论的历史嬗变：从古希腊到黑格尔［J］．学理论，2022，(03)：57—60.

［11］赵万里．以生命本能克服永恒虚无：修昔底德对尼采的治疗——基于希腊人本能对权力意志与永恒复返的考察［J］．天府新论，2022，(02)：85—97.

［12］宋成．中西哲学追求“永恒”的不同进路——兼论哲学研究的先验维度［J］．山西高等学校社会科学学报，2022，(03)：50—56.

［13］黄和鑫．论慎思在美德行动中的地位［D］．导师：蔡蓁．华东师范大学，2022.

［14］车孟欣．论古希腊哲学中的“techne”概念［J］．理论界，2022，(04)：65—71.

［15］邹珊．希腊神话与希腊哲学的开端［D］．导师：赵林．武汉大学，2022.

［16］周洁．历史的另一度：沃格林论“没有柏拉图的希腊人”

［J］. 海南大学学报（人文社会科学版），2022,（03）: 23—31.

［17］李革新 . 理性引导激情——尼采生命哲学的柏拉图式批判［J］. 生命哲学研究，2022,（01）: 160—177.

［18］孙继成 . 从希腊研究到中希文明比较研究［N］. 中国社会科学报，2022-08-25（002）.

［19］诸翰飞，冯文心 . 希腊哲学中“空间”概念的演变——从阿那克西曼德到柏拉图［J］. 建筑与文化，2022,（09）: 204—206.

［20］陈莹 . 古希腊实践智慧的意义转换和解释学重建［J］. 哲学动态，2022,（09）: 117—124.

［21］亚当斯，杨立 . 古希腊罗马思想中的自然法则［J］. 古典学研究，2022,（02）: 31—61.

［22］钟锦 .《判断力批判》与柏拉图伦理学［J］. 伦理学术，2022,（01）: 181—190.

［23］李学伟 . 先秦儒家与古希腊大雅典学派正义观比较研究［J］. 伦理学研究，2022,（06）: 133—140.

［24］孙伟 . “神明”与“完满德性”——荀子与亚里士多德论道德动机［J］. 道德与文明，2022,（06）: 37—49.

［25］汉斯·布鲁门伯格，胡继华 . “摹仿自然”——论人类创造性观念的前史［J］. 当代比较文学，2022,（02）: 5—50.

编辑手记

本辑特别鸣谢韩东晖先生，他提供了关于苗力田先生的文章，并校订文稿。

此外，本辑的助理编辑为兰志杰，也一并感谢！

征稿启事

《努斯：希腊罗马哲学研究》是西南大学希腊研究中心和四川大学西方古典哲学研究所合办的专业学术辑刊，每年出版两期，由上海人民出版社出版发行。本刊以“深研原典，返本开新”作为办刊主旨，鼓励希腊罗马哲学研究方面的原典译注、深化研究、学术争鸣和学术史积累。主要刊发关于希腊罗马哲学方面的学术论文，栏目设置有原典译注、专题研讨、书评、书目文献、学派研究等。热忱欢迎国内外同仁赐稿。

投稿要求：

一、来稿应具有学术性与理论性，并且在选题、文献、理论、方法或观点上有创新性。

二、来稿一般不少于 1.2 万字，有相应的学术史回顾，正文前应附上中英文题名、内容提要（300 字以内）、关键词（3—5 个）。作者姓名、职称、学历、工作单位、通讯地址、邮政编码、联系电话、电子邮件应附于文末，以便联系。

三、本刊注释采用脚注形式，引用文献需严格遵守学术规范，注明出处。

四、来稿文责自负，本刊对来稿有酌情删改权，如不同意，请在来稿中注明。

五、请勿一稿多投，稿件 30 天后未被采用，作者可自行处理。

六、来稿一经刊用即奉稿酬，并赠样刊两本。

投稿邮箱：nous-jgrp@foxmail.com

电话：028-87464967、18081158514

图书在版编目(CIP)数据

努斯:希腊罗马哲学研究.第5辑,知觉与知识:
希腊罗马哲学中的知识论问题/崔延强,梁中和主编
.—上海:上海人民出版社,2023
ISBN 978-7-208-18293-6

Ⅰ.①努… Ⅱ.①崔… ②梁… Ⅲ.①古希腊罗马哲
学-文集 Ⅳ.①B502-53

中国国家版本馆 CIP 数据核字(2023)第084512号

责任编辑 赵 伟 陶听蝉
封面设计 胡斌工作室

努斯:希腊罗马哲学研究(第5辑)
——知觉与知识:希腊罗马哲学中的知识论问题
崔延强 梁中和 主编

出 版 上海人民出版社
(201101 上海市闵行区号景路159弄C座)
发 行 上海人民出版社发行中心
印 刷 上海商务联西印刷有限公司
开 本 890×1240 1/32
印 张 12.5
插 页 6
字 数 275,000
版 次 2023年7月第1版
印 次 2023年7月第1次印刷
ISBN 978-7-208-18293-6/B·1688
定 价 68.00元